麦读
**MyRead**

走向上的路　追求正义与智慧

# 崔琦

国浩律师（南京）事务所合伙人，南京大学法律硕士。兼任民建江苏省委、南京市委社会法制委委员，南京市玄武区政协委员；南京市律协生物医药与新健康产业法律专业委员会主任；南京、天津、合肥、无锡、扬州等多地仲裁委员会仲裁员；江苏省法学会金融与财税法学研究会常务理事、数据法学研究会常务理事、房地产法学研究会理事；最高人民法院第三巡回法庭诉讼服务志愿专家；南京师范大学校外导师；海融医药（870070）、新黎明科技（沪市主板已过会）、云工场科技（港股已申报）独立董事。入选江苏省司法厅涉外律师人才库。

先后在某四大会计师事务所、律师事务所、地方法院、政府部门及大型民营企业集团工作，曾任数家千亿规模体量的民营企业法务负责人，在审计、民商事诉讼 / 仲裁、IPO、再融资、外商投资、境外劳务和工程、境内外投资并购、重组、资本规划等业务方面均具有丰富的经验，全程参与多项重大无先例的项目或诉讼，具有鲜明的法律、财税复合背景和丰富的实操经验。

# 对赌实务操作手册

## 法律、监管与财税

### LEGAL SUPERVISION
### AND TAXATION

崔琦 ◎ 著

中国民主法制出版社

全国百佳图书出版单位

# 推荐序

　　崔琦律师的职业经历极其丰富,先后在某四大会计师事务所、律师事务所、地方法院、政府部门及大型民营企业集团工作,具有鲜明的法律、财税复合背景和丰富的实操经验,在理论和实务方面具备了较高的专业素养和较强的实战能力。

　　崔琦律师一直致力于从商业、法务、财务等多个维度解决公司治理中各项理论与实务问题的前瞻研究。在丰富的职业生涯中,他也曾经历诸多挑战,全程参与过多项重大无先例的项目或诉讼,通过他自己的思索和实践,在归纳总结后对行业进行了正向的、宝贵的输出。他常年在线下和线上开展专题培训和研讨,在业内具有相当的影响力。对于"对赌"相关问题,他更是进行了长期的潜心研究。

　　《对赌实务操作手册:法律、监管与财税》一书全面彰显了崔琦律师在投融资实务领域的专业高度和宽度。该书不是简单的理论性质的知识读本,而是富有生命力的实践指南。作者通过丰富的案例、实践经验和实战技巧,既全面阐释了对赌实务中法律与财税的相关概念,对赌的对象、分类、交易文件、典型条款等方面的基础知识,并结合《九民纪要》及《公司法》修订草案历次审议稿,又详细探讨了诉讼与仲裁领域中对赌涉及的18个法律实务前沿问题和可能涉及的行政与刑事领域法律责任,同时还系统介绍了对赌涉及的资本业务监管法规,也分析了对赌在财务账务、税务处理等方面的影响和考量。通过这些全面而细致的讲解,我相信读者会同我一样能够感受到作者的专业素养和学识水平。

全面性是该书的一大特点。一个投融资项目至少涉及法律、财会、税务三个领域,参与的主体有律师、会计师、基金管理人、投行从业人员,关涉投资方、融资方有时还有监管方的不同需求,如何平衡和兼顾是对赌实务中的重点难点问题。具备统筹协调的能力对相关领域从业者来说是极其必要的,该书可以帮助读者全面了解各主体视角下对赌中的关注重点,并告诉读者如何在合规的前提下配合商业目标做好分工协作,实现各自商业利益的最大化。

该书的另一大特点是实用性。作者结合其实务经验,从商业、法律、财会、税务等多个角度出发,提出了对赌实务中的一揽子操作建议,以及从交易设计到履行全过程的具体方案和风险防范意见,因其区分了不同主体的视角,因此特别适合从事投融资业务的各种角色的读者学习使用。该书具有明确的实践导向,是一本非常难得的对赌实务宝典。通过该书,相信读者不仅可以获得投融资领域的实用知识和技巧,而且能够在具体业务中妥善应对和处理对赌实务可能面临的各类问题进而实现商业目标。

该书还具备相当的可读性。它的语言简练明了,所选案例更新更典型,通过作者自己的实践和反思,尤其是紧密结合业内的最前沿动态和经验,可以让读者轻松掌握主要知识点,灵活应对工作挑战。

总体来说,这是一部非常系统和全面的对赌实务教程,凝聚了崔琦律师多年的工作经验和思考,对于任何一名相关领域的从业者来说,它都是一本不可或缺的参考书和工具书。在此,我希望这本书可以得到更多从业人员以及其他读者的认可和使用。

刘纪鹏

2023 年 10 月

# 自　序

对赌作为商业、法律、财税等领域的热门话题,相关论著可谓数不胜数,法规、案例和各类分析也随手可得。相比同类书籍,本书最大的特点是"全面",即旨在从商业、法律、会计、税务、监管等多个角度出发,结合笔者多年来会计师、律师、法官、法务等多个角色和身份积累的经验,为读者全面详细阐述对赌问题相关内容。

## 一

本书的雏形,来源于 2016 年夏天笔者在微信法律公众号"高杉Legal"的一次关于法律行业知识储备与管理的线上讲座,对赌相关问题的政策法规、案例检索与思维导图是讲座的重点内容之一。由讲座稿演变而来的《法律行业知识储备与管理》一文随后受到了读者的广泛好评和关注,并收入了《民商法实务精要》系列图书。本书则是笔者根据读者反馈,将对赌相关内容从前文中抽出单列,并进行大幅增补和修改后的成果。

笔者对于对赌问题的关注源于 2009 年下半年,当时笔者还只是一位刚从法学院获得硕士学位且仅在某四大会计师事务所工作第一年的"小朋友"。因某个项目出差,几位高级别同事在讨论客户和投资人所签合同时涉及上市时间回购的对赌。当然,会计师们的立场更多的是权益/负债的会计确认,以及伴生的企业所得税的处理之类的问题。笔者以初生牛犊不怕虎的姿态,在看完合同后脱口而出:"这不是最高院联营合同司法解释的保底收益条款吗?大概率无效啊，得吐出来弥补亏损或者重新分配啊。"得到的反馈是："什么是司法解释?"于是讨论很快陷入了冷场……

彼时，距离"海富对赌案"最高院再审判决公布还有 3 年，《九民纪要》问世还有 10 年，联营合同司法解释被废止还有 11 年。另外，证监会还没有公布发行审核监管问答，保代培训笔记中还没有涉及对赌问题，海南省税务局还没有对海航作出业绩补偿企业所得税的复函，财政部关于金融负债和权益工具的准则以及应用案例更是遥遥无期。因此，除了蒙牛、永乐、太子奶等少数限于专业领域讨论的案例之外，当时不论是法律、会计、税务还是监管等领域，对于对赌问题都处于一片空白的状态，而笔者当时的第一反应，也正是后来公布的"海富对赌案"二审甘肃高院裁判的思路之一。

时光荏苒，延续前述讨论的未决事项，也基于对这个问题的高度关注，笔者在离开会计师事务所开始法律职业生涯的过程中，一直从多维度持续研究的角度关注这一问题。多年来，笔者在会计师事务所、律所、法院、政府部门、企业等不同类型的单位都工作过，曾经站在投资方或者被投资方的立场，也曾经以法官、仲裁员、律师或法务的身份，还曾经以企业或者政府部门利益为出发点，经历并处理过投资、法律、财税、监管等不同维度下的对赌相关问题，积累了不同视角下的经验，也形成了自己的一些观点。

近年来，在司法、监管、财税等领域，对于对赌问题均有大量规则、案例、意见出台，如《九民纪要》《民法典担保制度解释》、第 96 号指导性案例、"联通资本案"、"瀚霖对赌案"、《首发业务若干问题解答》(已废止)《监管规则适用指引——发行类第 4 号》、《企业会计准则——金融工具列报》、《金融负债与权益工具的区分应用案例》等，相比笔者刚参加工作时对该问题的处理接近空白的状况有了很大改变。但正如本书正文内容所展现的，在具体的裁判尺度、监管要求、财税处理等方面，实践中仍然存在着不少争议、分歧和不明确之处，也不乏裁判或认定结果存在明显差异甚至相反的情况，这种现状不仅对对赌问题的实务处理造成了一定程度的困惑和障碍，也给企业、投资机构和从业人员的具体工作带来了困难。有鉴于此，笔者希望通过本书对对赌问题进行全方位的梳理，汇总并分析各种具体问题的裁判和处理方式，并在此基础上给出相应的建议和对策，为读者答疑解惑，帮助他们合理应对层出不穷的新规、案例和窗口意见。

## 二

在投资实务领域，出于信息不对称、规避投资风险或者保底收益的考虑，PE/VC 几乎是"无对赌不投资"，特别是要求创始人承担上市时间+回购条款的对赌责任，而且常见的投资回报率从传统的 8% 开始有逐渐增加的趋势。上述情况招致业内广泛批评，认为过于宽泛使用甚至滥用对赌条款会造成投资人对此过分依赖，助长行业所谓"尽调靠审计，风险靠对赌，GP 回报靠管理费，LP 回报靠运气"的不良风气。"明股实债"的投资方式也不符合投资人风险投资和价值发现的本位，且容易导致投资者和创业者之间的对立，促使被投资企业追求短期目标，增大企业风险，同时还有保底收益变相借贷的嫌疑，长久而言不利于投资行业发展。

换位思考，在现阶段的投资领域，投资方（以有限合伙企业为例，下同）的 LP 也开始与 GP 签订对赌协议，要求 GP 限期承诺兜底回购。从商业逻辑来看，通常情况下，股权投资 PE 存续期为 7~10 年，其中投资期为 5~7 年居多，因此限于时间关系，不仅是投资方会要求被投资企业及其创始人承诺退出期限和回报问题，投资方的 LP 也要考虑自身的投资退出和回报，最终自然会将回购的压力层层加码传导至被投资企业及其创始人。

站在不同的立场，投资方和被投资方都有自己的顾虑和压力。笔者无意评论或者改变行业现状，而是希望能在大环境下，基于现状,平等分析、对待各方,综合考虑投资方、被投资企业、律师、会计师、投行从业人员、法院、仲裁、监管等相关人员、相关方面的不同需求,进而在商业抉择、方案设计、风险提示、条款参考、谈判策略、监管要求、纠纷处理、财税分析等不同阶段,为不同行业和职业的广大读者提供一揽子的对赌问题解决方案。

## 三

如前所述,对赌问题本身是一个跨多领域和专业的综合性问题,不同职业和角色的个体在面对对赌问题时有各自的立场和思维方式。在笔者多年的实践经历中,经常碰到的一种情况是,券商、律师、会计师、税务师等中介机构各执一词,券商说要考虑监管沟通,律师说要考虑效力和履行,会计师说要考虑会计确认分类,税务师说要考虑税种间的税筹协调,彼此之间本应是互相配合、兼顾统筹服务好客户的关系,而最终的结果是,客户本希望能够拿到一揽子的解决方案,实际上拿到的却是支离破碎、各自为政甚至自相矛盾的方案,最后导致其无所适从。

另一个现实的反映是,在全面注册制改革后,证监会发布了《监管规则适用指引——发行类第 4 号》,提出了对赌协议"自始无效"的处理方式,并明确规定未约定"自始无效"的,发行人收到的相关投资款在对赌安排终止前应作为金融工具核算。而事实上,自 2021 年开始,监管部门就已经以窗口意见的方式落实前述要求。

证监会的关注点可能在于,实践中,律师往往在规范清理发行人对赌协议的工作中扮演主要角色,但律师的工作重点是判断协议法律问题,如是否符合监管的"四个判断标准",而容易忽略根据会计准则的相关规定,对赌条款存续和履行期间可能造成会计上被认定为金融负债而非权益工具的风险,从而可能构成对发行人报告期内损益的影响,进而直接影响上市主要财务指标。而会计师在接手处理律师工作成果的时候,一方面因为时间关系,另一方面也会因为专业、角色和出发点的差异,造成沟通上的障碍,最终对上市进程带来负面影响。

因此,对对赌问题的处理,应当有"一盘棋"的顶层设计,并且需要在不同行业和职业之间做好分工协调,不能有"各人自扫门前雪,莫管他家瓦上霜"的态度。正是基于以上的考虑,笔者在本书编写过程中,尽可能权衡诉讼、仲裁、监管、财税等领域多方面因素,力求在市面众多同类型题材的书籍之中,能以一种全方位、多视角的思路,与读者朋友们探讨并分享一些自己对于对赌问题在不同角色和专业视角下的认识和观点,并期待可以帮助读者朋友们统筹和规划相关应对和处理方案。

## 四

感谢我的助理黄一帆律师对本书编写付出的努力,同时对各位亲友在本书编写和出版过程中的各种答疑解惑和帮助一并致谢。希望本书能起到抛砖引玉的作用,帮助读者了解、熟悉和处理各类对赌问题。限于水平,错漏难免,也希望广大读者不吝指教。

崔　琦

2023 年 10 月

# 前　　言

"对赌"在企业并购、投资、合作等场景中十分常见,其根据企业未来的业绩或估值调整投资方和被投资方之间的股权比例,目的是通过约定一定的业绩指标和相应的奖惩措施,降低投资风险,并激励双方或多方共同努力,实现双赢或多赢的结果。

随着市场经济的不断发展,对赌成为投融资的重要形式在实践中被广泛应用,尤其是在创业投资、私募股权投资以及上市公司并购重组等领域,它是一种有效的风险管理工具,也是一种灵活的价值分配机制。然而,对赌也存在着一些问题和挑战,如何设计合理的对赌条款,如何执行和监督对赌协议,如何处理对赌引发的纠纷和诉讼,都是投资方和被投资方需要关注和掌握的重要内容。此外,随着我国股权投资市场的发展和规范,对赌也面临着法律、会计、税务等方面的制度变化和不确定性,如何适应这些变化,也是对赌实务操作中不可忽视的问题。

本书是一本关于对赌协议实务操作的手册,旨在为从事或涉及对赌协议的企业家、投资人、律师、会计师、咨询师等提供一份实用的操作指南。

本书将从以下几个方面进行阐述:

第一部分:对赌的基础知识介绍。本部分主要介绍对赌中可能涉及的专业术语的基本概念,对赌的分类、对象、应用方法等内容,为读者提供一个基本的认识和框架。同时,本部分也探讨投融资中与对赌伴生的交易文件,以及对赌涉及的财务、税务方面的理论知识,帮助读者深入理解对赌背后的逻辑和动机,为阅读后文提供理论基础。

第二部分:对赌诉讼与仲裁问题。本部分主要分析对赌在民商事、行政和刑事三个不同领域中可能引发的争议和纠纷,以及如何通过诉讼或仲裁方式进行解决。本部分结合最新的裁判规则和司法实践,详细阐述各种类型的案件中应该注意的问题和技巧,以及如何制定有效的诉讼策略和应对措施,涉及对赌的方方面面。

第三部分:对赌监管和财税问题。本部分主要讨论对赌在资本市场中可能涉及的监管要求和规定,以及如何避免或减轻监管风险或处罚。本部分根据最新的监管规则和案例,详细说明各种情形下的监管要点和重点,以及如何制定合规的对赌方案和安排。同时,本部分也探讨对赌在财务账务、税务处理等方面的影响和考量,以及如何优化对赌的财税效果。

第四部分:对赌实操建议。本部分主要提供一些实用的对赌操作建议和经验分享,包括:如何设计合理的交易架构和对赌条款,如何进行有效的谈判和沟通,如何在对赌期内进行合理的履行和监督,以及如何应对可能出现的变化和困难。本部分从投融资双方的不同立场、不同行业、不同发展阶段等方面,给出了具体的案例和指导意见。

为读者呈现一部既有理论指导意义又有实践参考价值的对赌实务操作手册是作者撰写本书的初衷。本书结合大量的实例和数据,展示了对赌协议在不同行业和领域中的运用和效果,以及可能遇到的问题和解决办法。本书力求以清晰、简明、通俗易懂的语言,阐述对赌协议的核心要点和实务技巧,帮助读者掌握对赌协议的基本知识和操作方法,避免或减小因对赌协议而引发的纠纷或损失。

本书作者在多年从事并购、投资、合作等业务中积累了大量的经验和心得,本书以此为基础编写而成,尽力做到全面、准确、客观,为对赌可能涉及的各个方面提供一揽子的指导方案,希望本书能够为读者在涉及对赌协议的业务中提供一些帮助和启示。但由于对赌协议涉及的内容烦杂,且随着法律法规和市场变化而不断更新,本书难免会有疏漏或错误,因此,欢迎读者提出宝贵意见和建议,以便作者在日后的修订中予以改进。

# 凡　例

一、本书中法律法规的名称一般使用简称，"中华人民共和国"省略，加书名号。例如，《中华人民共和国公司法》简称《公司法》。

二、本书中法律法规的条文序数一般使用阿拉伯数字。例如，《公司法》第1条。

三、本书中的机关单位名称一般使用简称。例如，"中国证券监督管理委员会"简称"证监会"；"最高人民法院"简称"最高院"，"上海市高级人民法院"简称"上海高院"，"北京市第一中级人民法院"简称"北京一中院"。

四、本书中多次出现的司法解释及规范性司法文件使用统一的简称，具体如下：

**1.**《九民纪要》——《全国法院民商事审判工作会议纪要》（法〔2019〕254号）。

**2.**《公司法解释三》——《最高人民法院关于适用〈中华人民共和国公司法〉若干问题的规定（三）》（法释〔2011〕3号；法释〔2020〕18号修正）。

**3.**《公司法解释四》——《最高人民法院关于适用〈中华人民共和国公司法〉若干问题的规定（四）》（法释〔2017〕16号；法释〔2020〕18号修正）。

**4.**《2022虚假陈述解释》——《最高人民法院关于审理证券市场虚假陈述侵权民事赔偿案件的若干规定》（法释〔2022〕2号）。

**5.**《2003虚假陈述解释》——《最高人民法院关于审理证券市场因虚假陈述引发的民事赔偿案件的若干规定》（法释〔2003〕2号；法释

〔2022〕2 号废止）。

**6.**《民间借贷解释》——《最高人民法院关于审理民间借贷案件适用法律若干问题的规定》（法释〔2015〕18 号;法释〔2020〕17 号修正）。

**7.**《买卖合同解释》——《最高人民法院关于审理买卖合同纠纷案件适用法律问题的解释》（法释〔2012〕8 号;法释〔2020〕17 号修正）。

**8.**《合同法解释一》——《最高人民法院关于适用〈中华人民共和国合同法〉若干问题的解释（一）》（法释〔1999〕19 号;法释〔2020〕16 号废止）。

**9.**《合同法解释二》——《最高人民法院关于适用〈中华人民共和国合同法〉若干问题的解释（二）》（法释〔2009〕5 号;法释〔2020〕16 号废止）。

**10.**《婚姻法解释二》——《最高人民法院关于适用〈中华人民共和国婚姻法〉若干问题的解释（二）》（法释〔2003〕19 号;法释〔2020〕16 号废止）。

**11.**《民法典婚姻家庭编解释一》——《最高人民法院关于适用〈中华人民共和国民法典〉婚姻家庭编的解释（一）》（法释〔2020〕22 号）。

**12.**《民法典担保制度解释》——《最高人民法院关于适用〈中华人民共和国民法典〉有关担保制度的解释》（法释〔2020〕28 号）。

# 目录

# 第一篇 对赌的基础知识介绍

# 第一章 揭开对赌的"面纱"

## 第一节 对赌的起源和发展

### 一、对赌来自美国？

由于"对赌"一词时常与 PE/VC（Private Equity，私募股权投资，简称 PE；Venture Capital，风险投资，简称 VC）相伴相生，导致很多人认为对赌协议是随着国际资本由 PE/VC 带入中国，像 PE/VC 一样是舶来品，这可能是个大众的误区。事实上，对赌是个地地道道的国产货，国外很少对赌。特别是美国也很少——硅谷无对赌，华尔街也没有，对此不少美国投资行业从业人员的回复甚至是"从未听说过"（never heard of）。新加坡管理大学法学院助理教授张巍对此问题也作了研究，他与在美国硅谷地区从事风险投资业务的专业律师交流，并查阅了该地区从事风险投资业务的知名律师事务所 Fenwick & West 自 2004 年以来按季度发布的美国硅谷地区风险投资协议条款趋势调查，认为基本可确认美国硅谷地区的风险投资业实际上并不存在与中国流行的对赌协议或估值调整机制相类似的条款。①

尽管国内文献众口一词地将对赌协议或估值调整机制（Valuation Adjustment Mechanism，简称 VAM）视为国际资本市场或 PE/VC 投资的常用工具，但这些概念并不见于域外的法律文件，而是主要体现在 2002~2004 年间摩根士丹利等境外基金投资蒙牛时设立的一项依业绩调整股权比例的安排，并经 2004 年蒙牛于香港联交所上市之招股

---

① 参见张巍：《资本的规则》，中国法制出版社 2017 年版，第 4 页。

说明书的描述而为公众所知。随后,永乐、太子奶等民营企业与境外投资者对赌失败的悲剧让这一术语广泛流传。

美国风险投资协会(National Venture Capital Association,简称 NVCA)曾经组织业内专家,起草了一整套风险投资示范合同文本,不时升级,并对社会免费公开。①

在最初制定时,该套文本共包括 8 份文件,基本囊括了一个典型的风险投资操作过程所需的全部协议文本。

在国内投资界较为常见的估值调整条款(在被投资公司未达到出资作价所挂钩的业绩目标时,公司须向 PE 投资者给予现金补偿),美国 PE/VC 实务中很少采用,即便是近几年开始出现一些案例,如公司估值被认为过高从而需要下调 PE 入股价格,通常的做法并不是对 PE 投资者给予现金补偿,而是调整 PE 所持有的优先股的转换价格,从而令 PE 占有被投资公司更大的股权比例,类似 PE/VC 合同中的反稀释条款。

---

① 具体可参见该协会网站,https://nvca.org/model-legal-documents/,最后访问于 2023 年 6 月 27 日。

表 1　美国风险投资协会风险投资示范合同文本

| NVCA Model Legal Documents | NVCA DEI Related Model Legal Documents |
|---|---|
| Voting Agreement (Updated March 2022) | Sample H. R. Best Practices for Preventing Harassment & Discrimination |
| Term Sheet (Updated August 2020) | Sample Code of Conduct Policy |
| Stock Purchase Agreement (Updated September 2020) | Sample H. R. Policies for Addressing Harassment & Discrimination |
| Right of First Refusal and Co-Sale Agreement (Updated September 2020) | Sample H. R. Policies for Attracting & Retaining Diverse Talent |
| Model Legal Opinion | Investors' Rights Agreement (Includes a DEI Provision) |
| Management Rights Letter (Updated July 2020) | Sample Diversity & Inclusion Policies — SF Family Friendly Workplace Policy |
| Investors' Rights Agreement (Updated August 2021) | Sample Diversity Policies — NY Paid Family Leave Policy |
| Indemnification Agreement (Updated July 2020) | Sample Diversity & Inclusion Policies — San Francisco Paid Parental Leave Policy |
| Certificate of Incorporation (Updated September 2020) | |
| LPA Insert Language Regarding CFIUS (Updated July 2020) | |
| Life Science Confidential Disclosure Agreement | |
| Questionnaire for Directors and Executive Officers | |
| Questionnaire for 5% Holders in Connection with Public Offering | |

## 二、蒙牛对阵摩根士丹利等境外投资基金

蒙牛与摩根士丹利等投资机构的对赌使蒙牛从一个初创企业成长为国内乳业巨头,投资机构也获得了丰厚回报,这一投资成为国内对赌的经典案例,也让对赌慢慢走入国人的视野。

从 2001 年开始,蒙牛就面临着融资难的问题,当时的蒙牛虽然自 1999 年创立起只有 3 年,但已小有成就,呈现出良好的发展势头,是一家典型的创业型企业。资金的短缺使蒙牛面临错失崛起良机的局面,于是考虑上市便成了蒙牛大规模的融资计划的首选渠道,就在蒙牛一筹莫展之时,摩根士丹利找上门来。

2002 年 6 月,摩根士丹利在开曼群岛注册了开曼公司,而蒙牛创始人牛根生以及蒙牛的投资人、业务联系人和雇员,在 2002 年 9 月分别在英属维尔京群岛成立了 2 家公司,即金牛和银牛,并分别以每股 1 美元的价格收购了开曼公司 50% 的股份,其后设立了开曼公司的全资子公司——毛里求斯公司。

同年 10 月,摩根士丹利等 3 家国际投资机构以认股方式向开曼公司注入约 2597 万美元(折合人民币约 2.1 亿元),取得该公司 90.6% 的股权和 49% 的投票权,所投资金经毛里求斯公司最终换取了蒙牛乳业 66.7% 的股权,蒙牛乳业也变更为合资企业。

在该资本运作的背后,双方还达成了这样的协议:如果蒙牛在 1 年之内没有完成双方约定的增长任务,那么投资方就将拥有蒙牛的绝对控股权,且可以随时更换管理层。幸运的是,在 2003 年 8 月,蒙牛就提前完成了任务,从而保住了在上市公司的控股权。

2003 年,蒙牛的管理层又与摩根士丹利签署了业绩对赌协议,约定 2003~2006 年,蒙牛乳业的业绩复合年增长率不低于 50%,如果达不到,蒙牛公司管理层将输给摩根士丹利约 6000 万~7000 万股的上市公司股份;若业绩增长达到目标,则摩根士丹利等机构就要拿出自己的相应股份奖励给蒙牛管理层。

2004年6月,蒙牛管理团队再次如期完成了双方约定的业绩增长目标,摩根士丹利等机构如约兑现了给予蒙牛管理层的股份奖励,换股时蒙牛乳业股票价格在6港元以上,因此蒙牛管理层获利高达4亿港元以上,而蒙牛业绩的高速增长,也提高了公司股价,使包括摩根士丹利等机构在内的利益相关方都成了赢家。

**三、我国的对赌法律现状**

对赌自出现以来,就一直在不断进化,从双向对赌到单向对赌、从股权调整到货币补偿、从赌业绩到赌上市再到赌其他、从不认可目标公司直接对赌到认可目标公司可以直接对赌,形式越来越复杂多样、纠纷越来越频繁、法律关系越来越复杂,当然,这也从侧面反映了我国股权投融资市场的繁荣活跃。

近年来,"对赌协议"伴随着PE/VC在国内蓬勃发展,在股权投融资市场被广泛使用,尤其在我国证券一级市场。对赌协议在国内主要应用于与投融资和兼并重组相关的领域,适应的融资主体主要是成长型中小企业,其对资金饥渴,对赌知识技能匮乏,对业绩目标容易乐观,签约易妥协;投资主体主要是投资机构,其具有资金、对赌知识技能优势,主导制定对赌协议。

# 第二节 对赌的应用

**一、对赌协议**

对赌协议,也就是收购方(包括投资方)与出让方(包括融资方)在达成并购(或者融资)协议时,对于未来不确定的情况进行的一种约定。如果约定的条件出现,投资方可以行使一种权利;如果约定的条件不出现,融资方则行使另一种权利。最高院在2019年11月8日公布的《九民纪要》中这样描述对赌协议:"实践中俗称的'对赌协议',

又称估值调整协议,是指投资方与融资方在达成股权性融资协议时,为解决交易双方对目标公司未来发展的不确定性、信息不对称以及代理成本而设计的包含了股权回购、金钱补偿等对未来目标公司的估值进行调整的协议。"这是我国司法机关首次对对赌协议作出的概念性描述,对准确认定对赌协议的概念和范围具有重要意义。此描述比较侧重于 PE/VC 的投资语境,条款范围上应属于上述第二种口径概括的范围。笔者认为,可以把"对赌协议"看成"搁置争议,先行合作,目标未达,秋后算账"的一种股权投融资合作方式。

对赌协议的作用就是解决融资合同中的 3 个核心问题,即企业未来发展的不确定性、投融资双方的信息不对称和代理成本问题,最终目的是促成股权投融资双方达成合作。

作为私募股权投资(PE)中常用的一种价值调整机制与合同安排,实际上对赌协议对投资人来说就是期权的一种形式。通过条款的设计,可以有效保护投资人利益,同时条件的另一方也有受益的可能。对赌协议应用的核心就是对于目标公司(融资方)是否可以实现某种业绩或目标,而作出的正反两种截然不同的利益分配的约定。以前述第一节案例为例,投资方是摩根士丹利等 3 家国际投资机构,融资方是蒙牛乳业。对赌期限为 2003~2006 年,对赌标的是蒙牛乳业复合增长率 50%。双方对赌在约定期限内,如果蒙牛乳业业绩的复合增长率低于 50%,蒙牛乳业向投资方赔偿 7800 万股蒙牛股票或等值现金;如果蒙牛乳业达到预期的 50% 的增长率,投资方另外将对蒙牛乳业管理层赠送蒙牛股票。结果是蒙牛乳业业绩达标赢得对赌,按照协议进行利益交割,管理层获得了价值数亿元的股票奖励。

对赌协议的工具作用具体体现在以下 3 个方面:

(1)融资工具:对赌协议正是通过结构性安排的方式,即估值投资—投资运营—调整估值,解决了融资合同的 3 大核心问题,成为创业公司与 PE/VC 投资方的桥梁,起到了融资工具的作用。

(2)价格发现工具:创业公司的股权,因缺乏市场交易,很难通过公信渠道窗口查询到公允的参考价值,更为重要的是投资方购买的是目标公司巨额增资"膨胀"后的未来,而不是过去,公司的未来具有非常高的不确定性,其估值很难公平准确,更何况投融资双方信息不对称。正是因为创业公司股权的估值困难,通过对赌协议的估值调整机制才得以发现投融资双方都能接受的目标公司股权价值。对赌协议的英文名称(Valuation Adjustment Mechanism),更能准确地体现其价格发现工具的含义。估值调整,一般是指投资人对目标公司投资时,比如按P/E(市盈率)法估值,以约定的P/E值与目标公司当年预测利润的乘积,作为目标公司的最终估值,以此估值作为投资的定价基础。投资后,目标公司当年利润达不到约定的预期利润时,需按照实际实现的利润对此前的估计进行调整,退还投资人的投资款或增加投资人的持股份额。

(3)管理激励工具:对赌协议通过定业绩、定目标、估值调整的方式,对公司经营管理层起到了管理工具、激励工具的作用。

## 二、常见阶段

### 1. Pre-IPO 企业吸引融资

此处泛指企业在上市发行之前的各轮融资。对于投资方而言,一方面可以运用对赌工具的估值调整机制来消弭信息不对称的负面影响,另一方面通过设定补偿条款和退出机制可以对投资款形成一定的保护作用,因此近年来对赌工具渐渐成为私募投资领域的标配。

企业进行股权融资有各种"轮次"之说,比如种子轮、天使轮、A轮、B轮、C轮等。通常意义上说,在各轮融资中投资方对目标企业进行投资时都会通过股东协议或增资协议之补充协议的方式要求各种特殊股东权利,包括董事席位及一票否决权、优先认购权、优先购买权、共同出售权、反稀释、优先清算权、估值调整、回购权等。在上述各个轮次的融资过程中,不同轮次的投资方可能会提出不同的要求,甚至是同一轮次的投资也可能要求不同。

　　为避免各投资方行使对赌等特殊股东权利的冲突,通常在本轮次投资的股东协议等交易文件中,根据当前目标公司的实际情况,会对以前轮次投资中所涉及的对赌等特殊股东权利进行统一,即对前轮次投资协议项下的相关条款进行变更,因为一方面,本轮融资时企业的客观情况相较于以前轮次时已发生变化,另一方面,通常后一轮的公司估值更高,此时的投资方更具话语权,要求对对赌等特殊股东权利进行调整或变更也具有合理性。当然,具体方案还是要结合项目的实际情况来看。

　　2. 上市公司并购重组

　　出于保护广大中小投资者的考虑,不同于上市时严格要求清理发行人参与的对赌,监管机构对于上市公司并购重组中设定对赌是鼓励的,对于被收购方超期未履行或者违反业绩补偿协议、承诺的甚至规定了一系列行政监管措施。

　　某些情况下对赌则是必须的。《上市公司重大资产重组管理办法》规定,如果是采取收益现值法、假设开发法等基于未来收益预期的方法对拟购买资产进行评估或者估值并作为定价参考依据的,则必须约定对赌条款。其中,收益现值法是指通过估算被评估资产的未来预期收益并折算成现值,借以确定被评估资产价值的一种资产评估方法,其实质是将资产未来收益转换成资产现值,并作为待评估资产的价值。假设开发法则是房地产估价方法之一,预计估价对象开发完成后的价值,扣除预计的正常开发成本、税费和利润等,以此估算估价对象的价值。

　　重组交易中,上市公司通常以其股份和一部分现金作为收购款的支付方式,交易对手方触发业绩补偿的,应先以其所获得的股份补偿,不足部分以现金补偿。具体补偿规则在本书第九章第四节部分详细介绍。

　　当然,除了业绩补偿外,对赌协议也可以约定相应的奖励安排,以对交易对手方起到激励作用。在标的资产实际盈利数超过利润预测数时,可对交易对方、管理层或核心技术人员作出业绩奖励安排。不过,上述业绩奖励安排应基于标的资产实际盈利数大于预测数的超额部分,奖励总额不应超过其超额业绩部分的100%,且不超过其交易作价的20%。另外,上市公司应在重组报告书中充分披露设置业绩奖励的原因、依据及合理性,相关会计处理及对上市公司可能造成的影响。

### 三、常见类型

股权投融资市场的需求不同,对赌协议的类型也多样,不同类型的对赌协议有不同的法律特点,下面从不同的角度用几种分类方法对其进行介绍。

1. 按照与投资方对赌的主体不同分类

按照与投资方对赌的主体不同,可以分为投资方与股东、实际控制人对赌,投资方与目标公司对赌,投资方与前两者共同对赌三类。《九民纪要》即采用此种分类方式,这对判断对赌协议的效力和强制履行效力很有意义。

(1)投资方与股东、实际控制人(及管理层)对赌

此种类型为常见类型,尤其是"对赌第一案"——"海富对赌案"之后更是成为经常采用的类型。因为,从合同效力上讲,如无其他无效事由,认定该类型对赌协议有效并支持实际履行,实践中并无争议。

(2)投资方与目标公司对赌

因"对赌第一案"中最高院否定了案中该类型对赌协议的效力,所以相当长一段时间内此类型的对赌变得比较少见。《九民纪要》虽然认为在不存在法定无效事由的情况下原则上不否定该类型对赌的效力,但是该类型的对赌协议在履行阶段特别注意不要违反"资本维持原则",否则,法院不会支持实际履行,因此单独适用此种类型对赌协议的很少,当然并不妨碍和其他类型对赌结合使用。

(3)投资方与前两者共同对赌

同时采用以上两种类型对赌协议,如果设计得当,对投资方可以

多一层保障。相关案例如"海富对赌案"。

2. 按照投资方式的不同分类

按照投资方式的不同,可以分为基于增资的对赌和基于股权转让的对赌两类。

(1)基于增资的对赌

此种对赌,即投资方通过定向增资的方式向目标公司投资,成为目标公司股东,从而取得相关权益,约定对赌内容。此种类型的对赌是 PE 投资的常见方式,实践中,该种增资往往是高额溢价增资。如"海富对赌案""凯雷徐工对赌案"。

(2)基于股权转让的对赌

此种对赌,即投资方通过高额溢价受让股权(一般是从目标公司大股东处受让)的方式成为目标公司股东,并约定对赌相关条款。此种情况下通常会约定,股权出让方将股权出让款以借款或其他关联方式使目标公司受益。

3. 按照对赌主体承担责任的单双向分类

按照对赌主体承担责任的单双向不同,可以分为单向对赌和双向对赌两类。

(1)单向对赌

该类协议一般常见的约定是,当目标公司未实现约定的目标时,融资方要给予投资方一定的货币补偿、股权利益或其他利益等,若目标公司实现了约定的目标,则相互利益不调整。此种对赌协议更像是单向激励协议,相关案例如"海富对赌案"。对赌协议产生于双向对赌,但目前单向对赌的比例越来越大。

(2)双向对赌

该类协议一般常见的约定是,当目标公司未实现约定的目标时,融资方要给予投资方一定的货币补偿、股权利益或其他利益等,若目标公司实现了约定的目标,则投资方给予融资方一定的调整利益,如"蒙牛对赌案"。

4. 按照对赌筹码的不同分类

按照对赌筹码的不同,可以分为货币对赌、股权对赌、其他权益筹码对赌三类。

(1)货币对赌

货币对赌,也可称作现金补偿型对赌,当目标公司未能如期实现对赌目标时,融资方将给予投资方一定数量的货币作为补偿。

(2)股权对赌

股权对赌,即在满足协议中约定的对赌条件时,则需要进行相应的股东调整或股权回购等。股权对赌还可以分为股权补偿、股权稀释、股权回购(退出)、股权优先权等方式。

(3)其他权益筹码对赌

除了货币、股权之外,其他权益也可以成为对赌双方利益调整的标的,如董事会席位、重要职位指定权等公司控制权相关权益。

# 第二章 对赌中的基本概念

## 第一节 对赌中的相关定义

### 一、对赌的定义

"对赌"的英文表述为 Valuation Adjustment Mechanism,翻译为"对赌"则充分体现了中文的玄妙,一个"赌"字让人怀疑它是人人唯恐避之不及的洪水猛兽。实际上,直译本应为"价格调整机制"的"对赌",语义中性、没有感情色彩,是国内投资行业的常见操作,主要目的是弥补投资人与公司创始人之间信息不对称的风险。

### 二、Earn-out 与对赌的区别

Earn-out 是一种定价和支付的机制,接近于"或有对价",即达成某种条件买方才对卖方支付特定金额的价款。至于中文翻译,目前还没有统一的中文翻译标准,有称"业绩目标补偿"的,也有称"盈利支付"的。

通过 Earn-out 付款安排的设计,收购方将交易对价分期支付,在交割日仅支付首期款,而根据目标公司在交割日之后一段约定时期内的盈利表现,来决定是否支付以及支付多少剩余对价,是一种延期且或有的支付方式。或有支付是否触发,取决于在约定的某特定日期之时,目标公司的财务和经营状况是否达到约定的水平(特定条件是否满足),而具体支付多少,则根据目标公司的实际业绩来带入约定的财务公式进行计算决定。

对赌本质上是先把收购对价交给卖方,等到事后无法实现对赌条

件时再向卖方追讨这笔对价。然而,这笔对价一旦落入卖方之手,常常也就成了"肉包子打狗"。诉讼或者仲裁耗日持久,对于效率至上的商业环境而言,并非首选。由此可见,在对赌机制下,到头来实质承受标的估值不当这个风险的依然是上市公司以及上市公司的公众投资人。

在这一点上,Earn-out 则有所不同。它让收购对价先留在买方这边,等确认满足相关条件之后再向卖方支付对价。也就是说,钱始终攥在买方手中,只有 Earn-out 条件具备之后买方才会投给卖方。因此,采用 Earn-out 的交易中,资产估值过高的风险是由卖方承担的。

从估值准确性和修正方式而言,相比对赌,Earn-out 更为准确。对赌的估值,在投资之前即已经确定,而 Earn-out 的估值调整机制贯穿于整个股权交易期间。在交易期内,估值始终跟随目标公司经营情况处于变动之中,直至最后一笔对价支付之时,才最终确定全部对价。根据以上依据确定或有对价,既能帮助投资方有效控制投资风险,也能有效激励目标公司的原股东。

另外,相较于业绩补偿制度,Earn-out 机制也灵活不少,不仅仅可以将财务性指标[例如净利润、GMV(网站成交金额)、EBIT/EBITDA(息税前利润/息税折旧摊销前利润)等]作为衡量指标,同时,还可以考虑将各类非财务性指标[例如产品研发进度(IND)、药品批文(NDA/ANDA/BLA)、监管许可、特定客户合同、外部市场风险的指标等]以及将财务性与非财务性指标相结合等多种方式设置衡量指标。

最后,还有一类不太多见的 Earn-Out 条件,它与被收购公司的财务和非财务经营表现都没有关系,而纯粹属于不确定的外部市场状况,譬如未来某一时间的原油价格。约定这样的条件,更像是用 Earn-Out 来分配买卖双方均无法预知的风险。而参与此种交易的企业,其价值往往与条件涉及的市场状况密切相关,例如炼油厂或其他从事大宗物资商品生产、贸易的企业。

具体而言,Earn-out 与业绩补偿制度的区别见表2:

表 2 Earn-out 与业绩补偿制度的区别

| 类别 | 业绩补偿制度 | Earn-out |
|---|---|---|
| 基本机制 | 事前支付,事后补偿 | 事前约定,事后支付 |
| 购买对价 | 固定购买价 | 固定支付+或有支付,总额一般有上限 |
| 本质 | 建立在未来业绩上的卖出期权 | 建立在未来业绩上的买入期权 |
| 承诺指标 | 单一化,财务指标为主,大都采用净利润 | 多样化,可根据目标方特征,使用财务和非财务指标来量身打造对赌指标(下文将通过具体案例进行分析) |
| 交易双方关系 | 交易双方对目标方的价值评估分歧较大时,收购方可能承担过度支付风险或是目标方失去获取期望价值的交易机会 | 通过调节交易倍数缓冲收购方与目标方之间信息不对称,可消除交易双方对目标方的价值评估的严重分歧 |
| 风险应对范围 | 主要降低预期内的内部经营风险 | 除内部经营风险外,还可降低不可预期风险,如监管审核、特定客户关系、外部市场环境变化等风险 |
| 操作性 | 操作性差,易流于形式。补偿主动权在目标方,补偿难以完全执行,目标方赖账业绩补偿变空头支票 | 操作性强。支付主动权在收购方,事后支付容易执行 |
| 使用情况 | 各行业普遍使用;上市公司并购普遍使用 | 高风险、高成长性的信息技术和传媒行业以及轻资产的知识密集型企业、服务业;跨国并购,跨界并购;非上市公司之间并购,上市公司并购非上市公司 |

## 三、定向减资

所谓定向减资,也可以称为非等比例减资,是相对等比例减资而言,两者之间的关系类似于证券市场常见的公开发行和非公开发行(定向增发)之间的关系。等比例减资情形下,各股东的出资额会同比例减少,各股东的持股比例不会变化;而定向减资属于不同比例减资,不同比例减资情形下,除被减资股东外,其余股东的出资额不会变化,但持股比例会增加。

在过往实践中,定向减资在对赌协议中的运用相当广泛,即公司与投资人(即私募基金、风险投资基金、创业投资基金等财务投资人)签署的对赌协议中的回购条款成就,公司和/或公司原股东对投资人所持有的公司股权予以回购并进行减资。

## 四、明股实债

实践中,大量固定收益类的对赌条款被法院认定为构成"明股实债",从而被认定为不属于"对赌"范畴,进而作出适用借款合同和民间借贷司法解释的相关规定的裁判,对投资人而言,可能存在退出回报无法达到预期的风险,在相关交易结构和投资条款的设计和安排方面,值得引起足够的重视。

关于明股实债的定义,目前尚没有统一明确规定。在监管层面,2017年2月13日,中国证券投资基金业协会发布的《证券期货经营机构私募资产管理计划备案管理规范第4号——私募资产管理计划投资房地产开发企业、项目》曾首次对"明股实债"作如下定义:"本规范所称名股实债,是指投资回报不与被投资企业的经营业绩挂钩,不是根据企业的投资收益或亏损进行分配,而是向投资者提供保本保收益承诺,根据约定定期向投资者支付固定收益,并在满足特定条件后由被投资企业赎回股权或者偿还本息的投资方式,常见形式包括回购、第三方收购、对赌、定期分红等。"

在税务层面,2013年7月15日,国家税务总局发布的《关于企业混合性投资业务企业所得税处理问题的公告》中规定,企业同时符合下列5个条件的混合性投资业务,按照债权投资的实质来征收企业所得税:(1)被投资企业接受投资后,需要按投资合同或协议约定的利率定期支付利息(或定期支付保底利息、固定利润、固定股息,下同);(2)有明确的投资期限或特定的投资条件,并在投资期满或者满足特定投资条件后,被投资企业需要赎回投资或偿还本金;(3)投资企业对被投资企业净资产不拥有所有权;(4)投资企业不具有选举权和被选举权;(5)投资企业不参与被投资企业日常生产经营活动。

在会计层面,准则中并没有明确规定"明股实债"的处理方式,鉴于"明股实债"兼有"股"与"债"的双重属性,应根据《企业会计准则第37号——金融工具列报》(财会〔2017〕14号)第7条的规定,"企业应当根据所发行金融工具的合同条款及其所反映的经济实质而非仅以法律形式,结合金融资产、金融负债和权益工具的定义,在初始确认时将该金融工具或其组成部分分类为金融资产、金融负债或权益工具"。依据"实质重于形式"原则,在金融工具初始确认为金融负债或权益工具。

### 五、股权(份)回购

严格意义上说,股权回购是指有限责任公司回购股东所持有的公司股权。《公司法》对可股权回购的情形作了明确的限制,即第74条第1款①限定的3种情形。

股份回购是指上市公司按一定的程序购回发行或流通在外的本公司股份的行为,是通过大规模买回公司发行在外的股份来改变资本

---

① 《公司法》第74条第1款规定:"有下列情形之一的,对股东会该项决议投反对票的股东可以请求公司按照合理的价格收购其股权:(一)公司连续五年不向股东分配利润,而公司该五年连续盈利,并且符合本法规定的分配利润条件的;(二)公司合并、分立、转让主要财产的;(三)公司章程规定的营业期限届满或者章程规定的其他解散事由出现,股东会会议通过决议修改章程使公司存续的。"

结构的防御方法。《公司法》第 142 条第 1 款①对此同样有所限定。

## 六、不可撤销的委托

在典型的 VIE(Variable Interest Entities,可变利益实体)架构中,境内 OPCO(Operating Company,经营公司)的股东会依据相应的委托投票权协议等,将其股东权利,包括投票权、表决权等均悉数委托给 WFOE(Wholly Foreign Owned Enterprise,外商独资企业)行使,从而实现协议控制,达到并表计算业绩的目的。在此类协议和交易结构中,对于股东权利的委托,往往会使用"不可撤销"或类似表述,以巩固 WFOE 对 OPCO 的实际控制力,同时也为满足如联交所 HKEX-LD43-3、HKEX-GL77-14 等在内的相关监管文件对于 VIE 架构赴港上市的具体要求。

## 七、定增保底承诺

在上市公司定增时,由公司、控股股东、实际控制人或第三人承诺保底收益也属于广义上的对赌。实践中,定增保底承诺常见于《差额补足协议》《定增股份回购协议》中。常见模式如下:从签订主体来看,一般是由上市公司的大股东或实际控制人与投资人签订协议,也有部分上市公司直接与投资人签订协议;从权利义务安排来看,双方约定某一固定收益率,若投资者所持定增股票在处置时未达到此标准,则由上市公司一方补足,或由上市公司一方按照特定价格回购股份,此为"固定利益保底"。另外,在部分保底协议中也会同时存在"超额利益共享"的约定,即定增股票在处置时超过固定收益率的部分由双方

---

① 《公司法》第 142 条第 1 款规定:"公司不得收购本公司股份。但是,有下列情形之一的除外:(一)减少公司注册资本;(二)与持有本公司股份的其他公司合并;(三)将股份用于员工持股计划或者股权激励;(四)股东因对股东大会作出的公司合并、分立决议持异议,要求公司收购其股份;(五)将股份用于转换上市公司发行的可转换为股票的公司债券;(六)上市公司为维护公司价值及股东权益所必需。"

按比例分成。定增原本是一种典型的股权投资方式,保底协议的存在规避了股权投资的风险即收益的不确定性,使其更偏向于一种类债权的投资。正因为如此,保底协议保驾护航下的定增投资,也多被理解为"明股实债"乃至"对赌"的设计。

## 八、表决权差异

表决权差异也称"超级投票权"或者说"同股不同权",深圳证券交易所曾对此作出明确定义:表决权差异安排是指发行人依照《公司法》第 131 条的规定,在一般规定的普通股份之外,发行拥有特别表决权的股份。每一特别表决权股份拥有的表决权数量大于每一普通股份拥有的表决权数量。除上市公司章程规定的表决权差异外,普通股份与特别表决权股份具有的其他股东权利完全相同。

实务中,特别表决权一般设置于对公司发展作出重大贡献并且担任公司董事的股东,持有特别表决权股份意味着拥有更多的决策权。表决权差异安排只能在上市前设置,由出席股东大会的股东所持表决权的 2/3 以上通过,并记载于公司章程中。每份特别表决权股份的表决权数量应当相同,且不得超过每份普通股份的表决权数量的 10 倍。

# 第二节 对赌的对象

## 一、财务业绩指标

财务业绩是对赌标的中最常见的形式,指以目标公司财务数据所表达的业绩对其财务指标(包括偿债能力、资产周转能力、盈利能力、成长能力等方面)进行的评价。财务业绩相应指标包括净利润、净利润增长率、营业收入、营业收入增长率等。

对赌协议中,通常会将目标公司在约定期间内能否实现约定的财务业绩作为对赌标的,一般为目标公司年度税后净利润。

## 二、上市时间

即对赌协议中约定的对赌标的是目标公司在约定期间内能否上市。

## 三、非财务类业绩指标

与财务业绩相对,对赌标的还可以是非财务业绩,如 KPI、用户人数、产量、产品销售量、市场份额等。

## 四、企业行为

如特定新技术能否成功产业化、能否成功从第三方融资等。

## 五、其他对赌标的

不常见,包括关联交易(目标公司在约定期间若发生不符合章程规定的关联交易,目标公司或大股东须按关联交易额的一定比例向投资方赔偿损失)、未披露债务(若目标公司未向投资方披露对外担保、债务等,在实际发生赔付后,投资方有权要求目标公司或大股东赔偿)、竞业限制(目标公司上市或被并购前,大股东不得通过其他公司或通过其关联方,或以其他任何方式从事与目标公司相竞争的业务)等。

# 第三章 对赌的分类与示范

## 一、对赌条款的类型

对赌条款,通常分为业绩补偿条款、股权回购条款、估值调整条款和其他条款。

业绩补偿,是指目标企业或其原有股东与投资人就未来一段时间内目标企业的经营业绩或事项进行约定,如目标企业未实现约定的业绩或事项,则需按一定标准与方式对投资人进行补偿。

股权回购,是指投资时目标企业或原有股东与投资人就目标企业未来发展的特定业绩或事项进行约定,当约定条件成就时,投资人有权要求目标企业或原有股东回购投资人所持目标公司股权。

估值调整,是指投资人对目标企业投资时,往往按 P/E(市盈率)法估值,以约定的 P/E 值与目标企业当年预测利润的乘积,作为目标企业的最终估值,以此估值作为投资的定价基础。投资后,目标企业当年利润达不到约定的预期利润时,需按照实际实现的利润对此前的估计进行调整,退还投资人的投资款或增加投资人的持股份额。

除此之外,根据对赌协议的复杂程度不同,还可能包含反稀释条款、领售权、随售权、一票否决权、优先清算权条款等(鉴于国内司法情况,部分条款可能缺乏实践中的可履行性)。

## 二、典型条款

1. 上市时间+股权回购

若目标公司未能在 2022 年 12 月 31 日之前完成中国境内 A 股合格上市(IPO),则投资方有权要求义务方一次性回购投资方届时持有的部分或全部目标公司股份;但如届时目标公司已向中国证监会申报上市材料且审核程序尚未终结的,在此期间投资方应给予义务方必要宽限期,宽限期等同于中国证监会审核期限,宽限期内投资方不得行使前款约定的回购权;如果目标公司顺利上市,回购条款自动终止,如目标公司撤回上市申请或上市申请被中国证监会否决的,则回购条款恢复。

股份回购情形一经发生,义务方应在收到投资方发出的股份回购通知之日起 15 个工作日内无条件完成回购股份,并将所有回购价款一次性足额支付给投资方,逾期未支付或未足额支付回购价款,则就逾期未支付部分按实际逾期时间以万分之五的日利率计算罚息。

股份回购价格的计算方式为:

回购价格=本次增资的增资款×(1+10%×自投资方缴付本次增资的增资款之日起至回购之日止的天数÷365)−投资方自目标公司累计已取得的分红金额(如有)。

2. 财务指标+业绩补偿

各方确认,本次增资是基于如下预期而确定:2018 年度、2019 年度和 2020 年度目标公司扣除非经常性损益后孰低调整后的净利润分别不低于 1000 万元、2000 万元、3000 万元、4000 万元(简称预期利润额)。目标公司应当聘请经投资方认可的具有证券期货从业资质的会计师事务所根据中国会计准则在每个年度结束后的 3 个月内完成对目标公司的审计。

如果目标公司 2018~2020 年间任一年度的实际税后净利润低于该年度的预期利润额,义务方承诺对投资方进行相应的现金补偿。

具体补偿金额按照如下公式计算:

当年度投资方应获得的现金补偿金额=投资方持股比例×(当年度预期利润额−当年度实际税后净利润)×(1+同期银行贷款基准利率)。

义务方的现金补偿义务应当于补偿金额确定之日起 30 日内完成,实际税后净利润超过预期利润额的,投资方不对目标公司或义务方进行反向补偿。

3. 低价发行股份+股份补偿

自本协议签署日起至目标公司合格 IPO 之前,在目标公司发行任何新增注册资本时,未经投资方事先书面同意,增资认购人在认缴增资之前对目标公司的估值(简称稀释估值)不应低于本次增资后的目标公司估值,以确保丙方所持目标公司股份的价值不被稀释。

如稀释估值低于本次增资后的目标公司估值,丙方有权要求义务方在增资认购人认缴增资之前,按照稀释估值以无偿转让/发行股份方式对丙方予以相应补偿,避免损害丙方利益。

对赌的精妙在于根据实际情况灵活运用各类对赌工具,以上仅对典型条款简单举例,实践中关于触发情形和承担的义务并非一一对应,而是可以任意搭配,具体详见表3:

表 3 常见条款类型

| 触发条件 | 义务内容 | 义务主体 |
|---|---|---|
| 财务指标未达预定要求 | 应当回购投资方股权 | 目标公司或实控人单独承担 |
| 限期内无法合格上市 | 对投资方进行现金补偿 | 目标公司承担+实控人担保 |
| 低于认购价发行新股 | 对投资方进行股份补偿 | 实控人承担+目标公司担保 |
| 创始人对外转让股权 | 实控人对目标公司补偿 | 目标公司与实控人连带责任 |

# 第四章　对赌交易的文件

## 第一节　TS/MOU

### 一、基本概念

TS(Term Sheet),即条款清单,或称投资框架协议。TS 是以 PE/VC 等为代表的投资机构与创业企业就未来的投资交易所达成的原则性约定,其主要内容包括:交易框架、投资者相关优先权、公司治理、对创始人及团队的限制等,这些内容都将反映在最终的正式投资协议之中。在创业项目融资阶段,如果投融资双方就投资交易产生初步意向,在启动尽职调查(Due Diligence)前会签订投资条款清单。

TS 于 20 世纪末随着外资风险投资公司进入中国而自美国引进,彼时协议体系中体现的投资理念、融资工具和风控制度等,不适用于中国投资环境之处数见不鲜。随着中国风险投资行业的蓬勃发展,TS 也不再是带着深厚硅谷烙印的舶来品,而逐渐被中国的投资机构熟练地借鉴、广泛应用在投资交易中,成为助推风投企业对高新技术企业注资的有效工具之一。

MOU(Memorandum of Understanding),即谅解备忘录。实践中与TS 无本质区别。

### 二、法律性质探讨

签署投资条款清单的意义在于建立投融资双方对正式协议中核心条款的共同认知,TS 的主要特点为框架性、非约束性以及保密性和排他性。

1. 框架性

TS 相较于正式的投资合同来说,长度和复杂性均大大降低,仅罗列了有可能出现在未来投资协议中的核心条款。签署 TS 可以很大程度地节约交易双方的时间和成本,降低后期围绕重要条款产生的分歧而导致交易失败的可能性。

2. 非约束性

虽然 TS 在法律上定性为预约合同,属于合同范畴,但是常规而言,除非特殊约定,除了排他性和保密义务这类具有强制约束力的内容外,TS 中的其他约定对于投资人并不具有法律约束力。也就是说,即便完成了 TS 的签署,投资人也没有法律义务必须对创业公司进行投资。

然而,签署 TS 并不是可有可无的步骤,相反,是绝大部分股权融资必经的环节之一,因其标志着投资机构对创业公司抛出橄榄枝,是融资过程中举足轻重的里程碑。除非投资人在后续尽职调查中发现创业公司存在重大问题,严重不符合其投资要求和标准,否则创业公司在收到 TS 后,一般有比较大的机会获得最终的投资。

实践中,全文或大部分内容有约束力的 TS 较为少见,这种情况下,一般是标的公司非常热门,有不只一个投资人盯上,甚至反向要求投资机构投标,让投资人之间互拼投资金额、期限和其他主要条件,往往也不给投资人尽职调查的机会,只给几个关键财务数字和业务指标。

3. 保密性和排他性

保密条款,顾名思义,在尽职调查的过程中,标的公司通常需要将自己的经营状况、财务信息、核心技术、公司治理等情况披露给投资机构,在这种情况下,保密义务对创业公司的知识产权和商业机密提供了保障,尤其在某些投资机构可能在同一或类似行业或领域投资了多家创业公司的时候。在跑马结果公布之前,谁是"亲儿子"这种事情是很难说的,尤其是没有"亲子鉴定"的情况下。

排他条款是投资人用于自我保护、对创业企业单方向的约束条款,在排他期内创业公司不能就本次交易和其他投资方接触,防止标的公司"养鱼""海王"的情况发生,进一步降低投资方的风险。考虑到尽职调查所需时间和相关业务流程,目前市场上大部分投资项目的排他期在 60 日左右。

伴随着排他条款有时还会有排他费的问题,即排他期并不免费,需要拟投资方以预付款或订金等方式支付款项作为排他期的对价,在投资人最终投资时,排他费可以抵扣投资款项,而在如果尽职调查没有发现重大问题但投资人却不进行投资时,则不予返还或部分返还,以免标的公司被"白嫖",用以补偿因排他期错失其他投资人可能的投资机会的损失。目前,PE/VC 行业鱼龙混杂,一些投资机构手头没钱,"顾而不投",广泛签下带有排他期的 TS 锁定项目,在排他期内拿着项目再去找金主谈资金,空手套白狼,该条款应当引起标的公司的充分注意。

保密和排他条款是 TS 中具有法律约束力的内容,违反它们将会在一定程度上产生法律后果,后文还将继续分析。

### 三、法律效力和诉讼适用

通常认为,TS 法律性质属于预约,即在符合尽职调查结果的情况下,当事人有在未来进一步缔结本约的一致意思表示。

2012 年施行的《买卖合同解释》第 2 条首次使用了预约合同的概念,并明确预约合同乃是一种独立的合同类型,即"当事人签订认购书、订购书、预订书、意向书、备忘录等预约合同,约定在将来一定期限内订立买卖合同,一方不履行订立买卖合同的义务,对方请求其承担预约合同违约责任或者要求解除预约合同并主张损害赔偿的,人民法院应予支持"。《民法典》采纳了前述司法解释的规定,并对预约合同的概念进行了更清晰科学的界定。《民法典》第 495 条第 1 款规定:"当事人约定在将来一定期限内订立合同的认购书、订购书、预订书等,构成预约合同。"该条规定首次在立法层面明确将预约合同认定为独立合同。与司法解释的规定细微的区别在于,《民法典》更强调预约合同的实质要件,即有于将来一定期限内订立合同的意思表示,同时损害赔偿不再单列,而将之归入违约责任。

从法理上而言,预约合同较之意思表示不明确、标的和数量均不确定的磋商性文件,其具备的约束性、期限性和确定性则成为显著特征。从沿革来看,在《民法典》制定过程中,也曾将"意向书",即接近Term Sheet 的中文翻译对应表述列举在前述法条内,但有意见认为在实践中"意向书"很多情况下不能构成预约合同,因此在最终文本中删去。在全国人大常委会法工委的《民法典》解读中,对预约合同和磋商性文件的区别,采取的是接近会计上"实质重于形式"的尺度,即并不以"认购书、订购书、预订书"等名称或形式,而是看实质和内容是否满足当事人对将来一定期限内订立本约达成合意的主要标准来界定。

据此,在 PE/VC 交易文件中,尽管双方在 TS 中约定核心交易条款不具有法律约束力,但如果明确约定双方应当于将来一定期限内或者一定条件下签订正式交易合同,这应当视为双方的义务,对双方具有约束力。相反,如果该 TS 仅表达了双方愿意进一步磋商的意愿,但并未对双方后续如何完成交易约定具体的义务,则应认定为磋商性文件,不具备构成预约合同或本约合同必须具备的约束性。

在《民法典》生效之前,司法实践中关于继续履行,认为不应判令强制缔结本约的裁判观点相对较为常见。最高院在张某琪、北京王忠诚医疗科技有限公司与佛山市顺德区银景房产有限公司、佛山市顺德区德利企业管理顾问有限公司等股权转让纠纷申请再审案[(2016)最高法民申 200 号]中认为,"预约合同作为一个独立的合同,其违约责任形式可以包括继续履行,但可由人民法院强制缔结本约的法律依据并不充分,否则有违合同意思自治原则,亦不符合强制执行限于物或行为的给付而不包括意志给付的基本原理"。持"必须磋商说"、不支持强制缔约观点的案例还有湖北高院(2014)鄂民申字第 01133 号、新疆高院（2015）新民三终字第00060号。

《民法典》第495条第2款规定："当事人一方不履行预约合同约定的订立合同义务的,对方可以请求其承担预约合同的违约责任。"对于违反预约承担违约金责任或者定金责任,学界和实务领域争议不大,但对于是否可以要求违约方继续履行,以及损害赔偿的范围仍然存在一定争议。《民法典》采取了相对原则的立法,将具体问题留待实践探索解决的方式。

关于继续履行,最高院曾在《合同法解释二》（已废止）第1条第1款中规定："当事人对合同是否成立存在争议,人民法院能够确定当事人名称或者姓名、标的和数量的,一般应当认定合同成立。但法律另有规定或者当事人另有约定的除外。"故此,最高院在《民法典》理解与适用一书中认为,可以把预约分成符合《合同法解释二》3个合同成立必备条款的简单预约,以及除此之外包含了部分其他主要条款的典型预约和合同主要条款已经基本约定或者基本约定清楚的完整预约,并根据情况对前两种预约采取强制磋商,对完整预约采取强制缔约的态度处理。但对于强制缔约仍应当谨慎使用,尽可能尊重当事人意思自治,保持司法应有的谦抑性。

关于赔偿范围,在全国人大常委会法工委的《民法典》解读中采取了类似的态度,认为赔偿范围的确定,需要结合预约的重要性和完备性来决定。即如果预约在整个交易环节中的位置非常重要,完成预约合同的订立和履行（预约合同的履行即本约合同的订立）就完成了整个交易的绝大部分,使整个交易达到比较高的成熟度,本约合同义务的履行在整个交易环节中只是占有非常小的分量,那么对预约合同的违约损害赔偿范围就可以很接近于本约合同的违约损害赔偿范围。

在《民法典》颁布之前关于TS的一些境内外案例如下:

2017年8月,红杉资本与币安交易所就其A轮融资开始谈判。谈判中,红杉为币安定下了5亿人民币的估值,并按此估值计划投资6000万元人民币,占股10.714%。双方于8月25日签署TS,其中规定,双方将进行排他性合作,对融资进一步谈判,排他性合作的截止日期为 2018 年 3 月 1 日,共计 6 个月。在此期间,比特币以惊人的速度攀上历史高点,币安 CEO 赵某鹏在接受彭博社采访时表示,数字货币市场一路走高的行情使得币安的保守估值达到 30 亿美元上下,与红杉在 TS 中明确的 5 亿元人民币相去甚远,现有股东和天使投资人均认为红杉在 A 轮融资中确立的估值过低。此后,币安接触了另一家投资方 IDG 资本,后者愿意以更高的估值进行投资。红杉认为币安违反了排他条款,随后向香港法庭申请禁令,禁止币安与其他投资者开展融资谈判,并获得香港法庭批准。

红杉与币安签署的 TS 约定了适用香港法律管辖,基于此管辖背景,禁令是违约导致的法律后果之一。如果适用中国内地法律,根据《民事诉讼法》的规定,法院可以根据一方申请而禁止另一方作出一定行为。不过从司法实践情况来看,诉讼禁令制度的适用范围有限,而且只在知识产权纠纷等领域相对适用较多,在股权投资纠纷领域适用较少。另一个常见的法律后果是产生违约赔偿责任。根据内地法律规定,违约责任以弥补损失为原则,这里的关键和难点在于如何确定因违约所造成的损失。即便协议约定了明确的违约金金额,在实践中,难以量化违约损失仍可能导致最终的违约金发生变更。

在广州城启集团有限公司与广州市商业储运公司、广州百货企业集团有限公司、广州市华商贸房产发展有限公司股权转让合同纠纷一案[(2014)民二终字第 212 号]中,广百公司与商储公司作为甲方与城启公司作为乙方签署《预定转让合同》,约定甲方预定转让其在《中外合作合同》中享有的 26% 权利给乙方,并就转让价款的支付、后续签署《中外合作企业合同权利转让合同》程序以及委托管理等事项进行约定。随后乙方支付了股权转让款并实际管理合作企业,但双方未按约定签署《中外合作企业合同权利转让合同》,也未将《预定转让合同》提交审批。广东高院和最高院认为,尽管双方签订的是《预定转让合同》,但该合同已对涉案股权转让行为中各方的权利义务进行了明确、全面约定,也得到了当事人部分实际履行,该合同是正式股权转让合同,而非预约合同。最高院进一步认为,《预定转让合同》作为正式的股权转让合同,未依法取得外资审批机关批准,属于未生效合同,但负有报批义务一方需承担合同被撤销的主要过错责任。

在中国宝安集团股份有限公司等与内蒙古嘉泰投资集团有限公司股权转让纠纷一案[(2015)民提字第 21 号]中,宝安集团等四被告作为转让方与嘉泰集团签订《股权转让协议》,就嘉泰集团转让款的支付作出安排,并约定在宝安集团收到首期转让款后,尽快安排签署关于三家公司股权转让协议涉及的相关文件,并获得相关部门的批准文件。嘉泰集团认为,《股权转让协议》涉及外资企业股权转让,因未依约报批、获得批准文件,《股权转让协议》属于成立但未生效的合同,要求宝安集团承担缔约过失责任。二审广东高院支持了嘉泰集团的观点,认为《股权转让协议》属于成立未生效的合同,但一审法院深圳中院和再审法院最高院则认为《股权转让协议》是包含三个公司股权变动的一揽子协议,受让方尚不明确,且各方当事人对于需要另行签订具体明确的股权转让协议是明知的,因此《股权转让协议》属于各方当事人就转让股权达成的预约,预约协议并不需要报外商投资企业审批机构的审批,在签署后即发生效力。

在澳华资产管理有限公司与洋浦经济开发区管理委员会投资意向书纠纷申请再审案[(2014)民申字第 263 号]中,澳华公司与洋浦管委会签订《关于建设高档酒店的投资意向书》(简称《投资意向书》),其中约定如下:"三、选址及项目土地……但由于洋浦开发区的规划调整,上述地块现已不适用建设酒店。为服从开发区新的规划,澳华公司拟将原地置换至东部生活区及新英湾沿海一带建设酒店。2. 洋浦管理局支持澳华公司在洋浦投资建设高档酒店,同意协调置换土地,同时为保证企业实质性投资,对项目建设提出如下要求……"双方对《投资意向书》的性质产生争议。一审海南高院认为,《投资意向书》为有效协议,洋浦管委会未协调办理完土地置换事宜构成违约,但二审和再审审查法院最高院则认为,根据《合同法解释二》第 1 条,合同成立的必备要素包含当事人名称、标的和数量,《投资意向书》只是对澳华公司拟置换土地的意向及洋浦开发区管理局表示同意协调置换进行了约定,而对于是否必须置换成功以及置换土地的具体位置和面积均未作出明确约定。因此,该《投资意向书》不具备合同的主要条款,不构成正式的土地置换合同,且《投资意向书》中虽对签订意向书的背景进行了描述,但并未明确约定洋浦管委会在置换土地过程中的权利和义务,当事人也未表明受其约束的意思,故《投资意向书》并非就在将来进行土地置换或者在将来签订土地置换合同达成的合意。因此,《投资意向书》的性质为磋商性、谈判性文件,对双方不具有约束力。

由上述案例可见,在涉及依法需要审批才生效的交易合同,TS 的性质认定对其法律效力存在实质性影响。构成预约合同的 TS 无须审批机关的批准,双方一经签署即产生法律效力,当事人可根据预约合同要求违约方承担相应的违约责任;而构成正式交易合同的 TS 在经审批前属于成立未生效的合同,受让方主张损失赔偿的范围主要为转让方未履行报批义务造成的实际损失。

鉴于《民法典》生效时日尚短,对于该问题的理解,仍然有待于后继相关研究和司法案例的进一步深入。

当然,需要提醒注意的是,从 2016 年开始,我国外商投资全面试点了备案制度,并在《外商投资法》《外商投资法实施条例》《外商投资信息报告办法》《最高人民法院关于适用〈中华人民共和国外商投资法〉若干问题的解释》等若干新的法律、法规、部门规章、司法解释出台且生效之后,除负面清单外的外商投资企业原则均适用事后备案制,部分地区商务部门和市场监督管理部门已经在内部系统试点联网推送备案信息。

目前,在涉及外商投资领域,我国主要适用的负面清单为《市场准入负面清单(2022 年版)》《外商投资准入特别管理措施(负面清单)

(2021 年版)》《自由贸易试验区外商投资准入特别管理措施(负面清单)(2021 年版)》。伴随着《区域全面经济伙伴关系协定》(RCEP)的落地,我国的负面清单制度也将持续更新和进一步开放,因此未来需要实现事先审批决定效力的相关投资或交易合同范围将会越来越收窄。

<h2 style="text-align:center">第二节 SPA 与 SHA</h2>

### 一、基本概念

SPA(Share Purchase Agreement),一般译为股权认购协议或增资协议,其核心条款明确了与购股相关的权利和义务,以及资产分配问题,例如交割先决条件、股价、支付方式、员工期权等。

SHA(Shareholder Agreement),一般译为股东协议,更多涉及投资人在公司管控方面享有的主要权利,例如登记申请权、反稀释权、优先购买权、董事会构成及保护性条款等。

值得注意的是,在中国法框架下,SHA 和公司章程(Article of Association)存在千丝万缕的联系但又不完全一致。SHA 并非公司设立的法定必备文件,而公司章程则是公司设立必不可少的文件。在实践当中,由于登记部门窗口意见的限制,很多章程自治性或者个性化条款无法真正落实到登记的章程之中。于是,股东们会通过协议方式将相关内容具体落实到纸端。

SHA 适用的是《民法典》总则及合同编相关法律,基于合同相对性,效力原则上只发生在股东之间,并不涉及除股东之外的第三人。而公司章程则适用《公司法》,对于公司、股东、董事、监事、高管均具有法定约束力。同时,根据商事外观主义的基本原理,公司章程具有一定程度的涉他性,经登记公示后对处理公司与债权人等关系具有一定的调整效力。

在公司成立后,SHA 在没有被明确修改、变更、解除以及与公司章程的内容相悖的情况下,其效力并不自然终止或被公司章程的效力所取代,只是在具体个案的司法诉讼中,两者具有不同的证明和适用对象,原则上不存在以两者中哪个为准的问题。

当 SHA 与公司章程在实践中发生条款冲突时,应当区分是针对股东内部之间的事项还是股东与合理信赖公司章程的第三人之间的事项,在具体适用时须区分对内适用和对外适用两种不同情形。

上海二中院作出的(2013)沪二中民四(商)终字第733号民事判决书[上海联合汽车大道开发建设有限公司、中国五冶集团有限公司与上海联合汽车(集团)有限公司公司决议撤销纠纷]认为:"公司章程作为对公司重要和基本问题作出明确规定的公众法律文件,对公司股东以外的债权人以及其他社会公众而言是其赖以了解公司的基本依据,但对股东之间来说,公司章程仅是股东之间的一种契约,股东可以通过其他合意且在不违反强制性规定的情况下进一步明确各自的权利义务,甚至否定公司章程的约定,故在股东之间应以股东的真实意思合意为准。"

为避免不必要的纠纷,股东间如通过 SHA 作出与公司章程不一致内容,建议在 SHA 中注明:"本协议书自股东各方签章之日起生效,不因目标公司章程的签署而被取代或变更;公司章程条款与本协议内容约定不一致的,以本协议为准。"

## 二、与 TS 的关联性

简单总结,TS 是对 SPA 和 SHA 的高度概括,也是后两个正式协议的前提和基石,一般来说,没有签署书面的 TS 就开始谈判 SPA 和 SHA 的情形是极其罕见的,特别是对于领投的投资人来说。TS 通常涵盖了两份协议中的宗旨和重点,因此 SPA 和 SHA 的内容主要是对 TS 中所罗列条款的完善与丰富。与 TS 不同的是,SPA 和 SHA 中的条款均具有完全法律效力,SPA 和 SHA 的主要条款的重点和宗旨都在 TS 中已经反映到了,因此 SPA 和 SHA 的主要内容大部分都是对 TS 中达成的一致意思的完善和丰富。

如果我们以谈恋爱和婚姻为例:

(1)TS 是谈恋爱,同时提出各种框架来谈论结婚后的家庭治理结构以及婚前婚后谁买车买房以及财产公证的问题。

(2)SPA 是正式结婚,并规定若干婚前财产公证、婚后财产归属和分配等问题。

(3)SHA 是有法律效力的家庭约法三章,是关于谁管钱、谁买菜、谁做饭、谁洗碗、谁打扫卫生、谁带小孩等涉及如何治理家庭的问题。

回到 TS 的必要性的问题上,尽管如前所述,TS 本身基本不具有法律约束力,那是否意味着签署 TS 毫无意义或者可以跳过 TS 直接进入 SPA 和 SHA 的阶段?

答案显然也是否定的。虽然 TS 的主要条款并不具有约束力,但是通常情况下,在后续协商 SPA 和 SHA 的过程中,双方若出现分歧,其主要依据往往也是 TS。如果一方在 SPA 或 SHA 中的要求超出 TS 范围或者是单方推翻 TS 中已经达成一致的意见,那么这一方在"江湖道义"和"行业口碑"上显然是存在理亏,且对于后继谈判是极为不利的。商业社会,尤其是投融资圈子并不大,除了法律,还有诗和远方。因此如果公司在 TS 阶段没有仔细做功课,贸然同意了对公司不太有利的 TS,那么公司在接下来的谈判中会非常被动,从长远来说,创始人及其团队和公司在整个投资圈的名声和口碑也会受到影响。

# 第五章　对赌涉及的基础财会知识

## 第一节　基础会计知识

### 一、"同控"与"非同控"

"同控",是指投资方(合并方)和被投资单位(被合并方)之间存在一个或多个相同的最终控制方;同一控制下的企业合并,是指参与合并的企业前后均受该同一方或相同多方共同控制且该控制并非暂时的。

"非同控",是指投资方(合并方)和被投资单位(被合并方)之间不存在一个或多个相同的最终控制方;非同一控制下的企业合并,是指参与合并的各方合并前后不受同一方或相同多方最终控制的合并交易,即同一控制下企业合并以外的其他企业合并。

之所以需要如此区分,是因为能够对参与合并各方在合并前后均实施最终控制的一方通常指企业集团的母公司,同控合并的实质其实是同一集团下企业财产与资源的重新分配,因此严格意义上来说,企业合并应该指的是非同一控制下企业合并,所以对赌通常发生在非同一控制下的企业合并中。

从大方向上看,在同控合并中,投资方在确认长期股权投资初始入账成本时,按照享有被合并方所有者权益在最终控制方合并财务报表中的账面价值的份额进行确认,如果最终控制方收购被合并方时形成了商誉,则再加上商誉;若是以非现金资产进行投资的,不确认非现金资产的处置损益,即按照账面价值进行结转。而在非同控合并中,按照付出对价资产的公允价值确认长期股权投资初始入账价值,付出资产公允价值与账面价值之间的差额计入当期损益或留存收益(比如以其权益工具投资作为对价)。

因本书主要围绕对赌内容展开,因此除非有特别说明,后文相关财会内容均仅介绍非同一控制下企业合并这种情况下的处理。同时,因本篇章仅介绍基础知识理论,具体对不同对赌条款如何进行会计处理,详见本书后续章节。

## 二、或有对价

在某些情况下,合并各方可能在相关对赌协议中约定,根据未来一项或多项或有事项的发生,购买方通过发行额外证券、支付额外现金或其他资产等方式追加合并的对价,或者要求返还之前已经支付的对价,这种对价就被称为或有对价。

附有或有结算条款的金融工具,是指是否通过交付现金或其他金融资产进行结算,需要由发行方和持有方均不能控制的未来不确定事项的发生或不发生来确定的金融工具。会计处理中相关金融工具如何分类是财务工作的难点,也是监管审查的重点。这里我们先介绍一个整体逻辑,具体如何处理详见本书后续章节。

1. 分类为金融负债

发行方不能无条件地避免交付现金、其他金融资产或以其他导致该工具成为金融负债的方式进行结算的,应当分类为金融负债。

2. 分类为权益工具

满足下列条件之一的,发行方应当将其分类为权益工具:

(1)要求以现金、其他金融资产或以其他导致该工具成为金融负债的方式进行结算的或有结算条款几乎不具有可能性。

(2)只有在发行方清算时,才需以现金、其他金融资产或以其他导致该工具成为金融负债的方式进行结算。

(3)特殊金融工具中分类为权益工具的可回售工具。

### 三、公允价值

财务人员在计量时通常有按公允价值计量、按可变现净值计量、按预计未来现金流量现值计量等不同方式，而对赌业务可能涉及的相关会计处理，不论是受企业合并准则规定的非同一控制下企业合并中取得的可辨认资产和负债以及作为合并对价发行的权益工具，还是金融工具确认和计量准则规范的以公允价值计量且其变动计入当期损益的金融资产或金融负债，都应当适用公允价值计量。

公允价值，是指市场参与者在计量日发生的有序交易中，出售一项资产所能收到或者转移一项负债所需支付的价格，即"脱手价格"。企业以公允价值计量相关资产或负债，应当假定市场参与者在计量日出售资产或者转移负债的交易，是当时市场情况下的有序交易，即具有惯常市场活动的交易，不包括被迫清算和抛售。

### 四、金融工具与权益工具

在以股份回购方式进行业绩补偿的对赌业务中，涉及相关或有对价的收取、支付应当确认为是金融资产、金融负债还是权益工具。

1. 金融资产

金融资产，是指企业持有的现金（包括库存现金、银行存款、其他货币资金）、其他方的权益工具以及符合下列条件之一的资产：

（1）从其他方收取现金或其他金融资产的合同权利，比如应收账款、应收票据和贷款等。

（2）在潜在有利条件下，与其他方交换金融资产或金融负债的合同权利，例如企业持有的看涨期权或看跌期权等。

（3）将来须用或可用企业自身权益工具进行结算的非衍生工具[①]合同，且企业根据该合同将收到可变数量的自身权益工具。这句话看

---

[①] 为方便读者理解，可简单以股票指代非衍生工具，而简单以期权指代衍生工具。

起来晦涩难懂,举个简单的例子:甲公司为上市公司,2022年2月1日,为回购其普通股股份,与乙公司签订合同,并向其交付500万元现金,根据合同,乙公司将于2022年6月30日向甲公司交付与500万元等值的甲公司普通股,甲公司可获取的普通股的具体数量以2022年6月30日甲公司的股价确定。本例中,甲公司应当确认一项金融资产,因为甲公司收到的自身普通股的数量是随着其普通股市场价格的变动而变动的,而不能确认权益工具。

(4)将来须用或可用企业自身权益工具进行结算的衍生工具合同,但以固定数量的自身权益工具交换固定金额的现金或其他金融资产的衍生工具合同除外。这句话同样晦涩,依然举个简单例子:甲公司于2022年2月1日向乙公司支付1000元购入以自身普通股为标的的看涨期权,根据该期权合同,甲公司有权以每股20元的价格向乙公司购入甲公司普通股1000股,行权日为2022年6月30日,在行权日,期权将以甲公司普通股净额结算。假设行权日甲公司普通股的每股市价为25元,当日期权的公允价值为5000元,则甲公司会收到200股(5000/25)自身普通股对看涨期权进行净额结算。本例中,甲公司应当确认一项金融资产,期权合同属于将来须用公司自身权益工具进行结算的衍生工具合同,由于合同约定以甲公司的普通股净额结算期权的公允价值,而非按照每股20元的价格全额结算1000股甲公司股票,因此不属于"以固定数量的自身权益工具交换固定金额的现金",在这种情况下,甲公司应当将该看涨期权确认为一项衍生金融资产。

2. 金融负债

与金融资产相对应的,金融负债是指企业符合下列条件之一的负债:

(1)向其他方交付现金或其他金融资产的合同义务。

(2)在潜在不利条件下,与其他方交换金融资产或金融负债的合同权利。

(3)将来须用或可用企业自身权益工具进行结算的非衍生工具合

同,且企业根据该合同将交付可变数量的自身权益工具。

(4)将来须用或可用企业自身权益工具进行结算的衍生工具合同,但以固定数量的自身权益工具交换固定金额的现金或其他金融资产的衍生工具合同除外。

3. 权益工具

同时满足下列条件的,发行方应当将发行的金融工具分类为权益工具:

(1)该金融工具不包括交付现金或其他金融资产给其他方,或在潜在不利条件下与其他方交换金融资产或金融负债的合同义务。

(2)将来须用或可用企业自身权益工具结算该金融工具的,如该金融工具为非衍生工具,不包括交付可变数量的自身权益工具进行结算的合同义务;如为衍生工具,企业只能通过以固定数量的自身权益工具交换固定金额的现金或其他金融资产结算该金融工具。

4. 区分原则

仅从前述定义来看可能稍显困难,若将相关关键要点提炼,区分金融负债和权益工具,有以下原则:

(1)是否存在无条件地避免交付现金或其他金融资产的合同义务

如果企业不能无条件地避免以交付现金或其他金融资产来履行一项合同义务,则该合同义务符合金融负债的定义。实务中,常见的该类合同义务情形包括:

①不能无条件地避免赎回——如果一项合同使发行方承担了以现金或其他金融资产回购自身权益工具的义务,即使发行方的回购义务取决于合同对手方是否行使回售权,发行方也应当在初始确认时将该义务确认为一项金融负债,其金额等于回购所需支付金额的现值(如远期回购价格的现值、期权行权价格的现值或其他回售金额的现值)。如果发行方最终无须以现金或其他金融资产回购自身权益工具,应当在合同对手方回售权到期时将该项金融负债按照账面价值重分类为权益工具。

②强制付息,即金融工具发行方被要求强制支付利息。

反之,如果企业能够无条件地避免交付现金或其他金融资产,则不构成金融负债,而应当确认为一项权益工具。

(2)是否通过交付固定数量的自身权益工具结算

①对于非衍生工具,如果发行方未来有义务交付可变数量的自身权益工具进行结算,则该非衍生工具是金融负债;如果交付固定数量的自身权益工具,则为权益工具。

例如:甲公司与乙公司签订的合同约定,甲公司以100万元等值的自身权益工具偿还所欠乙公司债务。甲公司需偿还的负债金额100万元是固定的,但甲公司需交付的自身权益工具的数量随着其权益工具市场价格的变动而变动。在这种情况下,该金融工具应当划分为金融负债。此处权益工具作为现金的"替代品"。

②对于基于自身权益工具的衍生工具,如果发行方只能通过以固定数量的自身权益工具交换固定金额的现金或其他金融资产进行结算,即"固定换固定",则该衍生工具是权益工具;如果发行方以固定数量自身权益工具交换可变金额现金或其他金融资产,或以可变数量自身权益工具交换固定金额现金或其他金融资产,或以可变数量自身权益工具交换可变金额现金或其他金融资产,则该衍生工具应当确认为衍生金融负债或金融资产。

通过以上阐述,各位读者是否能够依据相关原则来判断对赌业务中涉及股份回购方式进行业绩补偿的如何进行会计处理了呢?此处可稍作提示,在对赌业务中,以被投资方或被收购方为例,一方是否能够无条件地避免交付现金、其他金融资产或自身权益工具呢?如果不能无条件避免,那么应分类为什么呢?而如果相关业绩指标几乎确定可以完成,业绩补偿几乎不具有可能性,那么应分类为什么呢?

相关会计处理我们将在后续章节中详细介绍。

## 五、金融工具的分类

在以现金支付方式进行业绩补偿的对赌业务中,投资方或收购方对该或有对价应在满足资产定义时确认为一项金融资产,对于金融资产还需要进一步区分交易性金融资产和其他债权投资或其他权益工具投资。

企业一般应根据其管理金融资产的业务模式和金融资产的合同现金流量特征,对金融资产进行合理的分类。

1. 以公允价值计量且其变动计入其他综合收益的金融资产

在债务工具投资中,该种分类须同时符合下列条件:(1)企业管理该金融资产的业务模式既以收取合同现金流量为目标又以出售该金融资产为目标;(2)该金融资产的合同条款规定,在特定日期产生的现金流量,仅为对本金和以未偿付本金金额为基础的利息的支付(通过SPPI测试)。此时,金融工具对应的会计科目为"其他债权投资"。

在权益工具投资中,企业可以将非交易性权益工具投资指定为以公允价值计量且其变动计入其他综合收益的金融资产,即"其他权益工具投资"。但是,企业在非同一控制下的企业合并中确认的或有对价构成金融资产的,即在对赌业务中的相关业绩补偿若构成金融资产,该金融资产应当分类为以公允价值计量且其变动计入当期损益的金融资产,不得指定为以公允价值计量且其变动计入其他综合收益的金融资产。(后续章节详述)

2. 以公允价值计量且其变动计入当期损益的金融资产

即通常会计上所说的交易性金融资产。

在债务工具投资中,三种情形下分类为交易性金融资产:(1)直接指定;(2)未通过SPPI测试;(3)企业管理金融资产的业务模式,不是以收取合同现金流量为目标(即金融资产分类决策树中的模式一),也不是既以收取合同现金流量又出售金融资产(即金融资产分类决策树中的模式二)来实现其目标,则该企业管理金融资产的业务模式是金融资产分类决策树中的模式三。

在权益工具投资中,其合同现金流量评估一般不符合基本借贷安排(即无法通过 SPPI 测试),因此只能分类为以公允价值计量且其变动计入当期损益的金融资产(直接指定除外)。

3. 特殊金融工具——可回售工具

可回售工具,是指根据合同约定,持有方有权将该工具回售给发行方以获取现金或其他金融资产的权利,或者在未来某一不确定事项发生或者持有方死亡或退休时,自动回售给发行方的金融工具。

符合金融负债定义,但同时具有下列特征的可回售工具,应当分类为权益工具:

(1)赋予持有方在企业清算时按比例份额获得该企业净资产的权利。

(2)该工具所属的类别次于其他所有工具类别,即该工具在归属于该类别前无须转换为另一种工具,且在清算时对企业资产没有优先于其他工具的要求权。

(3)该类别的所有工具具有相同的特征。

(4)除了发行方应当以现金或其他金融资产回购或赎回该工具的合同义务外,该工具不满足金融负债定义中的任何其他特征。

(5)该工具在存续期内的预计现金流量总额,应当实质上基于该工具存续期内企业的损益、已确认净资产的变动、已确认和未确认净资产的公允价值变动(不包括该工具的任何影响)。

需要注意的一点是,可回售工具分类为权益工具而不是金融负债的处理是一个例外,不允许将其扩大到合并财务报表中非控制性权益的分类。因此,子公司在个别财务报表中作为权益工具列报的特殊金融工具,在其母公司合并财务报表中对应的少数股东权益部分,应当分类为金融负债。例如:甲公司控制乙公司,因此甲公司的合并财务报表包括乙公司。乙公司资本结构的一部分由可回售工具(其中一部分由甲公司持有,其余部分由其他外部投资者持有)组成,这些可回售工具在乙公司个别财务报表中符合权益分类的要求。甲公司在可回售工具中的权益在合并时抵销。对于其他外部投资者持有的乙公司发行的可回售工具，其在甲公司合并财务报表中不应作为少数股东权益列示，而应作为金融负债列示。

## 六、商誉及商誉减值测试

首先需要说明的是，商誉发生于投资方对联营企业或合营企业的权益性投资以及企业合并的情况下，即投资一方可单独控制或与其他方共同控制融资一方，或者投资方可对融资方施加重大影响（通常表现为投资方可向融资方派驻董事）的情况，通常投资方持股比例在20%以上。而一般持股比例低于20%的将分类为金融资产，既不产生商誉，也不涉及计提减值。

在权益性投资的情况下，投资方取得对联营企业或合营企业的投资以后，对于取得投资时初始投资成本大于取得投资时应享有被投资单位可辨认净资产公允价值份额的，该部分差额是投资方在取得投资过程中通过作价体现出的与所取得股权份额相对应的商誉价值，这种情况下不要求对长期股权投资的成本进行调整，即商誉含在长期股权投资里面。当发生减值时，直接调整长期股权投资。

在发生控制权变更的情况下，如本节第一部分所述，对赌通常发生于非同一控制下的企业合并中，因此本部分仅讨论非同控合并下产生的商誉。商誉来源于企业合并成本大于合并中取得的被购买方可辨认净资产公允价值份额的差额，在控股合并的情况下，商誉仅在合并财务报表中予以列示，而在个别报表中并不体现，减值的核算在合并财务报表中体现；在吸收合并的情况下，商誉在个别财务报表中列示，减值的核算在账簿中登记。

举例说明：甲公司和乙公司不存在任何关联方关系。2022年8月8日，甲公司以向乙公司定向增发股票方式自乙公司处取得其持有的丙公司80%股权，能够控制丙公司。甲公司定向增发500万股普通股股票,每股面值 1 元,每股公允价值 3 元,甲公司以银行转账方式支付发行费 30 万元(未取得增值税专用发票)。购买日丙公司可辨认净资产公允价值为 1000 万元。甲公司以银行转账方式支付审计费 50 万元(未取得增值税专用发票),甲公司与丙公司的会计年度和采用的会计政策相同,不考虑相关税费等其他因素。由以上可得出:

商誉=合并成本-被购买方可辨认净资产公允价值的份额=500×3-1000×80%=700(万元)

根据《企业会计准则第 8 号——资产减值》的规定,"企业合并所形成的商誉,至少应当在每年年度终了时进行减值测试"。若测试结果显示商誉减值,则代表资产的可收回金额低于其账面价值,预示着现时资产预计给企业带来的经济利益比原来入账时所预计的要低。

## 第二节　基础税务知识

### 一、计税基础

计税基础(Tax Basis)是 2006 年发布的新《企业会计准则》中提出的概念。它分为资产的计税基础、负债的计税基础两类内容。通俗地说,计税基础是指资产负债表日后,资产或负债在计算以后期间应纳税所得额时,根据税法规定还可以再抵扣或应纳税的剩余金额。

资产的计税基础,是指企业收回资产账面价值过程中,计算应税所得时按照税法规定可以自应税经济利益中抵扣的金额——未来不需要缴税的资产价值,或者说是该项资产在未来使用或最终处置时,允许作为成本或费用于税前列支的金额。某一资产资产负债表日的计税基础=成本-以前期间已税前列支的金额。

负债的计税基础,是指负债的账面价值减去未来期间计算应纳税所得额时按照税法规定可予抵扣的金额。负债的计税基础=账面价值-未来可税前列支的金额。

## 二、税会差异

通常情况下,资产取得时其入账价值与计税基础是相同的,后续计量因会计准则规定与税法规定不同,可能造成账面价值与计税基础的差异,即税会差异。

例如,各项资产如发生减值提取的减值准备。按照会计准则规定,资产的可变现净值或可收回金额低于其账面价值时,应当计提相关的减值准备。按照税法规定,企业提取的减值准备一般不能税前抵扣,只有在资产发生实质性损失时才允许税前扣除,产生了资产的账面价值与计税基础之间的差异即暂时性差异。

又如,会计准则规定,企业自行开发的无形资产在满足资本化条件后发生的支出应当资本化,确认为无形资产成本。税法规定,企业的研究开发支出一般可于发生当期税前扣除,由此产生自行开发的无形资产在持有期间的暂时性差异。

## 三、"一次交易"与"两次交易"

在对赌协议业绩补偿的企业所得税税务处理上,会因对赌协议和失败后业绩补偿应该视为"一次交易"还是"两次交易"而产生分歧。

若视为"一次交易",将股权转让协议和对赌协议合并处理,则纳税人可在企业所得税纳税申报时将计入损益的补偿收入做纳税调整,追溯调整当年转让方股权转让协议对应的所得,转让方涉及退税的,按照规定的程序办理退税。

若视为"两次交易",初始投资和业绩补偿在所得税上应作为互不相关的两个交易分别处理:原企业股东在取得股权转让款时,需要全额确认为投资收益,原企业股东于转让协议生效且完成股权变更手续时确认收入的实现,并依法计算缴纳企业所得税;原企业股东在支付补偿款时,可作为发生的股权投资损失,在不超过当年实现的应纳税所得的范围内税前扣除,超过部分向以后纳税年度结转扣除。

# 第二篇　对赌诉讼与仲裁问题

# 第六章　《九民纪要》及《公司法（修订草案三次审议稿）》的新态度

## 第一节　《九民纪要》及《公司法（修订草案三次审议稿）》中的对赌相关规定

### 一、《九民纪要》的规定

2019年11月8日，最高院发布《九民纪要》，对"对赌协议"的司法认定作出较为明确的规定。

对于投资方与目标公司的股东或者实际控制人订立的"对赌协议"，如无其他无效事由，认定有效并支持实际履行，实践中并无争议。但投资方与目标公司订立的"对赌协议"是否有效以及能否实际履行，存在争议。对此，应当把握如下处理规则：

（1）投资方与目标公司订立的"对赌协议"在不存在法定无效事由的情况下，目标公司仅以存在股权回购或者金钱补偿约定为由，主张"对赌协议"无效的，人民法院不予支持，但投资方主张实际履行的，人民法院应当审查是否符合公司法关于"股东不得抽逃出资"及股份回购的强制性规定，判决是否支持其诉讼请求。

（2）投资方请求目标公司回购股权的，人民法院应当依据《公司法》第35条关于"股东不得抽逃出资"或者第142条关于股份回购的强制性规定进行审查。经审查，目标公司未完成减资程序的，人民法院应当驳回其诉讼请求。

（3）投资方请求目标公司承担金钱补偿义务的，人民法院应当依据《公司法》第35条关于"股东不得抽逃出资"和第166条关于利润分配的强制性规定进行审查。经审查,目标公司没有利润或者虽有利润但不足以补偿投资方的,人民法院应当驳回或者部分支持其诉讼请求。今后目标公司有利润时,投资方还可以依据该事实另行提起诉讼。

对此,可对《九民纪要》的观点作如下总结:

条款有效 ≠ 支持诉请;

条款有效+义务可履行=支持诉请。

尽管《九民纪要》对"对赌协议"的司法认定作出较为明确的规定,但实践中还有一些细节问题值得探讨。

**二、《公司法(修订草案三次审议稿)》的规定**

2021 年 12 月,第十三届全国人大常委会第三十二次会议对《公司法(修订草案)》进行了初次审议。2022 年 12 月,第十三届全国人大常委会第三十八次会议进行了二次审议。2023 年 8 月,第十四届全国人大常委会第五次会议进行了三次审议。本书将以修订草案三审稿为分析对象。

修订草案三审稿共 15 章 266 条,在现行《公司法》13 章 218 条的基础上,实质新增和修改 70 条左右。2023 年 9 月 1 日,修订草案三审稿向社会公开征求意见。

关于前述股份回购和利润分配的问题,修订草案三审稿作了相应的一些修改,从内容来看,其第 210 条明确了利润分配的顺序:"公司分配当年税后利润时,应当提取利润的百分之十列入公司法定公积金。公司法定公积金累计额为公司注册资本的百分之五十以上的,可以不再提取。公司的法定公积金不足以弥补以前年度亏损的,在依照前款规定提取法定公积金之前,应当先用当年利润弥补亏损。公司从税后利润中提取法定公积金后,经股东会决议,还可以从税后利润中提取任意公积金。公司弥补亏损和提取公积金后所余税后利润,有限责任公司按照股东实缴的出资比例分配利润,全体股东约定不按照出资比例分配利润的除外;股份有限公司按照股东所持有的股份比例分配利润,公司章程另有规定的除外。公司持有的本公司股份不得分配利润。"同时,第211条规定:"公司违反本法规定在弥补亏损和提取法定公积金之前向股东分配利润的,股东应当将违反规定分配的利润退还公司;给公司造成损失的,股东及负有责任的董事、监事、高级管理人员应当承担赔偿责任。"与现行《公司法》相比,将第166条的规定进行了细化和拆分,新增了若因在弥补亏损和提取法定公积金之前分配利润,给公司造成损失的,股东及责任董监高承担赔偿责任的规定。

修订草案三审稿第144条对股份公司优先股、表决权差异等已经落地的情况,参考了证监会和交易所的相关规定,将其上升为法律层面。此外,在此前修订草案的基础上,三审稿新增了公司发行优先或者劣后分配利润或者剩余财产的股份,以及每一股的表决权数多于或者少于普通股的股份的,对于监事或者审计委员会成员的选举和更换,类别股与普通股每一股的表决权数相同的规定。

关于前述定向减资的问题,现行《公司法》第43条、第103条并未区分等比例减资和定向减资,而是规定了统一的减资表决机制,即按照全体股东(有限责任公司)或出席会议股东(股份有限公司)2/3多数决。因此,可以认为,我国现行《公司法》隐含了对于各类不同减资形态默认采用统一的表决机制。修订草案三审稿第224条关于减资流程的规定中新增第3款:"公司减少注册资本,应当按照股东出资或者持有股份的比例相应减少出资额或者股份,本法或者其他法律另有规定的除外。"

实践中,定向减资与等比例减资相比,将导致公司财产流向部分股东、公司股权比例变化乃至部分股东完全退出的后果,在商业实践和司法裁判中适用股东会2/3多数决的程序性规则难以实现股东利益平衡和中小股东权利保护的目标。尤其是近年来,受内外部因素叠加影响,中国经济增速放缓,部分企业经营面临压力,围绕定向减资背后公司剩余风险承担和财产索取而产生的矛盾日益凸显。目前,已有一些法院关注了实践中因定向减资引发的争议,并针对《公司法》的局限性在案件裁判中进行了改良(详见本章第二节)。

针对目前定向减资实践中出现的问题,《公司法》有两条修改路径:一是从完善减资表决机制入手,针对定向减资施加更严格的表决权比例要求;二是从减资形态着手,全面禁止实践中出现诸多争议的定向减资的行为。后者正是修订草案三审稿第 224 条第 3 款采取的方式。

由于修订草案三审稿封堵了定向减资规则,而要求公司各股东均应当等比例减资,引发了各界广泛的讨论,目前多数学者认为该条规定过于一刀切,尤其是在阶段性收紧 IPO 节奏的政策安排下,如再对定向减资规则进行封堵,则私募、创投等投资人无法再以定向减资的方式,通过公司回购股权而退出公司。这意味着广大的初创企业更难以与私募、创投等投资人达成融资安排,初创企业的融资渠道将进一步被限制,公司的投融资活动或将受到严重的影响。而且,该条规定与促进中小型企业发展的政策导向不符,可能带来企业融资成本大幅上升的后果。因此,该条规定接下来大概率还将被进一步完善。

与对赌相关的修改主要还有修订草案第 97 条,也即授权资本制在国内的首次法律层面的规定。三审稿在此基础上具体化了授权董事会决定发行新股的时限与比例并对该条文进行了修改,三审稿第152 条规定:"公司章程或者股东会可以授权董事会在三年内决定发行不超过已发行股份百分之五十的股份。但以非现金支付方式支付股款的应当经股东会决议。"自"宝万之争"以来,各种上市公司恶意收购和相应的反并购措施成为热门问题,其中,作为热门反并购措施的"毒丸计划",在各种自媒体、公众号、视频号中有诸多煞有介事的分析,比如传播很广,甚至不少从业人员乃至行业专家转发的"万科公司章程的三个致命漏洞"。事实上,在目前现有公司法框架下,"毒丸"在国内没有适用空间。其原因有很多,如《上市公司收购管理办法》第 8 条所规定的同等对待要求:"被收购公司的董事、监事、高级管理人员对公司负有忠实义务和勤勉义务,应当公平对待收购本公司的所有收购人。被收购公司董事会针对收购所做出的决策及采取的措施,应当有利于维护公司及其股东的利益,不得滥用职权对收购设置不适当的障碍,不得利用公司资源向收购人提供任何形式的财务资助,不得损害公司及其股东的合法权益。"

但究其原因,最重要的一点在于"毒丸"的前提是授权资本制,也即公司董事会可以根据授权决定公司额外发行股份,而无须另行召开股东会并经过 2/3 以上多数决议,但授权资本制不符合现行《公司法》的规定。修订草案三审稿在某种意义上解决了反并购措施中"毒丸"条款的效力和适用在法律上的最大障碍,当然是否就此认定"毒丸"可以在国内落地,仍需要观察,限于本书篇幅和重点,对此不再详细展开。

修订草案一审稿第 46 条明确了股东欠缴出资的失权制度,将《公司法解释三》中的相关条文明确并升级到了法律层面。修订草案三审稿在此基础上进行了进一步的细化和拆分:首先是三审稿第 51 条明确了承担对股东出资情况进行核查义务和向股东发出书面催缴书催缴出资的机构是董事会。其次是三审稿第 52 条还增加规定,因股东未出资丧失的股权 6 个月内未转让或者注销的,由公司其他股东按照其出资比例足额缴纳相应出资。

修订草案三审稿第 53 条明确了有限责任公司股东认缴出资的加速到期制度,且相比修订草案,三审稿删除了"且明显缺乏清偿能力"这一事由,适用标准降低。这是个实务界争议一直比较大的问题。除清算和破产的法定情形之外,对于认缴出资期限未届满的出资,《九民纪要》第 6 条作出了两种例外规定:"(1)公司作为被执行人的案件,人民法院穷尽执行措施无财产可供执行,已具备破产原因,但不申请破产的;(2)在公司债务产生后,公司股东(大)会决议或以其他方式延长股东出资期限的。"修订草案实际上将第一种例外情形进一步扩展,并上升到法律层面。

最高院刘贵祥专委在《中国政法大学学报》2022 年第 5 期发表的《从公司诉讼视角对公司法修改的几点思考》一文中，就《公司法》修改问题涉及的对赌部分，提出了自己的一些思考："……其三，在《公司法》资本规则未作修改的情况下，《九民纪要》所设计的方式尚不足以充分解决'对赌'协议的履行问题。目前设计的方式主要能解决在判决作出前已完成减资程序或者有足够利润进行分配情形下的纠纷。对于实践中更多的未经减资、无法形成减资决议或者利润状况尚不清楚(包括当期盈利但整体亏损)等情形，现有方式无法彻底、及时解决纠纷和平息争议。

"在解决'对赌'问题方面，当前可以考虑以下两种方式：其一，适当放宽公司利润分配限制和股权回购限制。在现金补偿方面，可以考虑允许动用公积金支付现金补偿。在股权回购方面，可以参考《公司法》第 142 条第 1 款第 6 项许可为维护股东权益所必需而回购股份之规定，不再要求回购款项必须来源于利润，而只是在回购数额上作适当限制。其二，对投资人'对赌'而持有的股权作出公示。对于'对赌'协议签订前已成为目标公司债权人的主体来讲，所投资资金是'从投资者向目标公司的流入，由此只会增加目标公司的资产和可支配资金，并使其获得本来没有的偿付能力或使其偿付能力得以扩大和增强。即使其后因业绩补偿和股份回购最终将投资资金原封返还，也至多使目标公司的可支付资金和债务偿付能力回归原点'，而不会发生清偿能力减弱的负面效果。在投资者成为'对赌'型股东后，如将该类股权进行登记和公示，后续新债权人可以知晓'对赌'股东的存在且目标公司面临支付义务。充分的信息披露是对后续债权人一种事前提示，使其能够在知情的情况下作出是否与目标公司进行交易的商业判断，所以也不存在损害后续债权人利益的问题。这就需要公司登记及公示制度作出相应的制度安排。以上两种方式中，笔者倾向于后一种方式，当然，也可以两种方式同步进行。"

## 第二节　实践中的细节问题及对策

### 一、回购减资程序

1. 问题

如果得不到 2/3 以上多数同意，减资程序无法通过，是否投资人利益就无法得到保护，《九民纪要》虽然认可效力，但是实际履行不能，岂不是给投资人画饼充饥？

2. 难点

减资程序 2/3 以上多数同意系《公司法》法定要求，法理上没有给出当事人自行约定更低比例（相反，可以约定更高比例）的空间，因此难以以约定排除。

投资人的"一票否决权"虽然在司法裁判层面得到了部分法院的认可，但仍存在一定争议，且该项权利一般系保护性条款，只能否认但无法直接通过决议。

相比保护性的"一票否决权"，更加激进的投资人的"超级投票权"或者说"表决权差异"从理论上可以解决 2/3 多数表决权的问题，但是，目前在市场监督管理部门的登记和备案，以及司法裁判领域仍然存在一定认可的风险，该部分在本书后继还将继续展开。

3. 对策

作为投资前的预防措施，在投资协议约定第三方（通常为股东、实际控制人等）以等价于回购款的现金赔偿方式，作为目标公司无法限期内完成减资和回购程序的替代性措施，同时明确相应的担保增信措施，避免出现因为减资程序僵持或者执行困难所导致的困境。

另外，还可以要求 2/3 以上多数股东签署不可撤销的投票权委托协议，在未来可能需要触发回购情形时候，提前锁定表决权。

### 4. 思考

首先，此类类似城下之盟，过于"霸道"的条款，可能会极大地增加被投资企业及其股东的抵触情绪，以及谈判和交易的难度；其次，愿意接受该类条款的被投资企业，可能存在"饮鸩止渴"的短期资金压力，投资失败风险加大；最后，随着企业经营、后继融资，企业股权结构和股东构成随时可能发生变化，投资时锁定的 2/3 表决权，在后继发生需要表决的情形时，能否还继续满足？ 如果要求每次股权变动均按照 2/3 多数的变动股东重新签署相关协议，则可能面临操作性的问题。

## 二、定向减资的表决要求

### 1. 问题

如本章第一节所述，《九民纪要》确立了投资方请求目标公司回购股份的前提是目标公司必须要先完成减资手续的相关规则，即股份回购与减资程序挂钩。然而现行《公司法》事实上并未对公司减资的类型作出明确划分，仅是在《公司法》第 43 条中规定了统一的减资表决比例，即经 2/3 以上表决权通过。但是定向减资会直接导致公司财产流向部分股东，该等股东可以完全收回出资、退出公司，亦会导致中小股东利益因大股东的滥权而无法得到保障，故在司法实践中存在不同认识。

《公司法》修订草案一审稿、二审稿延续现行《公司法》的规定，未专门对定向减资事项作出特别规定；《公司法》修订草案三审稿则对定向减资事项一禁了之（详见本章第一节），引发了各界激烈的讨论，可以预见在本次修订正式定稿前，该条规定大概率还将被进一步完善。因本书成稿前《公司法》修订稿还未正式颁布，故下文暂基于现行《公司法》和《九民纪要》中的相关规定进行分析。

《公司法》第 43 条第 2 款规定："股东会会议作出修改公司章程、增加或者减少注册资本的决议，以及公司合并、分立、解散或者变更公司形式的决议,必须经代表三分之二以上表决权的股东通过。"

从字面上看,上述条文的意思是减少注册资本的决议仅需经代表2/3以上表决权的股东通过即可,并未要求经过全体股东的一致同意。同时,包括《公司法》和最高院《公司法》司法解释(一)至(五)、相关纪要文件等规定也均未区分减资的两种类型,从文义解释而言,似乎定向减资和等比例减资一样,达到2/3以上表决权即可。

实践中对此也有两种态度,一种是严格遵守法律文义规定,认为定向减资达到2/3以上表决权即可,如上海高院作出的(2018)沪民申1491号民事裁定书(吕某与上海鸿洋船舶有限公司、霍某公司决议效力确认纠纷)认为:"虽然公司设立时对注册资本的确定以及各股东对具体出资额的认缴需要各股东进行合意,公司设立时股东之间的关系更类似于合同关系;但在公司成立后,股东缴纳的出资额已经转化为公司的注册资本,所有权属于公司,在公司运营过程中根据具体经营情况需要对注册资本进行增减时,需要遵守公司权力机构股东会作出的决议。公司法之所以规定对注册资本进行增减的股东会决议需要经代表三分之二以上表决权的股东通过,正是遵循了对公司重要事项的资本多数决原则。注册资本的增减必然涉及具体股东出资额及出资比例的变化,若强求达成一致意见才能对注册资本进行增减,显然有违公司法第四十三条规定的初衷。本案中,在吕某反对2015年9月7日同比例减资的股东会决议的情况下,2016年7月22日股东会决议仅减少了霍某的出资额,保留了吕某的出资额,程序正当,内容合法,且已经办理工商变更手续,各股东理应按照股东会决议的内容履行。由于股东以其出资额为限对公司债务承担有限责任,因此该保留吕某出资额的股东会决议对其权利并未造成损害。"

上海长宁法院作出的(2021)沪0105民初9710号民事判决书[范某德与上海春秋国际旅行社(集团)有限公司公司增资纠纷]、浙江杭州余杭法院作出的(2017)浙0110民初9063号民事判决书(胡某明与杭州和睦储运有限公司公司决议效力确认纠纷)亦持类似观点。

与之相反,也有法院认为,和等比例减资不同,定向减资直接影响公司股权比例和股东利益,尤其是可能导致定向减资股东以外的其余股东持股比例上升,如公司出现亏损,该等其余股东所需承担责任风险的绝对量虽未变化,但由于其持股比例增加导致其所需承担的责任风险的相对量增加了,因此应当参照不按实缴比例分配利润和认购新股的法定要求,由全体股东一致同意方可进行。如上海一中院作出的(2018)沪01民终11780号民事判决书(华某伟与上海圣甲书电子商务有限公司公司决议纠纷)认为:"《中华人民共和国公司法》第四十三条规定,股东会会议作出修改公司章程、增加或者减少注册资本的决议,以及公司合并、分立、解散或者变更公司形式的决议,必须经代表全体股东三分之二以上表决权的股东通过。圣甲虫公司章程第十一条也作出同样的约定。此处的'减少注册资本'应当仅仅指公司注册资本的减少,而并非涵盖减资后股权在各股东之间的分配。股权是股东享受公司权益、承担义务的基础,由于减资存在同比减资和不同比减资两种情况,不同比减资会直接突破公司设立时的股权分配情况,如只需经三分之二以上表决权的股东通过即可作出不同比减资决议,实际上是以多数决形式改变公司设立时经发起人一致决所形成的股权架构,故对于不同比减资,在全体股东或者公司章程另有约定除外,应当由全体股东一致同意。"

在该案中,上海一中院还进一步将此类决议视为各股东对股权比例的架构未达成一致意见而导致"决议不成立",并适用《公司法解释四》第5条第5项规定的"导致决议不成立的其他情形"。

由此衍生的一个问题是,如未达到全体一致同意的股东会决议已经履行,减资程序已经完成,工商登记已经变更,法院能否判决回转?天津滨海新区法院作出的(2020)津0116民初10970号民事判决书(天津环球磁卡股份有限公司与天津市南大科技实业发展有限公司公司决议效力确认纠纷)认为:"因案涉定向减资决议未经全体股东一致同意涉及通过比例的问题,所以该股东会决议不成立。因南大科技公司依据前述减资决议办理了工商登记,对外产生公示效力,相关股东已经注销,之后又发生了股权变更,原告要求公司工商登记恢复到2013年减资之前已不具备条件,故此对原告的第二项诉请,本院不予支持。"该案最终判决确认决议不成立,但驳回原告要求恢复原始工商状态的诉请。

2. 思考

江苏高院"华工案"[(2019)苏民再62号]判决,在回购条件成就,但目标公司数年间怠于履行减资程序,导致减资回购程序始终未能实现的情况下,判决目标公司直接向投资方支付股权回购款,是否合适?

《〈全国法院民商事审判工作会议纪要〉理解与适用》一书中认为应当严格先减资再回购,因此个人意见认为"华工案"的裁判思路在《九民纪要》出台后可能需要调整。

3. 案例

在《九民纪要》出台后,关于减资程序尚未完成,原告能否主张被告按照约定支付投资款及利息的问题,湖南高院作出的(2021)湘民终960号民事判决书[株洲市城市建设发展集团有限公司与湖南兆富投资控股(集团)有限公司等股权转让纠纷]认为:"本案中,城建公司与兆富公司签署了股权回购的'对赌协议',虽然双方的往来函件表明约定的回购条件已成就,但城建公司并未提供证据证明股权回购已完成了上述法律规定的减资程序。"

就法院是否应当主动审查减资程序或后继提及的利润分配决议和程序是否完成的问题,最高院作出的(2020)最高法民终762号民事裁定书(合肥中航新能源科技有限责任公司与杭州武林置业有限公司等合同纠纷)认为:"经审查,目标公司没有利润或者虽有利润但不足以补偿投资方的,人民法院应当驳回或者部分支持其诉讼请求。今后目标公司有利润时,投资方还可以依据该事实另行提起诉讼。而本案中,国瑞公司诉请中航公司承担回购股权并支付股权收购款的连带责任，针对这一诉讼请求，一审法院既没有审理中航公司是否完成减资程序，也没有审理中航公司是否存在足够利润，在并未确认中航公司具备履行股份回购和金钱补偿责任条件的情况下，即以'中航公司所承担的是保证责任而非股权回购责任，中航公司的责任承担无须以其完成减资为前提'为由，判决中航公司承担连带保证责任，属于认定基本事实不清，适用法律不当。"该案最终裁定撤销一审判决，发回重审。类似的案例还有青海高院作出的（2020）青民终 243 号民事裁定书（格尔木投资控股有限公司与青海俊民化工有限责任公司合同纠纷）。由此可见，法院对减资程序是否完成或利润分配条件是否成就的法律事实负有查明义务，即便当事人均未就此主张或抗辩。

实践中，可能还需要将清楚的一个重要概念是"回购"，这是个在法律界看来简单基础，但是实务中往往易混淆或者混用的概念。通常情况下，受到投资实务领域的影响，从投资者角度出发，业内常用的"回购"概念通常情况下并不区分是公司回购还是股东回购，只要有人愿意出钱购买投资人的股份，帮助其实现退出目的即可。虽然从实质重于形式的角度出发，业内不作细究，但从法律意义上而言，前者是减资，后者是股东之间的转让，其适用法律规范和流程有根本性的差异，而《九民纪要》实质规定的是前者也就是公司减资的回购程序。关于这一点，湖北高院作出的（2020）鄂民终 495 号民事判决书（朱某堂与深圳市创新投资集团有限公司合同纠纷）认为："投资方请求目标公司回购股权的，人民法院应当依据《中华人民共和国公司法》第三十五条关于'股东不得抽逃出资'或者第一百四十二条关于股份回购的强制性规定进行审查。经审查，目标公司未完成减资程序的，人民法院应当驳回其诉讼请求。但没有目标公司没有完成减资程序会必然导致回购合同无效的相关规定。另根据案涉《回购协议》中'由于在投资期间华博电机公司未能完成与深圳创投公司约定的业绩目标，经深圳创投公司与朱某堂商议，同意由朱某堂回购深圳创投公司持有的华博电机公司的股权'的约定，本案回购深圳创投公司所持股权的义务主体并非目标公司'华博电机公司',而是朱某堂本人。朱某堂关于回购义务应当由华博电机有限公司履行等上诉理由缺乏事实与法律依据,本院不予支持。案涉《回购协议》真实、合法、有效,各方当事人均应按此协议履行义务。"

广东高院作出的(2019)粤民终 2507 号民事判决书(北京润信鼎泰投资中心与北京润信鼎泰资本管理有限公司公司增资纠纷)亦认为:"本案中,领航公司作为目标公司如回购自己的股份,根据《中华人民共和国公司法》第 35 条有关'公司成立后,股东不得抽逃出资'的规定,应履行法定的减资程序,由于润信鼎泰、鼎泰资本、美锦公司并未提交证据证明目标公司即领航公司已依法履行了法定的减资程序,一审法院因此认定润信鼎泰、鼎泰资本、美锦公司在本案中无权直接要求领航公司收购自己公司的股份,并据此驳回了润信鼎泰、鼎泰资本、美锦公司基于此而主张领航公司应赔偿其回购可得利益损失及该项违约金损失的诉讼请求并无不当,本院予以维持。

"但正如上文所述,传媒集团亦是案涉股份的回购义务人,而传媒集团作为领航公司的股东受让其他股东持有的领航公司股份,实为股份转让,润信鼎泰、鼎泰资本、美锦公司基于此而主张传媒集团应赔偿其回购可得利益损失及该项违约金损失的诉讼请求,合法有据,本院予以支持。"

### 三、未形成一致决议情况下能否分配利润

1. 问题

走到诉讼阶段,必然各方已经彻底撕破脸,此时,如果没有形成股东(大)会关于分配利润的多数决议的情况下,能否分配利润?

2. 难点

最高院起草人倾向此时不能适用《公司法解释四》关于强制分配利润的规定,理由是属于内部治理。

公司股东从公司取得现金回报,只能是从公司税后可供分配利

润中按实缴出资比例或者全体股东之间的一致约定获取,且尽管全体股东可以一致同意不按照实缴比例分配利润,但《公司法》第166条关于利润分配的顺序是法定的,没有给出可以约定或者协商更改的空间。同时,如后文提及,在法律和会计准则修改之前,不论是资本公积、盈余公积、专项储备、其他综合收益等科目均不得直接向股东进行分配。

3. 对策

投资方在投资时,要求目标公司全体股东一致同意不按照实缴比例分配利润,并修改目标公司章程、股东(大)会议事规则等相关法律文件,对目标公司利润分配机制作出特别约定,并可以将前述要求作为投资协议的生效要件或者投资款支付的先决条件,同时明确相关违约责任,要求目标公司股东或实际控制人在投资人未能按照约定获取公司支付的现金补偿款时,承担连带责任,而不论未能获取的具体原因,且同样安排相应的担保增信措施,减少执行难度。

类似问题1,提前要求半数以上股东签署不可撤销的投票权委托协议或一致行动协议,以便未来出现需要股东(大)会决议时,提前锁定多数表决权。

4. 思考

提前在章程或者协议中约定未来尚未发生的事项处理方式,是否会被认定为预约?效力能否得到认可?基于委托合同的任意解除权,一致行动协议或者投票权委托的稳定性能否保证未来实现预期目的?

## 四、分配资本公积、盈余公积

1. 问题

公司无法分配利润,能否间接或者变相分配资本公积、盈余公积等其他科目?

2. 难点

首先,从资本公积的法律性质和用途来看。资本公积是企业收到的投资者超出其在企业注册资本所占份额部分的资金,以及直接计入所有者权益的利得和损失等。资本公积与企业收益无关而与资本相关,资本公积的所有权归属于投资者,是所有者权益的有机组成部分,它通常会直接导致企业净资产的增加,因此,资本公积信息对于投资者、债权人等会计信息使用者的决策十分重要。资本公积的来源包括资本(或股本)溢价、接受现金捐赠、拨款转入、外币资本折算差额和其他资本公积等,其中债权人豁免的债务包含在其他资本公积项下。《公司法》第 168 条规定,公司的公积金用于弥补公司的亏损、扩大公司生产经营或者转为增加公司资本。但是资本公积金不得用于弥补公司亏损。因此,资本公积金的用途仅限于扩大公司生产经营或者转为增加公司资本,不能弥补亏损,也不能分配或抽回。这一点在《〈全国法院民商事审判工作会议纪要〉理解与适用》一书中也得到了最高院民二庭的认可。至于盈余公积(包括法定和任意盈余公积),虽然可以弥补亏损,但亦不能直接分配或抽回。至于通过财务手段,隐瞒收入、虚增成本等刻意制造亏损等违法违规行为,不在本书讨论范围之内。

关于资本公积能否"退回"股东的问题,实践中倾向性的看法是不得退回,部分法院对于不得退回的理由有不同理解,有的认为属于抽逃出资,有的认为资本公积不属于出资,但根据《公司法》对资本公积的规定和会计准则,"退回"违反了其法定用途。

其次,是否可以通过资本公积和盈余公积、未分配利润转增后再减资的方式间接进行?

这个问题其实又回到了问题 1,转增资本再分配实质即为增资,需要履行法定的 2/3 决议和其他程序,之后减资间接抽回,处理方式同问题 1。

另外,对上市公司而言,资本公积转增资本后减资用以弥补亏损,实质上可能构成变相规避资本公积不得弥补亏损的法定限制,上市公司ST飞彩曾经采取类似操作,证监会随后出台《上市公司监管指引第1号——上市公司实施重大资产重组后存在未弥补亏损情形的监管要求》(中国证券监督管理委员会公告〔2012〕6号),明确了公司资本公积金不得用于弥补亏损、不得采用资本公积金转增股本同时缩股方式弥补亏损、须在临时公告及年报中充分披露不能弥补亏损的风险、须在重组报告书中充分披露全额承继亏损的影响等四项要求,其中明确要求:"相关上市公司不得采用资本公积金转增股本同时缩股以弥补公司亏损的方式规避上述法律规定。"就非上市公司而言,虽无明文禁止法规定,但亦存在相关法律和财税风险。

那么再退一步,对要求业绩补偿款的投资人,在公司没有可分配利润或无法达成利润分配决议的情况下,能否以资本公积(溢价)定向转增的方式,间接实现对投资人的补偿?

所谓资本公积定向转增,是指资本公积不按照各股东实缴比例或持股比例进行转增,造成转增后原有的股权结构和持股比例发生变化的情况。

实践中,对投资人和被投资企业而言,基于不过度稀释创始人团队股权比例以及不影响控制权的要求,大多数投资款以溢价资本公积的形式投入公司,只有少部分进入实收资本/股本。而这部分溢价资本公积,从会计处理上原则视为投资方对公司和全体股东的"大礼包"。

在投资人以溢价资本公积方式投资标的企业且签署了相应的业绩补偿协议后,如后来该标的公司未完成业绩承诺,此时为减少投资方损失,以资本公积向投资方定向增资的,在满足对投资人实质性补偿的前提下,一方面可以不降低其他原股东的持有股权数额,避免出现标的公司可能的控制权变更和股权结构不稳定,从而对IPO和资本市场规划的负面影响,另一方面,也避免了常见股份补偿在实践中存在的工商登记和税务等方面的隐患和不确定因素,还避免了标的公司和控股股东/实际控制人的现金流压力,可谓是一举三得。

从法律角度分析,《公司法》仅规定在全体股东一致同意的情况下,可以不按实缴比例分取红利,但没有规定资本公积等其他来源的股东权益可以不按照实缴资本比例享有,目前,基于对《公司法》理解的不同,尚无对资本公积能否定向转增的明确的禁止规定。有观点认为定向转增的实质,是将全体股东的权益让渡给部分股东,存在着损害部分股东权益的可能,因此有限公司从程序上应当参照《公司法》第34条的规定,由全体股东一致同意方可作出有效决议。

而股份公司作为"资合性"公司,原则上应当遵守《公司法》第126条的规定,同股同权,在资本公积金转增股本时股东只能按照持股比例进行转增。但对此观点,资本市场亦有相反案例,如永太科技(002326)在2019年9月24日披露:"由于控股股东目前股权质押比例相对较高,仍使用其自身信用为公司提供大量担保,导致其融资能力受到一定影响。如按照原业绩承诺方案向上市公司进行现金补偿,控股股东需大规模减少对上市公司的融资担保以便空出信贷额度或者大额减持上市公司的股票进行融资,无论何种方式均将对上市公司的长期发展带来不利影响,也不利于公司全体股东特别是中小股东的利益。

"因此,为更充分地保护公司及全体股东权益,控股股东提议将现金补偿义务变更为以股票的方式补偿。即永太科技以资本公积向其他股东定向转增一定数量的股票,控股股东放弃转增的股票。"

实务中,此类操作在资本市场并不罕见,且相关案例时间跨度较长,涵盖了新旧会计准则的适用期间,如上市公司赣锋锂业(002460)、迪康药业(600466)、高争民爆(002827)、盘龙药业(002864)、山东地矿(000409)、崧盛股份(301002)、上海艾录(301062),新三板挂牌企业黔昌农林(834030)、恒缘新材(834572)、祥云股份(834607)、诺克特(835877)、炼爱网络(839052)、大洋医疗(870460)、博融智库(870438)、汇锋传动(834137)等。限于篇幅和本书重点,相关案例详细内容不再展开，有兴趣的读者可以自行检索相关公告。

从前述案例结果来看，对于此类"对赌协议中业绩补偿条款要求"的定向转增行为，证监会、交易所在审核中就资本公积定向转增股本事项主要关注以下几点：

（1）合法合规性，这点如前述分析，一般需要中介机构确认和论证向特定对象定向转增注册资本已经过股东会全体股东同意，属于《公司法》第 34 条规定的全体股东约定不按照出资比例优先认缴出资的特殊情形。

（2）合理性，为何其他股东甘愿放弃自身权益？是否存在利益输送？实践中，实施定向转增的资本公积绝大部分来源于股东的投资溢价，而且是参与定向转增股东的前期投资溢价，通过资本公积的来源解释定向转增的合理性较为常见，同时还需要未享受定向增资的股东就该次增资出具确认放弃及不存在异议的说明。

（3）是否存在争议纠纷，一般需要中介机构确认和论证对赌协议中业绩补偿条款已履行完毕，有关估值调整与业绩承诺的条款已全部解除，不存在争议纠纷或潜在的争议纠纷。

3. 税务及监管要求

在实务中，溢价资本公积转增的个人所得税问题多年来一直是难点，争议较大。国家税务总局发布的《关于股份制企业转增股本和派发红股征免个人所得税的通知》（国税发〔1997〕198 号）第 1 条规定：股份制企业用资本公积金转增股本不属于股息、红利性质的分配，对个人取得的转增股本数额，不作为个人所得，不征收个人所得税。国家税务总局继而在《关于原城市信用社在转制为城市合作银行过程中个人股增值所得应纳个人所得税的批复》（国税函〔1998〕289 号）第 2 条作出解释及补充规定：国税发〔1997〕198 号文件中所表述的"资本公积金"是指股份制企业股票溢价发行收入所形成的资本公积金。将此转增股本由个人取得的数额不作为应税所得征收个人所得税。而与此不相符合的其他资本公积金分配个人所得部分，应当依法征收个人所得税。

2015 年 12 月 14 日,国家税务总局政府信息公开领导小组办公室在《国家税务总局依申请公开政府信息告知书》[2015 国税告(051)号文]中明确:国税发〔1997〕198 号全文有效,国税函〔1998〕289 号具有普遍适用性,确认了这两个文件的效力。

鉴于对"股份制企业""股票溢价发行"等概念的理解不一致,长期以来资本公积转增资本一直是争议非常大的问题。"股份制企业"的概念来源于《国家体改委、国家计委、财政部、中国人民银行、国务院生产办关于印发〈股份制企业试点办法〉的通知》(体改生〔1992〕30 号,已废止)《国家计委、国家体改委关于印发〈股份制试点企业宏观管理的暂行规定〉的通知》(计综合〔1992〕862 号,已失效)等配套文件,彼时《公司法》尚未颁布施行,而国家税务总局相关文件延续了这一概念,导致在公司制企业适用之时遇到理解分歧。

2015 年 10 月 23 日财政部、国家税务总局发布的《关于将国家自主创新示范区有关税收试点政策推广到全国范围实施的通知》(财税〔2015〕116 号)和 2015 年 11 月 16 日国家税务总局发布的《关于股权奖励和转增股本个人所得税征管问题的公告》(国家税务总局公告 2015 年第 80 号)之后,对这一问题基本达成了一致意见,即对于"股份制企业"和"股票溢价发行"原则仅限于股份公司(包括上市公司、新三板挂牌企业及符合条件的其他股份公司和股份制企业)。

限于篇幅,我们简单通过表 4 看该问题的结论:

表4 不同公司转增情形规定

| 转增情形 | 公司性质 | | | | |
| --- | --- | --- | --- | --- | --- |
| | 股转公司挂牌企业 | 沪深上市公司 | 符合财税〔2015〕116号文规定的未上市、未挂牌的高新技术企业 | | 其他股份制企业 | 其他有限责任制企业 |
| | | | 股份公司 | 有限公司 | | |
| 资本公积转增股本(不含以股票发行溢价形成的资本公积转增股本) | 按股息红利差别化政策执行 | 按股息红利差别化政策执行 | 在不超过5个公历年度内分期缴纳 | 在不超过5个公历年度内分期缴纳 | 适用20%税率征收个人所得税 | 适用20%税率征收个人所得税 |
| 股份公司股票发行溢价形成的资本公积或有限公司的资本溢价转增股本 | 免税 | 免税 | 免税 | 在不超过5个公历年度内分期缴纳 | 免税 | 适用20%税率征收个人所得税 |
| 未分配利润与盈余公积转增股本 | 按股息红利差别化政策执行 | 按股息红利差别化政策执行 | 在不超过5个公历年度内分期缴纳 | 在不超过5个公历年度内分期缴纳 | 适用20%税率征收个人所得税 | 适用20%税率征收个人所得税 |

注1:股息红利差别化政策。个人从公开发行和转让市场取得的上市公司股票,持股期限超过1年的,股息红利所得暂免征收个人所得税。个人从公开发行和转让市场取得的上市公司股票,持股期限在1个月以内(含1个月)的,其股息红利所得全额计入应纳税所得额;持股期限在1个月以上至1年(含1年)的,暂减按50%计入应纳税所得额;上述所得统一适用20%的税率计征个人所得税

注2:有限公司在改制成股份有限公司后,以有限公司阶段的资本溢价形成的资本公积转增股本,不适用股份制企业股票溢价发行收入所形成的资本公积金转增股本免税的规定

4. 案例

关于资本公积"退回"股东的问题,最高院作出的(2018)最高法民终393号民事判决书(银基烯碳新材料集团股份有限公司与连云港

市丽港稀土实业有限公司公司增资纠纷)从公司法和合同法两个维度作出了分析,认为:"(一)从公司法角度来讲,本案转出的资本公积金应予以返还。《中华人民共和国公司法》第三条第一款规定:'公司是企业法人,有独立的法人财产,享有法人财产权。公司以其全部财产对公司的债务承担责任。'第一百六十八条第一款规定:'公司的公积金用于弥补公司的亏损、扩大公司生产经营或者转为增加公司资本。但是,资本公积金不得用于弥补公司的亏损。'资本公积金不仅是企业所有者权益的组成部分,亦是公司资产的重要构成,而公司资产在很大程度上代表着公司的资信能力、偿债能力、发展能力,在保障债权人利益、保证公司正常发展、维护交易安全方面起着重要作用。公司作为企业法人,具有独立人格和独立财产,而独立财产又是独立人格的物质基础。出资股东可以按照章程规定或协议约定主张所有者权益,但其无正当理由不得随意取回出资侵害公司财产权益。本案中,《增资合同》明确约定,银基公司向丽港公司增资2亿元,持有丽港公司40%股权,其中2000万元进入丽港公司注册资本,1.8亿元进入资本公积金。因此,涉案1.5亿元资本公积金本应属于丽港公司资产,无正当理由转出后,理应予以返还,一审认定该行为属于抽逃出资行为并无不当。

　　"(二)从合同法角度来讲,本案转出的资本公积金亦应予以返还。《中华人民共和国合同法》第六十条规定:'当事人应当按照约定全面履行自己的义务。当事人应当遵循诚实信用原则,根据合同的性质、目的和交易习惯履行通知、协助、保密等义务。'第一百零七条规定:'当事人一方不履行合同义务或者履行合同义务不符合约定的,应当承担继续履行、采取补救措施或者赔偿损失等违约责任。'《增资合同》系银基公司与丽港公司原股东李某沛、李某、狄某廷签订,丽港公司是增资的目标公司。对银基公司而言,其负有依约足额增加出资的合同义务。本案中,银基公司虽有出资行为,但随后1.5亿元的出资在无正当理由的情况下被转出,其转出行为违反诚实信用原则、不符合合同约定、不利于合同目的的实现。因此，涉案 1.5 亿元资本公积金根据合同约定亦应予以返还。

"综上所述，不论从公司法还是合同法角度分析，涉案被转出的 1.5 亿元资本公积金均应返还丽港公司。作为目标公司的丽港公司可以依据公司法相关规定提起诉讼主张权利，而作为《增资合同》当事人的李某沛、李某、狄某廷亦可依据合同法相关规定提起诉讼主张权利，究竟适用公司法还是合同法并不实质影响本案纠纷的处理。"

同样是最高院作出的(2013)民申字第 326 号民事裁定书(浙江新湖集团股份有限公司与浙江玻璃股份有限公司、董某华、冯某珍及一审第三人青海碱业有限公司公司增资纠纷)则进一步认为：第一，公司作为独立法人，资本公积投入公司之后即为公司资产。第二，即便案涉《增资扩股协议》解除，也不能简单适用法理上合同解除后"恢复原状"的处理方式解决资本公积问题：《增资扩股协议》是由青海碱业原股东浙江玻璃、董某华、冯某珍与新股东新湖集团就青海碱业增资扩股问题达成的协议。在该协议履行过程中，因浙江玻璃的根本违约行为，新湖集团采用通知方式解除了该合同。《中华人民共和国合同法》第九十七条规定'合同解除后，尚未履行的，终止履行；已经履行的，根据履行情况和合同性质，当事人可以要求恢复原状、采取其他补救措施，并有权要求赔偿损失'。本案《增资扩股协议》解除后，新湖集团请求判令浙江玻璃、董某华、冯某珍返还其出资款中的资本公积金 336884976.80 元。但《增资扩股协议》的性质决定了新湖集团所诉的这部分资本公积金不能得以返还。《增资扩股协议》的合同相对人虽然是浙江玻璃、董某华、冯某珍，但合同约定增资扩股的标的却是青海碱业。合同履行过程中，新湖集团也已将资本金直接注入了青海碱业。青海碱业系合法存在的企业法人。浙江玻璃、董某华、冯某珍均不再具有返还涉案资本公积金的资格。至于青海碱业能否返还新湖集团已注入的这部分资本公积金，关乎资本公积金的性质。新湖集团认为，本案中其因《增资扩股协议》注入的资本公积金不同于《公司法》中规定的'出资',可以抽回的主张,依据不足。股东向公司已交纳的出资无论是计入注册资本还是计入资本公积金,都形成公司资产,股东不得请求返还。"

最高院作出的(2015)民申字第811号民事裁定书(卓某生与纪某强等合同纠纷)亦认为:"虽然卓某生与茂钰公司的行为违反了《投资合作协议》约定,根据合同第10.4条,纪某强有权要求返还款项,但合同中的自由约定应以不违反法律强制性规定为前提。纪某强要求茂钰公司返还与增资额等额款项的诉请涉及公司资本制度,公司资本制度多为强行性规范。《投资合作协议》约定纪某强以2250万元的对价获得茂钰公司25%的股份,其中360万元注入注册资本,1890万元注入资本公积,但无论是注册资本还是资本公积,均是公司资本,公司以资本为信用,公司资本的确定、维持和不变,是保护公司经营发展能力,保护债权人利益以及交易安全的重要手段。纪某强对茂钰公司具有相应股权,只能依法行使股东权利,不得抽回出资。"最高院在该裁定中还明确了此时的股东的替代性补偿措施有效,即:"但卓某生在合同第10.4条中承诺若其违约,将返还纪某强于本次增资款等额款项的约定,并不损害公司及公司债权人的利益,不违反法律、行政法规的禁止性规定,是当事人的真实意思表示,应当认定有效。卓某生向纪某强承担违约责任后,因纪某强在茂钰公司的股权失去了对价,卓某生可以实际出资人的身份对其权益归属另行主张。"

实践中,仍然存在一些相对少数的案例,认为资本公积可以"退回"或者"不再缴纳"。陕西高院作出的(2020)陕民终633号民事判决书(西安市新里程投资有限公司与郭某星、张某、张某兴损害公司利益责任纠纷)认为:"依照《中华人民共和国公司法》及其他相关规定,资本公积金是由投入资本本身所引起的增值,与公司生产经营没有直接关系,是一种准资本金或者公司后备资金,属于公司资产,是企业所有者权益的组成部分,可以按照法定程序转为注册资本金,故资本公积金与公司注册资本的性质存在明显不同,不能等同于公司注册资本,公司依照法定程序作出的关于减少资本公积金的决议亦不能认定为抽逃出资。本案中,新里程公司于2011年8月30日召开全体股东参加的股东会,作出《关于股东减少资本公积的股东会决议》,从资本公积金中给郭某星退还560万元。根据《中华人民共和国公司法》第三十七条的规定,上述行为属于新里程公司经营中的自治行为,不违反法律规定,该决议作出后,无股东向法院申请撤销或者确认无效,也不属于《最高人民法院关于适用〈中华人民共和国公司法〉若干问题的规定(三)》第十二条所规定的抽逃出资的情形。"

最高院作出的(2010)民二终字第101号民事判决书(浙江新湖集团股份有限公司与浙江玻璃股份有限公司增资纠纷)则采取了一种折中的态度,认为如已经办理工商登记,则作为注册资本的增资在合同解除后亦不能免除义务,新湖集团仍需将合同约定注册资本缴纳,但其余出资义务终止履行。根据《增资协议》内容,其余出资义务是高于注册资本的资本公积,即未缴纳资本公积可以不再缴纳。

5. 对策

类似前述问题对策,司法实践中,在投资人要求公司"返还"资本公积、资本公积/留存收益转增后减资等存在障碍的前提下,要求控股股东或实际控制人作出替代性的承诺或担保,在不影响公司、小股东和债权人利益的前提下,法院有较大概率认可由控股股东或实际控制人承担替代性责任。至于资本公积定向转增,以目前的实践和案例来看,虽没有禁止性规定,但往往需要企业自身规模体量达到一定门槛,有未来上市或参与资本市场的规划和潜力,否则在后继的经营和上市审核/注册过程中,可能因历史上定向转增行为无法获得属地政府部门的书面认可,而造成潜在隐患或税务问题,实际操作中需要结合公司具体情况和发展慎重考虑。

通常情况下,遵循《九民纪要》的规定,在标的公司账面可分配利润不足以满足业绩补偿要求的情况下,无法支持原告的诉讼请求。湖北宜昌中院作出的(2020)鄂05民初31号民事判决书(上海平宸投资管理有限公司与湖北邓村绿茶集团股份有限公司、黄某虎请求公司收购股份纠纷)认为:"因投资方同时还是目标公司的股东,其和目标公司的关系一方面要受合同法的相关规定调整,另一方面也要受公司法的相关规定规范,其要从公司获得金钱补偿,只能从公司可以分配的利润中支付,否则就构成抽逃出资。因此,只有在目标公司有可以分配的利润的情况下,投资方的诉讼请求才能得到相应支持。投资方上海平宸公司要从公司获得金钱补偿,只能从公司可以分配的利润中支付,否则就构成抽逃出资,根据本案已查明的事实,本案目标公司邓村绿茶公司自《回购股份及反担保协议》签订后处亏损状态,无利润可供分配,故投资方上海平宸公司主张的约定的12%的年收益对目标公司邓村绿茶公司不发生效力。"

北京一中院作出的(2021)京01民终4057号民事判决书(江苏白马生态环保研究院有限公司等与北京天瑞华商投资管理有限公司合同纠纷)等案例亦持有类似态度。

# 第七章　对赌涉及的民商事诉讼问题

## 第一节　与联营利润保底的区别

### ——"海富对赌案"的裁判争议之源

谈及对赌,不可避免地会涉及直到 2021 年 1 月 1 日才被废止的《最高人民法院关于审理联营合同纠纷案件若干问题的解答》[法(经)发[1990]27 号]中第 4 条"四、关于联营合同中的保底条款问题"的规定,这也是"海富对赌案"[最高院(2012)民提字第 11 号]一、二审法院认定对赌无效的主要法律依据。

该司法解释规定:"联营合同中的保底条款,通常是指联营一方虽向联营体投资,并参与共同经营,分享联营的盈利,但不承担联营的亏损责任,在联营体亏损时,仍要收回其出资和收取固定利润的条款。保底条款违背了联营活动中应当遵循的共负盈亏、共担风险的原则,损害了其他联营方和联营体的债权人的合法权益,因此,应当确认无效。联营企业发生亏损的,联营一方依保底条款收取的固定利润,应当如数退出,用于补偿联营的亏损,如无亏损,或补偿后仍有剩余的,剩余部分可作为联营的盈余,由双方重新商定合理分配或按联营各方的投资比例重新分配。"

从 2012 年至今,"海富对赌案"再审已过 10 年,但是实践中对于"利润保底条款"和"对赌性质条款"的区分,即便近年来,仍然存在较大争议。

江苏苏州中院作出的(2020)苏 05 民终 10383 号民事判决书(昆山市千灯镇万隆汽车修配厂与江苏中润国源汽车服务有限公司房屋租赁合同纠纷)认为:"联营合同中的保底条款,通常是指联营一方虽向联营体投资,并参与共同经营,分享联营的盈利,但不承担联营的亏损责任,在联营体亏损时,仍要收回其出资和收取固定利润的条款。本案中,合作协议明确约定如达不到盈利,亏损由中润公司承担,在发生亏损时,万隆修配厂仍全额收回租金。虽然合作协议约定双方各承担一半的场地改造、装修费用,但在经营亏损时万隆修配厂仍可收回房屋且不退还中润公司投入的装修费。万隆修配厂投入汽修设备以及保险业务不能认定为其承担了联营的亏损责任。因此合作协议第七条的上述约定实质就是万隆修配厂收回出资的条款,应认定为保底条款。保底条款违背了联营活动中应当遵循的共负盈亏、共担风险的原则,损害了其他联营方和联营体的债权人的合法权益,应当确认无效。双方微信聊天记录中中润公司方虽有提及'每月回3000,慢慢经营盈利后,分红另算',但没有确定归还的期间及承诺中润公司承担全部租金。而且所谓每月还款的意思也是建立在无效合同约定的基础上,不能作为中润公司应支付全部租金的依据。此外,本案合作协议是在联营双方之间签订,并非投资方与融资方之间的股权性融资协议,更非对赌协议。万隆修配厂主张参照对赌协议的规定认定保底条款的效力也没有法律依据。因保底条款无效,万隆修配厂依据该条款主张支付租金及逾期付款利息没有依据,本院不予支持。"

湖北孝感中院作出的(2021)鄂09民再40号民事裁定书(湖北省黄麦岭磷化工有限责任公司与湖北联兴化工股份有限公司合同纠纷)认为:"一、二审判决对黄麦岭公司与联兴公司于2016年11月签订的《合作协议》及《合作补充协议》系联营性质的协议还是两个独立法人设立新法人的新设公司性质协议、合作协议和补充协议中的'公司利润保证'条款系联营协议中的'利润保底条款'还是融资协议中'对赌性质条款'的事实认定不清;对上述两协议中约定新设立的联星公司自2017年至2019年度三年间的每年平均净资产收益率是否达到8%的事实认定不清。"该案最终裁定撤销一、二审判决,发回一审法院重审。

## 第二节 "明股实债"的区分和适用
### ——监管、税务、财政、法院到底听谁的

针对典型明股实债模式,出资方可以确认为债权性投资。虽然出资方在法律形式上持有项目公司的股权,但由于回购的存在,未真正承担此部分股权对应的剩余风险和报酬,投资回报并不与企业经营情况挂钩,因此在经济实质上不属于股权投资。根据《企业会计准则第37号——金融工具列报》(财会〔2017〕14号)和《企业会计准则第22号——金融工具确认和计量》(财会〔2017〕7号)的有关规定,在编制财务报表时确认为应收款项类投资,属于债务工具投资。但实务中也有会计师倾向同时确认长期股权投资和衍生工具。

2017年11月,最高院民二庭第5次法官会议纪要中曾对认定"明股实债"法律关系是"股"还是"债"给出了判断标准,"名股实债并无统一的交易模式,实践中,应根据当事人的投资目的、实际权利义务关系等因素综合认定其性质。投资人目的在于取得目标公司股权,且享有参与公司的经营管理权利的,应认定为股权投资。反之,投资人目的并非取得目标公司股权,而仅是为了获取固定收益,且不享有参与公司经营管理权利的,应认定为债权投资,投资人是目标公司或有回购义务的股东的债权人"。

广西高院民二庭在《广西壮族自治区高级人民法院民二庭关于审理公司纠纷案件若干问题的裁判指引》(桂高法民二〔2020〕19号)中作出以下规定:"46.【名为对赌实为借贷的认定】若对赌目标在客观上不可能或几乎不可能达成,则实质上消除了所附条件的'不确定性',其约定的违约责任就成为必然发生的结果,该部分收益即为投资方获得的固定收益,该内容已不再符合'对赌'的性质,对此人民法院可以根据个案情况认定为借贷关系。"

尽管尚未有全国层面统一的标准,从上述各监管部门、司法机关

和各种层面的定义来看,投资者是否参与经营管理,投资者是否获取固定收益而和盈亏脱钩,被投资企业是否负有支付固定收益的义务等属于"明股实债"相对共性的要件因素。

符合上述条件的,有较大概率在诉讼中被认定为"明股实债",同样有较大概率在会计上被认定为金融负债而不是权益工具,在税务上按照债权实质的混合性投资征收企业所得税。

关于"明股实债"的各类问题,限于篇幅和重点,本书不再详细展开,仅就诉讼适用进行分析,当然就"对赌"可能涉及的会计认定和监管措施,下文还将详细展开。

案例方面,认定构成借贷关系的案例包括:

最高院作出的(2020)最高法民申 7050 号民事裁定书(黑龙江事益科技发展有限公司与付某华借款合同纠纷)认为:"事益公司与付某华签订的《投资合作协议》约定,付某华向事益公司支付 1300 万元款项,借款一年后,按照 3000 万元的收益计算回报;超过 3000 万元,按照实际收益计算回报;事益公司承诺四年内支付给付某华的收益达到其投资的数额。协议内容表明,付某华所获收益是以固定回报方式计算,且约定无论公司经营情况如何,是否亏损,付某华均按标准获得投资收益。因此,《投资合作协议》的约定不具有共同经营、共享收益、共担风险的投资合作特征。事益公司工商登记虽变更付某华为公司股东,但事益公司并未提交证据证明付某华参与了公司的实质性经营活动。付某华不参与事益公司的经营管理,其投入的资金不承担任何经营风险,只收取固定数额的收益,该 1300 万元名为投资,实为借款。仅就事益公司与付某华双方之间的法律关系而言,原审认定为民间借贷性质,并无不当。"

江苏徐州中院作出的(2018)苏 03 民终 4543 号民事判决书(江苏天种牧业股份有限公司、张某柱与周某民间借贷纠纷)认为:"关于涉案法律关系应当如何认定的问题。涉案定向增资认购协议约定的回报方式为'实际注资额全部到账的次工作日,按照投资额的年化 10%

(税后)收益以现金发放,发放日期为每年5月1日起十个工作日内发放。周某同时享有回购请求权及决定权'。从上述约定可知,各方之间所签订的协议名称虽为定向增资认购协议,但从协议中关于固定收益率、固定利息支付期间及回购条款的约定来看,天种公司系通过短期让与该公司流通股份的形式获取周某的款项,双方之间的真实意思表示并非由周某出资成为天种公司的股东,而是由周某出借款项给天种公司、天种公司支付利息的借款关系,故工商登记资料中的记载情况并不能否定天种公司与周某之间实际上系民间借贷关系这一事实。因此,对天种公司、张某柱关于'涉案法律关系系股东出资关系'的上诉主张,本院依法不予采信。"

而与之相对,认定构成投资关系的案例包括:

北京高院作出的(2021)京民终102号民事判决书(时空电动汽车股份有限公司等与浙江亚丁投资管理有限公司等股权转让纠纷)认为:"对于时空汽车公司关于案涉融资协议属于'明股实债'的上诉理由,本院认为,案涉对赌协议约定的业绩补偿和股权回购能否成就取决于目标公司的经营,在签订对赌协议时是不确定的,与民间借贷合同中的固定收益存在显著的区别。本案不应适用民间借贷司法解释的规定。时空汽车公司的此项上诉理由不成立,本院不予采信。"

还有法院认为,虽构成"明股实债",但此时的"债"已非"借贷",而是其他合同之债,如广东深圳前海合作区法院作出的(2021)粤0391民初692号民事判决书(周某辉与深圳丹阳盛世资产管理有限公司等委托理财合同纠纷)认为:"本案系丹阳公司与其股东之间的内部纠纷,除以工商登记部门的外部公示作为判断依据外,更要结合协议约定、当事人的缔约过程、各方权利义务安排以及实际履行情况综合确定双方的真实意思表示。根据双方陈述和现有证据,本院认为,本案表面上是股权投资交易,实为'明股实债',虽然周某辉以支付股权认购款的方式投资于目标公司,并以股权转让、保底回购的方式约定了三年期后返还投资款并支付相关收益。但投资回报不与被投资企业的经营业绩挂钩,亦非根据企业的投资收益或亏损进行分配。具体分析如下:首先,周某辉直接与丹阳公司签订股份认购合同、丹阳公司作为有限责任公司不可能直接将股东肖某持有的本公司股权转让给他人,此种交易目的,自始无法实现。周健辉向公司转账 100 万后,又基于同一笔股权转让与肖某签订了《股权转让协议》,不符合一般交易习惯;其次,两份股权转让协议均未显示出周某辉欲参与公司经营管理、承担公司经营风险的原始真意,且周某辉也确未实际参与公司经营管理;最后,丹阳公司自始至终未向周某辉披露公司经营状况、资产负债、现金流量,也未向其进行过利润分配,公司从未通知过周某辉召开股东会,上述事实足以证实双方最初的交易目的仅在于收取周某辉的 100 万元投资款,并于期满后返还投资本金和支付固定的收益回报,故本案应为明股实债,此处'明股实债'的'债'并非借贷关系,而是因合同中允诺而产生的付款义务,故被告对于原告诉请的 100 万本金及约定的利息应予支付。至于两被告提出的回购条款属于与公司的对赌,根据九民纪要的规定,公司未经减资程序,从公司退还股份,属于抽逃出资。本院认为,该条款也并非与公司对赌,因为对赌协议的参与方并非不参与目标公司经营管理,也并非不承担目标公司的经营风险,其投资目的是在公司发展壮大的过程中获取收益,而非获取固定本息收益,明股实债与对赌仅在约定回购这一退出形式上相似,但其本质并不相同。故本院认为应按合同约定对投资的本金和利息予以返还,对两被告的答辩意见不予采纳。”

亦有法院认为,应当区分内外关系区别对待认定,如辽宁沈阳中院作出的(2021)辽 01 民初 217 号民事判决书(鞍山激光产业股权投资基金合伙企业中心与王某波、航天云网科技发展有限责任公司股权转让纠纷):“首先,就案涉《沈阳中之杰流体控制系统有限公司股权转让协议》而言,鞍山激光产业股权投资基金合伙企业中心(有限合伙)作为股权受让人,案外人宦某勇作为股权出让人,鞍山激光产业股权投资基金合伙企业中心(有限合伙)理应将案涉股权转让款给付案外人宦某勇而非沈阳中之杰流体控制系统有限公司，该交易行为与股权转让合同的一般交易模式不符。

"其次，固定性收益系债权性投资的最为重要的特征。投资人是否从原股东或者目标公司处获得固定收益，该项固定收益是否已经实际履行，是界定双方之间是否是明股实债的重要因素。本案中，鞍山激光产业股权投资基金合伙企业中心（有限合伙）所获收益与目标公司的实际经营状态、分红情况均无联系，系固定收益，且固定收益均由王某波或沈阳中之杰流体控制系统有限公司向鞍山激光产业股权投资基金合伙企业中心（有限合伙）支付或补足，符合借贷合同的法律特征。原告所主张本案系对赌协议关系，因对赌协议系收购方与出让方在达成并购协议时，对未来不确定的情况进行的一种约定，如约定的条件存在，融资方可行使一种权利，如约定条件不存在，则投资方可行使另一种权利，其对赌内容系共同设立企业未来业绩目标，以企业运营的实际绩效来调整企业的估值和双方股权比例的一种约定，本案中并无实际对赌内容，故本院对原告的该理由无法采信。

"再次，正常的股权转让中，投资人通常都会参与目标公司日常经营的管理，而本案中，目标公司沈阳中之杰流体控制系统有限公司仍由原股东进行经营管理，投资人仅享有知情权以及监督权利，并未参与公司的日常经营管理，足以表明投资方鞍山激光产业股权投资基金合伙企业中心（有限合伙）不具有实际获取目标公司沈阳中之杰流体控制系统有限公司股权的意图。

"最后，本案《协议书》明确约定了原股东航天云网科技发展有限责任公司对案涉股权的无条件回购，此事实亦反映出案涉法律关系应为借贷关系，鞍山激光产业股权投资基金合伙企业中心（有限合伙）并无股权投资的意图。

"综合以上几点，本院认为案涉各方签订的《沈阳中之杰流体控制系统有限公司股权转让协议》《分红协议》《协议书》均系以虚假意思表示行为作出的民事法律行为，其隐藏的民事法律关系应为民间借贷法律关系。但需要明确,针对本案当事人间法律关系的认定,根据商事外观主义的原则,应当采取'内外有别'的认定标准,即对于投资方、融资方之间的内部关系而言,是真正的股权投资还是明股实债模式,应当根据双方的真实意思表示确定借贷关系。但对于目标公司与任意外部第三人之间的外部关系而言,为保护第三人对于工商登记信息中股权投资关系的信赖,维护交易安全,不论投融资双方之间是真实股权投资还是明股实债,均应当认定投资方对于目标公司是真实的股权投资。"

涉及私募股权投资领域,还应当注意的是《关于加强私募投资基金监管的若干规定》(中国证券监督管理委员会公告〔2020〕71号)第8条的明确规定:"私募基金管理人不得直接或者间接将私募基金财产用于下列投资活动:(一)借(存)贷、担保、明股实债等非私募基金投资活动,但是私募基金以股权投资为目的,按照合同约定为被投企业提供1年期限以内借款、担保除外……"

从法理而言,前述公告属于规范性文件,一般不足以影响合同效力,考虑到《九民纪要》后相关法院裁判对涉案规章、规范性文件是否涉及社会公众利益的问题,经过检索发现,多数法院认为违反规定并不影响合同效力,如北京二中院作出的(2021)京02民初308号民事判决书[嘉兴鼎瑞投资合伙企业(有限合伙)等与西安和骏置业有限公司等合同纠纷]明确地回应了当事人对涉案协议效力的争议:"依据查明的事实,嘉兴鼎航、嘉兴鼎瑞、嘉兴新仪、嘉兴新俪受让西安烨坤公司股权后,不仅仅只是取得了股东资格享有表决权,而且参与了西安烨坤公司的经营管理。而股权回购条款是嘉兴鼎航、嘉兴鼎瑞、嘉兴新仪、嘉兴新俪与原股东西安和骏公司之间就嘉兴鼎航、嘉兴鼎瑞、嘉兴新仪、嘉兴新俪的股权投资后续退出、投资收益和风险分担所作的内部约定,属于企业之间常见的资本运作形式。《关于加强私募投资基金监管的若干规定》《备案管理规范第4号》《私募投资基金备案须知》等文件属于行业规范或指引,并不属于法律、行政法规等强制性规定。同时,本案双方之间的行为属于正常的企业间经济活动,并不涉及损害金融安全的问题,不属于违反公序良俗的行为,不属于民法典第一百五十三条规定的合同无效情形。案涉合同的条款亦经过各方协商并盖章确认,虽与其他类案合同有相似之处,但无法由此得出案涉合同是格式条款、进而合同无效的结论。综上,《合作开发协议》《股权转让协议》《股权回购协议》是各方真实意思表示,且不违反法律、行政法规的强制性规定,合法有效,对各方均有约束力。西安和骏公司、西安烨坤公司、西安润潼公司、蓝光和骏公司的关于合同效力的答辩意见,本院不予支持。"

## 第三节　违反监管要求的对赌协议效力
### ——是否有司法行政化的嫌疑

2021 年 11 月 12 日,上海证券交易所(简称上交所)公布 3 份监管警示决定,被监管警示的对象为江苏硕世生物科技(688399)及其 IPO 时的招商证券 2 名保荐代表人、上海通力律师事务所 3 名签字律师。上交所认定:2 名保荐代表人、3 名签字律师直接负责硕世生物对赌协议相关尽职调查工作,但未严格遵守相关执业规范,未充分关注所获尽职调查资料中相关信息缺漏情况,也未能结合审核问询等开展更为审慎、全面的核查,导致发行上市申请文件内容未反映实际情况,出具的核查意见结论不符合实际情况。

经上交所查明,硕世生物在首次公开发行股票并在科创板上市申请过程中,存在以下信息披露不规范情形:

2016 年 12 月,硕世生物实际控制人房某生、梁某林和硕世生物控股股东绍兴闰康生物医药股权投资合伙企业(有限合伙)与南京高科新创投资有限公司、南京高科新浚成长一期股权投资合伙企业(有限合伙)(以下统称高科系投资方)签署投资协议,约定高科系投资方入伙闰康生物,并就硕世生物上市前/后回售权、反稀释权、估值调整等特殊权利义务作出安排。上述事项属于《上海证券交易所科创板股票发行上市审核问答(二)》规定应当披露并清理的对赌协议。

2019年4月22日,上交所受理硕世生物首次公开发行股票并在科创板上市申请,招股说明书等申报文件均未提及上述对赌协议。5月21日,上交所发出首轮审核问询函,要求硕世生物充分披露历史上对赌协议签署和清理情况,以及仍存续的对赌协议或对赌条款具体内容、触发条件、产生后果等,并进行风险揭示。10月25日,中国证监会注册环节反馈意见对硕世生物实际控制人是否存在大额债务、股份质押,是否存在拟将硕世生物股份用于还债的协议或安排等相关问题进行问询。硕世生物在相关问询回复中均未提及相关对赌协议。12月5日,硕世生物股票上市交易。

2020年12月7日,硕世生物披露公告称,高科系投资方基于投资协议中对硕世生物上市后回售权的相关约定向法院起诉,要求闰康生物、房某生、梁某林向其支付合伙份额回售价款合计76772.98万元。梁某林、房某生分别持有的闰康生物4500万元、500万元份额已被冻结。闰康生物持有的硕世生物400万股已被冻结,占公司总股本比例为6.82%。至此,硕世生物才披露对赌协议相关事项。

2022年10月1日,上市公司硕世生物(688399)发布公告称,近日收到公司实际控制人房某生、梁某林送达的上海高院出具的民事判决书[(2021)沪民终569号以及(2021)沪民终745号]。

公告称,一审法院查明,2016年12月,高科新创和新浚一期作为投资方与三被告签订相关协议,共同认购闰康生物(硕世控股股东)新增出资人民币1260.0321万元,认购价款为10000万元,其中高科新创认购闰康生物新增出资人民币441.0112万元,认购价款为人民币3500万元,新浚一期认购闰康生物新增出资人民币819.0209万元,认购价款为6500万元,上述认购价款均已于当月缴付。同时双方对于包括上市后回售权等事项进行约定。2020年7月13日,高科新创和新浚一期要求被告购买其所持闰康生物的全部合伙份额。其中高科新创持有闰康生物 7.0449% 合伙份额,对应硕世生物已发行 109.9004 万股股份;新浚一期持有闰康生物 13.0833% 合伙份额,对应硕世生物已发行 204.0995 万股股份。高科新创要求的回售价款为 26870.66 万元(折合当时的股价 244 元/股),新浚一期要求的回售价款为 49902.32 万元(折合当时的股价 244 元/股)。上海二中院出具民事判决书[(2020)沪 02 民初 234 号]:驳回原告南京高科新浚成长一期股权投资合伙企业的全部诉讼请求。

二审上海高院判决驳回上诉,维持原判。

2022 年 11 月 5 日,《上海证券报》官方发布了一则消息,称上海高院近期作出的一则终审判决显示,南京高科旗下的高科新创、新浚一期共同诉硕世生物控股股东绍兴闰康及实控人房某生、梁某林支付合伙份额回售纠纷一案,被驳回起诉,维持原判。法院认定,在上市公司 IPO 股权投资交易中,与股票市值挂钩的对赌协议无效。

业内人士称,该案裁判体现了几个积极影响:其一,首例“投资协议中预先设定上市后回售权,且回售价款直接与发行人二级市场股票市值挂钩”的纠纷案件。司法审判认定与股票交易市值挂钩的回售条款无效。

其二,首例“IPO 审核时未披露,但属于必须清理的对赌协议,另辟蹊径,试图通过诉讼得到支持”的纠纷案件。司法审判判定,凭借“必须清理的对赌协议”主张权利,法院不予支持。

从上述时间脉络来看,该案涉及拟上市公司在申报阶段隐瞒含有和市值挂钩的对赌协议,在监管部门多轮问询和反馈后仍不承认,直到上市后被股东起诉、冻结股票引发纠纷才被迫披露,从而导致监管部门监管警示,但最终诉讼获胜,法院驳回原告全部诉讼请求。

《上海证券交易所科创板股票发行上市审核问答(二)》第 10 条规定:“10. 部分投资机构在投资时约定有估值调整机制(对赌协议),发行人及中介机构应当如何把握?

“答:PE、VC 等机构在投资时约定估值调整机制(一般称为对赌协议)情形的,原则上要求发行人在申报前清理对赌协议,但同时满足以下要求的对赌协议可以不清理:一是发行人不作为对赌协议当事人;二是对赌协议不存在可能导致公司控制权变化的约定;三是对赌协议不与市值挂钩;四是对赌协议不存在严重影响发行人持续经营能力或者其他严重影响投资者权益的情形。保荐人及发行人律师应当就对赌协议是否符合上述要求发表专项核查意见。

"发行人应当在招股说明书中披露对赌协议的具体内容、对发行人可能存在的影响等,并进行风险提示。"

因此,涉案协议所约定的"上市后回售条款"实际是与二级市场市值挂钩的回购协议,按照监管要求,属于上市前必须清理的内容,但公司在审核阶段未作披露。法院的裁判实质上遵循了《九民纪要》和刘贵祥专委讲话关于充分尊重监管规定和交易规则,依法支持监管机构有效行使监管的精神以及对规章制度涉及公序良俗从而否定合同效力的要求。

截至本书定稿之日,该案裁判文书全文尚未公布,因此全案的审判思路及对后继案件的指导价值目前尚无法确认,尚且值得思考的几个问题是:

(1)参照本案精神,违反对赌四项要求的其他三项,是否也会导致合同无效?尤其是其中要求发行人不得作为对赌协议当事人,是否与《九民纪要》原则认可与公司对赌的精神相违背?司法裁判和金融监管之间如何保持协调和平衡?

(2)驳回原告全部诉讼请求是否有纵容上市公司实际控制人及其一致行动人恶意违约的嫌疑?类似情况的上市公司实际控制人及其一致行动人可能以此为由,拒绝履行之前签署的对赌协议。因此,在确认合同无效后,是否可以考虑充分释明,建议原告变更诉讼请求,结合各自过错分担责任,在裁判上体现对上市公司实际控制人及其一致行动人的适度惩罚?

(3)本案协议无效的核心理由是协议与市值挂钩,如果从规定字面理解,只需将协议略作修改,将直接与市值挂钩改为与其他财务指标挂钩,如净利润、净资产、营收、总资产等指标,或复合业务增长率、ROA/ROE/ROI 等回报率指标,法院是否会从实质重于形式角度认定协议效力?

(4)假如本案争议解决条款约定了仲裁,结果是否会有所不同?仲裁是否会更加尊重当事人意思自治,从而认可协议效力? 未来资本市场重大无先例的案例,仲裁是否应当成为当事人首选?

## 第四节　业绩补偿
### ——"吃了我的给我吐出来"

当律师与客户谈及对赌时,一般律师都会提到"海富对赌案",也都能给出此案的简单结论——"与股东赌可以,与公司赌无效"。但"海富对赌案"终审判决在 2012 年 11 月作出,如前所述,除了《九民纪要》新的要求之外,关于对赌协议效力纠纷的司法实践在此之后又有了很多新的发展。

其一,"海富对赌案"的判决结论在仲裁领域已经被突破。中国国际经济贸易仲裁委员会于 2014 年审理了由通商律师事务所代理的仲裁案件[(2014)中国贸仲京裁字第 0056 号仲裁裁决],参照《证券法》关于公司公开发行债券时"最近三年平均可分配利润足以支付公司债券一年利息"的标准,考虑到公司在投资人根据对赌协议投资前是一人公司、业绩补偿计算标准相对合理等特殊情况,裁决控股股东与公司就业绩补偿承担连带责任,谨慎地认可了出资人和公司对赌的效力。

其二,依据对赌协议中的业绩补偿计算公式,如果接受投资的公司利润为负,则法院可能在计算业绩补偿时将利润调整为零,以免出现业绩补偿额过度超过投资额的情况。浙江杭州中院作出的(2014)浙杭商终字第 2488 号民事判决书(苏州富丽泰泓投资企业与杭州中宙科技有限公司、浙江中宙光电股份有限公司合同纠纷)可作参考:

"对此,本院认为,《增资扩股补充协议》第2.2条约定的'实际净利润',理解上的确可能包括负数的情况,但是在公式中约定了'实际完成额',两者并非同一概念。在双方约定目标利润为7700万元的情况下,全部完成即实现实际净利润7700万元时,根据公式,杭州中宙公司无须进行补偿,而当实际净利润为零时,杭州中宙公司的补偿金额达到870万元。当实际净利润为负数时,应当视为浙江中宙公司没有实际完成额。由于浙江中宙公司的实际净利润为负数,如果将负的净利润直接等同于公式中的'实际完成额',并以此计算杭州中宙公司的补偿金额,则可能出现浙江中宙公司亏损越多,富丽泰泓投资获得的补偿越多之现象,有违诚实信用和公平合理原则。"

其三,如果按照股权投资协议中的补偿条款计算出的股权补偿款为负,则法院依据意思自治原则,可能无法支持原告就业绩补偿款的诉讼请求。辽宁高院作出的(2015)辽民二初字第00029号民事判决书[上海盛彦投资合伙企业(有限合伙)与宋某新公司增资纠纷]可作参考:"根据《增资补充合同》第5.2条的约定,宋某新应当给予上海盛彦现金补偿,按公式一计算 = 7500万元×[16900万元−(−7456.74万元)]÷16900万元 = 10809.2万元,按公式二计算 = 2750万元×[(−5254.84万元)×130%−(−7456.74万元)]÷[(−5254.84万元)×130%] = −251.78万元,最低值是个负数。两个公式计算结果中较低的为−251.78万元,因该结果出现负值,故对上海盛彦要求宋某新给付2013年补偿款及利息的诉请无法支持。"

其四,关于业绩补偿款(包括违约金、利息等)是否应当受到诸如投资总额、持股比例等封顶限制,以及是否应当适用违约金调整规则,各级法院存在不一致认定。根据检索结果,相对而言,认定业绩补偿不属于违约金,更不适用违约金调整规则的案例较为主流,但亦有不同意见。

最高院作出的(2022)最高法民申418号民事裁定书(翟某伟与青海国科创业投资基金合同纠纷)认为:"从上述约定可知,《补充协议》

本质上是投资方与融资方达成的股权性融资协议,其目的是解决交易双方对目标公司未来发展的不确定性、信息不对称以及代理成本而设计的包含了股权回购、金钱补偿等对未来目标公司的估值进行调整的协议,系资本市场正常的激励竞争行为,双方约定的补偿金计算方式是以年度净利润在预定的利润目标中的占比作为计算系数,体现了该种投资模式对实际控制人经营的激励功能,符合股权投资中股东之间对赌的一般商业惯例,不构成'明股实债'或显失公平的情形,依法不应适用合同法第五条的公平原则对当事人约定的权利义务进行干预调整。二审法院认定上述约定有效,双方均应按照约定全面履行,在国科基金在业绩补偿款支付条件已经成就的情况下,其要求翟某伟支付补偿款的请求予以支持,依法有据,并无不当。虽然依据《补充协议》约定计算的三年业绩补偿款总额高出投资本金,但因该约定是双方自由协商的结果,翟某伟应承担该商业风险,且该利润补偿款平均至各年度,增幅占比为 61.75%,在该类商业投融资业务中,并不构成畸高显失公平的情形,翟某伟也未就案涉合同在法定期间内主张撤销,二审法院不予支持其调整业绩补偿款的请求,并无不当。翟某伟以 2016 年、2017 年、2018 年三年的业绩补偿款累计已经高出汇富基金投资款本金 1600 万元为由,主张依据合同法第五条即公平原则调整业绩补偿款,依据不足,依法不能成立。"

"如前所述,国科基金与翟某伟签订的《补充协议》中约定的业绩补偿款系针对华信公司在 2016 年、2017 年、2018 年经营的不确定性,对华信公司利润进行估值,给实际控制人翟某伟设定实现净利润目标的合同义务,该义务具有不确定性。因此,协议约定如果华信公司未达到既定业绩目标由翟某伟对国科基金支付业绩补偿款本质上是合同义务所附条件,而不是一方不履行合同义务的违约责任,依法不应适用合同法第一百一十四条有关违约金调整的规定。翟某伟的该项再审理由,依法不能成立。"

浙江高院作出的(2015)浙商终字第 84 号民事判决书(黎某健与

浙江卓景创业投资有限公司公司增资纠纷)亦认为:"1. 业绩补偿条款的计算方式为(1-实际完成净利润÷承诺完成净利润)×卓景公司实际投资总额,可见该金额与金茂公司实际业绩挂钩,并不存在按期收取固定利润的情况,未违反国家相关金融规定。2. 大信会计师事务所系受金茂公司委托进行审计,该所有无曾为卓景公司的集团公司服务不影响对其报告的采信。3. 关于是否显失公平的问题。民法中的显失公平主要是由于民事主体基于信息不对称、地位不平等、意思表示受到限制等原因,导致法律行为的内容严重不对价,违反了权利义务相一致的原则。而本案中增资以及对赌关系中各方均非传统的自然人主体,在交易能力、信息获取能力等方面与普通民事主体不同,属于典型的商事行为,从上述计算方式中可知,补偿金额与企业估值、企业经营预期等相关,取决于当事人的风险预测和风险偏好,应属于意思自治和可自我控制的范围,且虽黎某健不能直接从增资中获取利益,但其为金茂公司大股东,金茂公司获取大量增资与其有实际利益关联,综上,案涉'对赌条款'不能认定显示公平。4. 业绩补偿金系黎某健对于金茂公司业绩未达标情况下的给付义务,其内容并不等同于违约金。且即使该业绩补偿金为违约金,黎某健亦未在一审阶段提出调整违约金的请求,如前所述,该业绩补偿金的计算结果系由商事主体基于自身风险预测和风险偏好决定,应遵从当事人的意思自治,故对该业绩补偿金不予调整。"

山东高院作出的(2015)鲁商终字第289号民事判决书(天津航基力石企业管理咨询合伙企业与孙某民合同纠纷)亦持类似意见:"航基企业根据迪生公司2010年度和2011年度的净利润决定其是否向迪生公司出资,其中对迪生公司2011年度净利润预期的下调,亦不是因为孙某民违约而造成。孙某民关于其在《增资入股协议》和《补充协议书》中承诺支付的补偿款属于违约金的主张,缺乏事实和法律依据,本院不予采信。孙某民在《增资入股协议》和《补充协议书》中承诺支付的补偿款数额,没有与航基企业出资后的股权价值相关联,孙某民关于迪生公司 2010 年度年净利润 1882 万元,对航基企业的影响仅在于预期分红数额按其所持股比相应减少了 918 万元的 34%,即 312.12 万元,2011 年度净利润损失在签署协议时未发生,应当根据 312.12 万元的实际损失,调整约定违约金数额的主张亦没有事实和法律依据。"

亦有案例认为,应当对各项费用进行适当调整。需要注意的是,与下文强制回购部分的观点和案例类似,部分法院在对业绩补偿款进行认定和调整的标准上,会参照相应的银行信贷和民间借贷对应的法律和司法解释的限制。多数情况下,法院在调整时,会综合考虑投资方已获得的收益和补偿款、利息、违约金、罚息等加以权衡,并酌情根据个案情况裁定,对于超过前述限制部分不予支持。

对金融借款而言,《最高人民法院关于进一步加强金融审判工作的若干意见》(法发〔2017〕22 号)第 2 条规定:"……金融借款合同的借款人以贷款人同时主张的利息、复利、罚息、违约金和其他费用过高,显著背离实际损失为由,请求对总计超过年利率 24% 的部分予以调减的,应予支持,以有效降低实体经济的融资成本。……"

对民间借贷而言,根据 2020 年修正的《民间借贷解释》的规定,以 2020 年 8 月 20 日为新老划断日,分别适用 24% 和四倍 LPR 的标准上限。

北京高院作出的(2019)京民终 164 号民事判决书[庾某昆等与苏州荣丰九鼎创业投资中心(有限合伙)合同纠纷]认为:"本案中,苏州九鼎中心主张庾某航、庾某昆应按年利率 20% 复利的标准按天计算向其支付违约金。一审庭审中,庾某航、庾某昆主张约定的违约金计算标准过高,请求一审法院予以调整。一审法院综合考量苏州九鼎中心融资成本、合同的履行情况、当事人的过错程度以及预期利益等因素,根据公平原则和诚实信用原则,认为将违约金的计算标准调整为年利率 12% 为宜。"

上海高院作出的(2020)沪民终 56 号民事判决书[邬某远、韩某丰等与宁波杭州湾新区软银天源创业投资合伙企业(有限合伙)等公司增资纠纷]认为:"本院注意到一审法院因补充协议第 2.3.1 条回购款计算方式涉及年利率 12% 的复利计算,将毅智集团、宁波宝威、邬某远、韩某丰、张某应付的回购款总额酌定为不能超过软银天源、软银天保、软银宏达投资总额加上以 A 轮投资总额为基数,以年利率 24% 计算的利息之和;超过的部分,应按照年利率 24% 计算。软银天源、软银天保、软银宏达在二审期间亦明确其一审主张的回购款金额以投资本金加上按照投资本金为基数,年利率 24% 计算的利息之和为限,超过的部分,其不再主张。结合一审法院对该节论述的前后语境以及软银天源、软银天保、软银宏达在二审期间对其一审诉请明确的意见,为免引起理解歧义,本院将一审法院认定的毅智集团、宁波宝威、邬某远、韩某丰、张某应付的回购款总额进一步明确为不能超过软银天源、软银天保、软银宏达投资总额加上以 A 轮投资总额为基数,以年利率 24% 计算的利息之和,并将据此对一审判决主文表述作相应变更。"

还有法院在调整相关利息、违约金时,对常见协议中"罚息"概念进行了实质认定,如浙江高院作出的(2020)浙民终 359 号民事判决书(曾某霞与嘉兴九鼎策略一期投资合伙企业合同纠纷)认为:"关于曾某霞应否承担股权回购款罚息的问题。补充协议约定,如果曾某霞在收到嘉兴九鼎受让通知之日起三个月内未履行完毕,则就未付的股权回购款,需按年利率 25% 支付罚息。该协议虽然采用了'罚息'字样,但从协议约定来看,所称'罚息'应属于逾期付款情况下的利息,与曾某霞所主张的中国人民银行相关规定中所涉仅适用于金融机构的罚息并非同一概念。曾某霞以嘉兴九鼎非金融机构,无权收取罚息为由,主张一审判决在本案中适用罚息属于适用法律错误,理由不能成立。"

"鉴于双方约定的逾期付款期间的利息计算标准过高,一审法院综合考虑本案实际情况,酌情将逾期付款期间的利率调整为年息 24%,无不当。曾某霞的相应主张不能成立,不予支持。"

## 第五节　强制回购
—— 收益率和公司担保条款如何发挥作用

### 一、收益率

关于上市时间对赌、溢价强制回购的纠纷,法院的态度是原则上倾向于支持原告根据协议约定,要求公司控股股东或实际控制人在条件成就之时,按照约定的年化收益率(常见为8%～12%),加上本金,扣除公司已支付分红,回购投资人的股份的请求。上海一中院作出的(2014)沪一中民四(商)终字第730号民事判决书(上海瑞沨股权投资合伙企业与连云港鼎发投资有限公司等股权转让合同纠纷)、湖北高院作出的(2013)鄂民二初字第00012号民事判决书[苏州周原九鼎投资中心(有限合伙)与蓝某桥、宜都天峡特种渔业有限公司、湖北天峡鲟业有限公司其他合同纠纷]可作参考。

### 二、担保

特殊情况下,就目标公司能否为投资人和控股股东之间的股权回购提供担保的问题,涉及《公司法》第16条第2款公司为股东担保的程序问题,以及系股东之间股权转让还是对第三人的股权转让的区别,包括最高院在内的各级法院态度差异较大。持否定态度的有玉门市勤峰铁业有限公司、汪某峰、应某吾与李某平、王某刚、董某股权转让纠纷案[(2012)民二终字第39号],郭某华与山西邦奥房地产开发有限公司股权转让纠纷案[(2017)最高法民申3671号];持肯定态度的有广西万晨投资有限公司与陈某官股权转让纠纷案[(2016)最高法民申2970号],杨某玉与陈某梅、赤峰双源矿业有限公司、朱某、黑龙江汇丰祥矿业投资股份有限公司股权转让纠纷案[(2014)民申字第1141-1号]。最高院在强某延与曹某波股权转让纠纷案[(2016)最高法民再 128 号]中认可了被投资公司为其实际控制人与投资人签署的"对赌协议"提供连带担保责任的有效性。

就无效后的责任分担,在通联资本管理有限公司与成都新方向科技发展有限公司与公司有关的纠纷案[(2017)最高法民再 258 号]中,最高院认为,投资方未能尽到要求目标公司提交股东会决议的合理注意义务,导致担保条款无效,对协议中约定的担保条款无效自身存在过错。而目标公司在公司章程中未规定公司对外担保及对公司股东、实际控制人提供担保议事规则,导致公司法定代表人使用公章的权限不明,法定代表人未经股东会决议授权,越权代表公司承认对原股东的股权回购义务承担履约连带责任,其对该担保条款无效也应承担相应的过错责任。投资方、目标公司对《增资扩股协议》中约定的"连带责任"条款无效,双方均存在过错,因此目标公司对原股东承担的股权回购款及利息,就不能清偿部分承担 1/2 的赔偿责任。

在强某延与曹某波股权转让纠纷案[(2016)最高法民再 128 号]中,最高院再审后认为,案涉协议所约定由瀚霖公司为曹某波的回购提供连带责任担保的担保条款合法有效,瀚霖公司应当依法承担担保责任,理由如下:强某延已对瀚霖公司提供担保经过股东会决议尽到审慎注意和形式审查义务;强某延投资全部用于公司经营发展,瀚霖公司全体股东因而受益。瀚霖公司提供担保有利于自身经营发展需要,并不损害公司及公司中小股东权益,应当认定案涉担保条款合法有效,瀚霖公司应当对曹某波支付股权转让款及违约金承担连带清偿责任。

时任最高院第一巡回法庭分党组副书记、副庭长张勇健在 2018 年 4 月 18 日发表的《贯彻落实党的十九大精神 开创巡回区民商事审判工作新局面——在第一巡回法庭民商事审判工作座谈会上的讲话》第三部分中提及:"在有限责任公司股权转让过程中,目标公司以其自有资产对股权转让款承担支付义务或担保责任,其他股东表示同意或经股东会决议的,可以认定为有效。股权受让方在此过程中滥用股东权利给公司、其他股东造成损失,或损害公司债权人利益的,应当按照公司法等有关法律的规定承担相应法律责任。"该讲话在某种意义上也透露出该阶段最高院在目标公司为对赌回购股权谨慎认可效力的一种表态。

《九民纪要》改变了最高院之前在两起公报案例[中建材集团进出口公司诉北京大地恒通经贸有限公司等进出口代理合同纠纷案(《最高人民法院公报》2011年第2期),招商银行股份有限公司大连东港支行与大连振邦氟涂料股份有限公司、大连振邦集团有限公司借款合同纠纷案(《最高人民法院公报》2015年第2期)]中的倾向性态度,在第17~23条用了7个条文重点阐述公司对外担保的问题,在越权担保效力、善意标准、无须决议例外情况、越权担保责任、权利救济、上市公司对外担保、债务加入准用担保规则几个方面重点阐述了新的司法裁判态度,限于本书篇幅和重点,不再详细展开,有兴趣的读者可以自行查阅。

值得关注的是,在《九民纪要》发布之后,2019年12月2日,上市公司浙江金盾风机股份有限公司发布了一则公告,称收到浙江杭州中院(2018)浙01民初4552号和(2018)浙01民初4553号两份判决书,根据相关裁判文书,浙江杭州中院认为:"周某灿为公司的股东及实际控制人,本案属于公司为股东及实际控制人提供担保的情形。根据《中华人民共和国公司法》第十六条的规定,必须经股东会或者股东大会决议。且金盾风机公司作为一家上市公司,公开可查询的《公司章程》亦明确规定必须经董事会审议通过并提交股东大会批准。周某灿并非公司的法定代表人,其以公司的名义为自己及自己控制的压力容器向中财招商的借款提供担保,并不符合《中华人民共和国公司法》第十六条及《公司章程》的规定,属于无权代理行为。公司作为一家上市公司对外担保的决策程序及决策结果属于应当公开披露的事项,中财招商完全可以通过查询公司公告发现并无相关信息并进一步与公司核实,但显然中财招商在订立合同时并未对公司的章程、董事会及股东大会决议等与担保相关的文件进行审查,而直接接受周某灿代表公司作出意思表示,其并未尽到合理审查义务,并无合理理由相信周某灿有代理权,不属于善意相对人。在周某灿构成无权代理且未经公司追认的情况下,根据《中华人民共和国合同法》第四十九条、第五十条及《中华人民共和国民法总则》第一百七十一条的规定,该代理行为对金盾风机公司不发生法律效力,应由行为人承担责任。"

结合《九民纪要》的规定来看,浙江杭州中院此处蕴含的裁判逻辑是:对于上市公司提供的对外担保,债权人负有更重的审查义务,其无法因"法人章程或者法人权力机构对法定代表人代表权的限制,不得对抗善意相对人"的规定而抗辩。

湖南岳阳中院作出的(2021)湘06民终3548号民事判决书(湖南福尔康医用卫生材料股份有限公司与廖某等股权转让纠纷)亦认为:"《中华人民共和国公司法》第十六条对公司法定代表人的代表权进行了限制,根据该条规定,公司对外担保行为不是法定代表人所能单独决定的事项,而必须以公司股东(大)会、董事会等公司机关的决议作为授权的基础和来源。法定代表人未经授权擅自为他人提供担保的,构成越权代表,应当区分订立合同时债权人是否善意分别认定合同效力。只要债权人能够证明其在订立担保合同时对董事会决议或者股东(大)会决议进行了审查,同意决议的人数及签字人员符合公司章程的规定,就应当认定其构成善意,债权人审查限于形式审查,只要求尽到必要的注意义务即可。本案中,2021年3月24日承诺书上,福尔康公司作出了担保的承诺,且在承诺书上载明了福尔康公司已对担保行为作了决议,并有除柳某新外的股东签名,签名股东代表的表决权已达到法律规定的标准。一审判决福尔康公司承担连带清偿责任并无不当。《九民纪要》不是司法解释,一审判决作为裁判依据进行援引不当,存在瑕疵,但一审判决根据纪要的相关规定的说理进行处理,处理结果并无不当。"

2019年4月3日,江苏高院就江苏华工创业投资有限公司与扬州锻压机床股份有限公司、潘某虎等请求公司收购股份纠纷一案(简称

"华工案")作出再审判决[（2019）苏民再62号]，认定投资方与目标公司和目标公司全体原股东签订的回购协议有效，突破了前述案例中要求标的公司为创始人股东回购义务承担保证责任的限制，判令目标公司按照投资本金和逾期付款利息向投资人支付回购款，目标公司全体原股东承担连带清偿责任。

2020年12月31日，《民法典担保制度解释》（法释〔2020〕28号）发布，就公司对外担保的问题，在《九民纪要》的基础上又作了新的要求，限于本书主旨和篇幅，不再详细讨论。

### 三、回购款等调整

与业绩补偿类似，法院是否会对回购款（包括利息、违约金）等进行调整，以及以何种标准进行调整，司法领域存在不同意见。

与前述业绩补偿情况类似，经过检索发现，不少法院参照了《民间借贷解释》的利息上限。与民间借贷案件类似的是，律师费如有合同约定，且在合理范围有证据支持的情况下，则大概率不含在前述上限范围之内。

最高院作出的（2019）最高法民申4797号民事裁定书[新疆盘古大业股权投资有限合伙企业与梓昆科技（中国）股份有限公司与公司有关的纠纷]认为："关于违约金利率，盘古企业主张本案不是民间借贷纠纷，违约金利率不应受年利率24%的限制。一审判决认为盘古企业就其投资款已享有17%的年化收益率，故将违约金利率酌定为7%。二审判决综合本案实际情况及一审判决调整的违约金利率与当事人的约定基本相当等情况，对此未作变动，并无不妥。"

最高院作出的（2020）最高法民终575号民事判决书（上海银润传媒广告有限公司与陈某荣合伙协议纠纷、股权转让纠纷）亦认为："案涉《补充协议》约定陈某荣有义务回购华数元启公司所持有的银润公司全部股权，并最迟在不晚于华数元启公司作出书面确认回购要求后的十八个月内付清全部回购价款，逾期未付清回购价款的，则应按年利率20%（即每日万分之五点五）的标准另行支付违约金。一审法院基于各方履约情况及合同性质，将违约金酌定调整为自2019年1月12日开始，以年利率16%支付，并无不当。"

北京高院作出的（2021）京民终975号民事判决书（北京太合娱乐文化发展股份有限公司等与陈某聪合同纠纷）支持的比例则更低："但合同约定的日万分之三的利率过高，太合娱乐公司、西藏合盈公司、太合嘉影公司亦要求调整，一审法院综合本案的具体情况，将逾期罚息的计算标准酌情调整为年利率9%，并无不妥。"

关于律师费、保全担保费的合理范围，最高院作出的（2021）最高法民终637号民事判决书（李某前与深圳市比克电池有限公司等合同纠纷）认为："根据上述约定，应当认定，各方当事人已将律师费和保全担保费列入违约方应承担的赔偿范围以及担保人应承担的连带责任保证的担保范围。成都鼎量为实现债权而产生的上述律师费、保全担保费均系因浩泽公司违约导致本案诉讼所致损失，且上述费用已实际发生。原审法院对各方当事人已有明确约定，且已实际发生的律师费70万元及保全担保费10.58万元予以支持，并无不当。另外，成都鼎量先后与两家律师事务所签订了风险代理协议，结合其在一审中向法院提交了上述两份代理协议及相关支付凭证作为支撑其诉讼请求的证据，原审法院对其中已支付给广东信达律师事务所的70.00万元律师费予以支持，并未超出成都鼎量的诉请范围。上诉人关于成都鼎量主张的律师费666.25万元仅包括上海市汇业（成都）律师事务所的前期费用5万元及估算的后期风险代理费661.25万元，案涉70万元律师费不在诉请范围内，不应予以支持的观点，不能成立。"

相反，同样是最高院的裁判文书，亦有相反认定，认为不属于借贷，不应参考《民间借贷解释》予以调整的案例有：

最高院作出的（2020）最高法民申2759号民事裁定书（通联资本管理有限公司与中国农发重点建设基金有限公司股权转让纠纷）认为："关于《投资协议》约定的日万分之五的违约金是否过高的问题。

通联公司主张案涉投资款系政策性资金,年化利率1.2%即可保本,根据《最高人民法院关于适用〈中华人民共和国合同法〉若干问题的解释(二)》第二十八、二十九条之规定,应按照年化利率1.56%计算违约金。本院认为,尽管案涉投资款来自于政策性资金,但政策性资金投入到汉川公司以后,其资金成本与市场资金别无二致,更不能因政策性资金的公共利益属性而无视其保值增值需求。《投资协议》约定的日万分之五的违约金,年化利率约为18%,与年化利率1.2%的投资收益率加总后仍不到年化利率20%。况且,根据《中华人民共和国合同法》第一百一十四条的规定,违约金的调整应由当事人向人民法院提出,其不属于人民法院依职权审查或调整事项。当事人在原审中未要求调整违约金,在裁判生效后,当事人以此为由申请再审的,不能作为启动再审的法定情形。本案通联公司并未在原审中提出违约金过高的主张,故通联公司关于违约金比例过高的主张不符合再审法定情形。"

最高院作出的(2019)最高法民终1642号民事判决书(中国吉林森林工业集团有限责任公司与鹰潭蓝海济世投资管理有限合伙企业合伙协议纠纷、股权转让纠纷)更罕见地进一步突破了24%的限制,阐述如下:"本案为股权投资纠纷,并非民间借贷纠纷,股权投资收益与民间借贷的利息等收益存在本质差别。案涉双方均系成熟、专业的商事交易主体,对交易模式、风险及其法律后果应有明确认知。双方所签《股权转让合同》合法有效,其中第5条第1款、第2款对于违约责任有明确约定,即吉林森工集团自逾期支付股权转让价款之日起至清偿之日止,每日应按未付款项万分之五的标准支付违约金。对于该项自愿达成且合法有效之约定,双方应当遵守。虽然本案投资溢价率与违约金标准合计为年利率28.25%,相对于目前《最高人民法院关于审理民间借贷案件适用法律若干问题的规定》规定的利率保护上限24%稍高,但考虑本案并非民间借贷纠纷,一审法院未按此进行调整,并不属于适用法律错误的情形,本院对此予以维持。吉林森工集团上诉要求调低违约金的主张理据不足,本院不予支持。"

## 第六节　对赌指标是否完成的认定
### ——会计师说的算不算

通常情况下,对赌所涉及的指标大多与财务指标相关,如扣除非经常性损益后孰低的净利润、营业收入等,而验证是否达标的方式,一般是依据由符合协议约定的会计师事务所所出具的审计报告。

在实践中,对赌指标承诺方通常的抗辩理由是审计报告存在错误、会计师事务所没有证券期货行业从业资质、会计师事务所系投资机构单方确定等,并要求重新审计。

就此类情况而言,通常应该首先回归协议约定,如协议确实要求会计师事务所具有证券期货行业从业资格,或者要求在国际四大会计师事务所中选择,或者要求双方一致同意确定,而提供审计服务的会计师事务所不符合协议约定,则可能构成较为严重的瑕疵,从而有可能被法院要求重新审计。反之,如果存在轻微程序瑕疵,或者会计师在会计准则允许范围内的主观认定可能有值得商榷之处,则可以考虑由会计师事务所进行补正或说明,原则上,法院不应轻易否认审计报告效力,更不宜代替会计师作出判断。

值得一提的是,根据《证券服务机构从事证券服务业务备案管理规定》(中国证券监督管理委员会公告〔2020〕52号)的规定,自2020年8月24日起,证券期货行业从业资质已经改为备案制,申请门槛大幅降低。

实践中,会计师提供审计服务的前提是被审计标的公司的充分配合,而往往不少对赌业绩承诺方预感自己无力达标,希望通过自己实际掌握、经营标的公司的便利,刻意不予配合甚至故意刁难会计师,导致会计师因为无法获得足够审计依据而无法正常出具审计报告。此类行为,在法律层面上而言,应属不当阻止条件成就的行为,依法应视为"对赌条件"已经成就。

前述提及的最高院作出的（2020）最高法民终 575 号民事判决书（上海银润传媒广告有限公司与陈某荣合伙协议纠纷、股权转让纠纷）认为："案涉《补充协议》4.1 条款约定'若银润公司最迟于 2017 年 6 月 30 日仍未能提供相关审计报告且未获得华数元启公司的事先许可延期或豁免，即视为本条所约定的回购条款触发'。银润公司、陈某荣未于 2017 年 6 月 30 日前向华数元启公司提供具有证券从业资格的会计师事务所出具的资产审计报告，其上诉主张当事人间经过商议共同委托立信会计师事务所进行审计的行为表示华数元启公司同意银润公司、陈某荣延期或豁免交付《审计报告》，但其未能提供充分证据证明华数元启公司明确作出了同意延期或豁免的意思表示，共同委托审计的行为也不足以证明华数元启公司放弃回购。华数元启公司于 2017 年 7 月 11 日向银润公司、陈某荣发出《关于要求履行回购条款的通知》。2018 年 11 月 23 日，银润公司、陈某荣出具的《回复函》中明确'解决回购事宜尚需时日'。2018 年 12 月 24 日，银润公司、陈某荣出具的《关于回购事宜的建议方案》亦载明'已配合华数元启公司进行审计，并商谈回购方式'。上述事实表明双方当事人已经以书面函的形式确认了回购条款触发的事实，一审法院认定案涉协议的回购条款已经触发，并以华数元启公司发出《关于要求履行回购条款的通知》作为触发日，并无不当。"

浙江高院作出的（2019）浙民申 5051 号民事裁定书（黄某与武汉三特索道集团股份有限公司股权转让纠纷）认为："首先，股权投资及转让系典型商事行为，应严格遵循当事人之间的约定条款。案涉《经营对赌及担保协议书》明确约定要提供经过审计的财务报告，第 1.3 条：'丙方保证自 2017 年起，每年 4 月 15 日前向甲方提供前一年度经审计的财务报告，若首次出现经营效益未达预期情况，甲方在收到财务报告后的 15 日内行使股权回购选择权'。根据该条约定内容，协议中的丙方隐居公司有义务在每年 4 月 15 日前向三特公司提供前一年度经审计的财务报告,但至本案二审时,隐居公司仍未向三特公司提交 2016 年度经审计的财务报告。因隐居公司不履行合同义务,导致三特公司的股权回购选择权一直因条件不成就而无法行使。其次,经过审计的财务报告对于规范商事主体的行为、促进市场秩序规范有序至关重要。虽然隐居公司于 2017 年 1 月 11 日、12 月 13 日、12 月 21 日先后三次向三特公司发送了财务材料,但均为未经审计的财务报告,根据一般公司上年度经审计的财务报告形成于第一季度的普遍情况,三特公司不认可 2017 年 1 月 11 日的财务报告而继续等待符合要求的经审计的财务报告并无不妥。最后,根据 2017 年 12 月隐居公司发送的财务报告,从时间上看,此时应当可以形成经审计的财务报告,但因隐居公司迟迟未按协议约定提供经审计的财务报告,三特公司从自身利益出发,根据该报告内容并结合其通过其他渠道对公司经营状况的了解,其认为公司经营效益未达预期,故按协议约定于 2017 年 12 月 26 日发函黄某要求回购股权,应属合理。"

北京海淀法院作出的(2018)京 0108 民初 17314 号民事判决书(北京四方继保自动化股份有限公司与李某等合同纠纷)认为:"一、关于《增资协议》约定的业绩补偿条款是否被触发问题。根据北京中证天通会计师事务所(特殊普通合伙)出具的 2015 年度至 2017 年度审计报告显示,上海泓申公司 2015 年度净利润为 19921183.56 元、2016 年度净利润为 5278986.49 元、2017 年度净利润为 -37359938.85 元,未达到《增资协议》第 3.1 条包括方某、盟策投资中心在内的上海泓申公司原股东对四方继保公司作出的承诺,已经触发承诺业绩补偿条款。四方继保公司有权依据《增资协议》第 3.1 条 b(a)ii 的约定,要求盟策投资中心按其持股比例承担未完成承诺业绩的补偿责任。盟策投资中心虽然对四方继保公司提交的审计报告不予认可,但未提交相应证据予以反驳,故本院对其辩称理由,不予采信。"

在涉及上市时间承诺的对赌纠纷中,为减少损失,投资人往往会在上市承诺时间届满之前采取法律措施,这时,目标公司和原股东常见的抗辩理由是承诺上市之日尚未届满,回购条件尚不成就。法院此时往往会依据合同预期违约制度,结合标的企业经营状况、财务状况、申报进度、时间节点等实质要素,必要时征求监管部门意见,来认定是否已经无可能按期完成上市目标及是否符合合同解除的条件。

北京二中院作出的(2015)二中民(商)终字第 12699 号民事判决书[北京碧海舟腐蚀防护工业股份有限公司等与天津雷石信锐股权投资合伙企业(有限合伙)股权转让纠纷]认为:"碧海舟公司、邸某军、李某璇上诉主张《协议书》中约定的回购条款是附期限的,因期限未届至,所以雷石企业无权提起本案诉讼。对此,本院认为,首先,雷石企业提起本案诉讼并不违反《中华人民共和国民事诉讼法》第一百一十九条的规定。其次,《协议书》中约定回购的前提是碧海舟公司未能在指定期限内完成其首次公开发行并上市,本案根据查明的事实,中国证券监督管理委员会已于 2014 年 7 月 1 日对碧海舟公司的首次公开发行股票申请终止审查。碧海舟公司虽主张其业绩满足首次公开发行并上市的条件,其向中国证券监督管理委员会重新提出申请,可以于《协议书》约定期限届满前完成首次公开发行股票并上市,但未提供任何证据证明其业绩条件满足首次公开发行并上市的条件。"

上海松江法院作出的(2019)沪 0117 民初 19930 号民事判决书(史某蓉与上海银湾生活网络股份有限公司、上海德在创业投资合伙企业等不当得利纠纷)认为:"依据我国合同法第九十四条关于合同法定解除的规定,在履行期限届满前,一方当事人明确表示或以自己行动表明不履行主要债务的,另一方当事人有权解除合同。本案中,系争《股份转让协议》依法成立生效,该协议主要权利义务关系为史某蓉支付 210 万元受让德在合伙所持有银湾股份公司 60 万股股份,由德在合伙代持,银湾股份公司应在 2021 年 1 月 8 日之前实现'上市'且股价不低于 7 元每股,否则补偿史某蓉。现距约定的实现上市时间仅半年余,而银湾股份公司存在诸多不符合上市条件的障碍,如大量涉诉、被列入失信被执行人名单、股份质押、被列入经营异常等。依常识常理即可判断银湾股份公司难以在 2021 年 1 月前实现上市。银湾股份公司与德在合伙构成预期违约,不能履行合同主要义务,史某蓉享有法定合同解除权。"

上海崇明法院作出的 (2019) 沪 0151 民初 8769 号民事判决书[盛虞(上海)资产管理中心与张某弢、吴某等股权转让纠纷]亦认为:"原告认为某公司于 2019 年 4 月 15 日的书面回复中,明确表示 2019 年上半年不进行上市申报。故该日期为触发回购的日期。原告于 4 月 18 日书面要求被告回购股权,故违约金应自其后三个月,即 2019 年 7 月 19 日起计算。被告则认为回购触发日期为上市申报的截止日期 6 月 30 日,违约金自 3 个月回购期满后计算。对此,本院认为,根据法律规定,一方当事人明确表示或者以自己的行为表明不履行合同义务的,对方可以在履行期限届满前要求其承担违约责任。被告于 4 月 15 日表明了上半年不进行上市申报,故原告可以要求被告提前履行回购义务。原告于 4 月 18 日书面要求被告履行回购义务,则被告应自 2019 年 7 月 19 日起支付违约金。"

涉及公司估值(市值)相关的对赌纠纷,对上市公司而言,通常情况下,其股价即为其股票公允价值,不太会出现无法确定估值(市值)的问题。而现实中,大量未进入创新层的普通新三板挂牌企业,虽然属于公众公司,但其股票流动性堪忧,交易极不活跃,其股票的公允价值不容易计算。而此时,某些企业可能会通过少量定向增发的方式拉高交易单价,再以单独本次融资价格的方式作为未来公允价值的参考,此时,法院应当如何处理?

根据上海金融法院在 2022 年 7 月 12 日官方发布的新闻,该院首次对涉新三板公司估值争议案件即上海绿岸网络科技股份有限公司与沈某、深圳市豹风网络股份有限公司其他合同纠纷案[(2021)沪 74 民终 530 号]作出终审判决,认为公司市值应当理解为公开市场条件下公司的公允价值。估值方法的选择应考虑目标公司类型、所处行业及发展阶段、融资方式、财务状况、行业规范及监管要求等因素进行综合判断。

该案入选上海金融法院 2022 年度典型案例,其基本案情如下:深圳市豹凤网络股份有限公司为一家新三板挂牌的网络游戏公司,实控人为沈某。2016 年 5 月 12 日,上海绿岸网络科技股份有限公司作为投资者与豹凤公司签订《股份认购协议》,约定绿岸公司以现金方式按每股 15 元认购豹凤公司发行的股票 333333 股,共计 5000000 元。同时,绿岸公司与沈某签订《补充协议》,约定若豹凤公司在绿岸公司增资完成后 3 年内达成以下任意条件的,绿岸公司无权要求沈某回购绿岸公司所持有的全部或部分豹凤公司股份或股权:(1)2016、2017 年经审计归属于母公司净利润 2 年合计大于或等于 8000 万元;(2)在本次增资完成之后 3 年内实现 IPO(指豹凤公司取得证监会或其他 IPO 审核部门关于其 IPO 申报材料的受理通知书);(3)在本次增资完成之后 3 年内进入全国股份转让系统创新层;(4)在本次增资完成之后 3 年内再融资的市值超过 6.5 亿元。若上述任一条件均未成就,则绿岸公司有权但无义务要求沈某回购绿岸公司所持有的全部或者部分豹凤公司股份或股权。

3 年期满后,绿岸公司、沈某双方对于《补充协议》中第 4 项"在本次增资完成之后 3 年内再融资的市值超过 6.5 亿元"之条件是否成就发生争议,遂起诉至法院。一审法院以再融资发行价格 22 元/股乘以总股数的方法计算市值,认为豹凤公司的市值满足了超过 6.5 亿元的条件,沈某回购义务免除,驳回绿岸公司的诉讼请求。绿岸公司不服一审判决,上诉至上海金融法院。

绿岸公司上诉认为,再融资发行价格与目标公司市值不具有直接关联性。再融资行为系豹凤公司对欢乐时刻公司的定向增发,该次交易确定 22 元的价格为双方商定的结果,不能反映公开市场对豹凤公司市值的认可,且该轮融资增发的股份数量仅占豹凤公司总股本的 0.57%,规模小、占比低,不足以反映公司市值。因此,应以豹凤公司收盘价格 10.18 元乘以总股数计算公司市值。

就该案而言,上海金融法院认为:

第一,豹风公司为新三板挂牌的非上市公司。结合我国新三板市场现状,豹风公司股票流动性差,交易极不活跃。以豹风公司收盘价格10.18元乘以总股数的方法计算公司市值难以反映公开市场对豹风公司价值的认同。

第二,案涉再融资采取了定向增发的融资方式,仅涉及一位新投资者,亦未引入做市商参与。投资金额不大,占总股本比例极低,也无法反映市场情况。

第三,豹风公司系是一家以游戏研发业务为主的企业。该行业竞争激烈、不确定性高、盈利波动较大。但若公司后续自行研发游戏项目上线表现达不到预期,则公司存在持续亏损的风险。结合豹风公司2016年上半年及2017年上半年的财务数据,毛利率在2017年下降很多,公司盈利能力的许多指标,已呈现出连续下行的状态。结合2016年融资时的公司资产评估报告,2017年再融资时的公允市值不应高于2016年的评估结果。

第四,在约定不明、双方各执一词的情形下,应当依据合同法关于约定不明的相关规则予以确定。为此,合议庭综合考虑到以下两个估值标准:

(1)《证券期货业统计指标标准指引》中的计算方法。

该指引设立专章对于股转系统挂牌公司市值的计算方法作了明确规定,引入了市盈率概念,并提出了净利润为正值或负值时应采取不同统计方法。该指引中的估值方法已经适当考虑了挂牌公司的特点,虽然该方法主要功能是用于统计而非直接用于投资估值,但仍具有相当的参考价值。这些统计方法表明单纯地依据个别交易进行估值,忽略净利润、市盈率等指标,可能会产生较大的偏差。

(2)《私募投资基金非上市股权投资估值指引(试行)》中的投资估值方法。

该指引系行业规定,对于已在全国中小企业股份转让系统挂牌但交易不活跃的企业股权估值具有参考价值。本案中估值对象豹风公司符合该指引的适用条件。本案当事人豹风公司实控人沈某主张的估值方法,也即该指引中的参考最近融资价格法。该指引规定,运用参考最近融资价格法时,应当对最近融资价格的公允性作出判断,如果没有主要新的投资人参与最近融资,或最近融资金额对被投资企业而言并不重大,或最近交易被认为是非有序交易,则该融资价格一般不作为被投资企业公允价值的最佳估计使用。

第五,本案审理中各方均就估值问题提供了专家意见。二审中,绿岸公司聘请了某金融研究专家团队,提供了《专家意见书》并出庭接受质询。该意见书从纵向估值法和横向估值法入手,结合豹风公司所属的行业特征及相关行业股票交易情况比如市净率、市盈率进行了对比分析。合议庭认定该意见书具有较强说服力。

最终,上海金融法院采纳了该专家意见,认定豹风公司市值在再融资时点上无法达到 6.5 亿,股权回购条件成就,故改判豹风公司实控人沈某履行股权回购义务。

该案例系上海市首例涉及新三板公司市值并由法院直接作出估值判断的金融案件。该案例明确了在缺乏流动性市场的新三板公司估值问题上,法院审查的范围不应局限于相关合同文本的法律判断,而要着眼于目标公司的实际情况,综合考虑目标公司所处的发展阶段、行业特点、经营情况、财务状况等因素,选择金融市场普遍认可的、适当的估值方法判断企业的公允市值或估算出公允市值的区间。同时,在条件允许的情况下,应充分发挥专家辅助人制度的积极作用,从专业背景、形式要件及程序完整性的角度分析专业人士意见,以作出更符合市场及投资者预期的估值结论。鉴于估值问题在现代投融资领域及产权交易中的普遍性、重要性及复杂性,该案的审理为同类案件的处理提供了有益的借鉴及参考,具有很强的现实意义及研究价值。

事实上,监管部门对此也早有类似意见。2015 年 5 月全国中小企业股份转让系统有限责任公司发布的《挂牌公司股票发行常见问题解答——股份支付》（股转系统公告〔2018〕1220号废止）中对股份支付的公允价值的规定如下：

公允价值的论述应当充分、合理，可参考如下情形：A.有活跃交易市场的，应当以市场价格为基础，并考虑波动性；B.无活跃交易市场的，可以参考如下价格：

（1）采用估值技术。……

（2）参考同期引入外部机构投资者过程中相对公允的股票发行价格，发行价格不公允的除外，例如，由于换取外部投资者为企业带来的资源或其他利益而确定了不合理的发行价格应当被排除掉。

挂牌公司需注意的是，无论采用何种方法确定公允价格，对公允价格的论述应当合理、充分并可量化，而非只有定性的说明。

证监会发行监管部2020年修订的《首发业务若干问题解答》（已被《监管规则适用指引——发行类第4号》《监管规则适用指引——发行类第5号》废止）第26条亦提及了类似问题的处理方式：

问题26：基于企业发展考虑，部分首发企业上市前通过增资或转让股份等形式实现高管或核心技术人员、员工、主要业务伙伴持股。首发企业股份支付成因复杂，公允价值难以计量，与上市公司实施股权激励相比存在较大不同。对此，首发企业及中介机构需重点关注哪些方面？

答：……

（2）确定公允价值

存在股份支付事项的，发行人及申报会计师应按照企业会计准则规定的原则确定权益工具的公允价值。在确定公允价值时，应综合考虑如下因素：①入股时间阶段、业绩基础与变动预期、市场环境变化；②行业特点、同行业并购重组市盈率水平；③股份支付实施或发生当年市盈率、市净率等指标因素的影响；④熟悉情况并按公平原则自愿交易的各方最近达成的入股价格或相似股权价格确定公允价值，如近期合理的 PE 入股价,但要避免采用难以证明公允性的外部投资者入股价;⑤采用恰当的估值技术确定公允价值,但要避免采取有争议的、结果显失公平的估值技术或公允价值确定方法,如明显增长预期下按照成本法评估的每股净资产价值或账面净资产。发行人及申报会计师应在综合分析上述因素的基础上,合理确定股份支付相关权益工具的公允价值,充分论证相关权益工具公允价值的合理性。

……

《监管规则适用指引——发行类第 5 号》对确定公允价值应考虑的因素作出明确规定:

确定公允价值,应综合考虑以下因素:(1)入股时期,业绩基础与变动预期,市场环境变化;(2)行业特点,同行业并购重组市盈率、市净率水平;(3)股份支付实施或发生当年市盈率、市净率等指标;(4)熟悉情况并按公平原则自愿交易的各方最近达成的入股价格或股权转让价格,如近期合理的外部投资者入股价,但要避免采用难以证明公允性的外部投资者入股价;(5)采用恰当的估值技术确定公允价值,但要避免采取有争议的、结果显失公平的估值技术或公允价值确定方法,如明显增长预期下按照成本法评估的净资产或账面净资产。判断价格是否公允应考虑与某次交易价格是否一致,是否处于股权公允价值的合理区间范围内。

限于篇幅和主题,关于公允价值计量会计准则的认定和适用的部分不再继续讨论。后继我们还将持续关注该类案件的后续进展和对实务的指引。

## 第七节 特殊行业审批
——是听监管的还是听法院的

### 一、涉及国有资产的纠纷

如果尚未经过相关审批,法院可能认定对赌协议尚未生效,无法支持原告要求履行合同的诉讼请求。最高院作出的(2016)最高法民申410、474号两份裁定,分别维持了(2015)苏商终字第0010号判决(南京诚行创富投资企业与江苏省盐业集团有限责任公司合伙协议纠纷、股权转让纠纷)、(2015)苏商终字第00163号判决(上海阳亨实业投资有限公司与江苏省盐业集团有限责任公司、李某股权转让纠纷),认为国有资产重大交易,应经国有资产管理部门批准,合同才生效。因此,两案中的江苏省盐业集团有限责任公司系江苏省国资委独资的国有企业,其因对外重大投资而签订的案涉股权买卖合同需经国资管理部门审批后,才能生效。

而与之相反的,时隔数年后,同样是由江苏南京中院一审、江苏高院二审、最高院再审的报业集团系列案件[(2019)苏01民初1874号、(2020)苏民终153号、(2022)最高法民申232号],则作出了相反的一些认定,某种意义上体现了司法裁判尺度的一些变化。

最高院认为:"一、根据已查明的事实,2010年4月30日,汇金立方中心等与时代股份公司、报业集团及时代投资公司签订《增资协议》,同日各方又签订《备忘录》,约定若时代股份公司在《备忘录》签署三年后未实现上市,汇金立方中心等应将其持有的时代股份公司的全部股权转让给报业集团和时代投资公司,且约定了股权转让价格。经审查,《备忘录》中并无关于股权回购协议需经审批的约定,且该回购协议与案涉《增资协议》系相同主体于同一天签署,对于《增资协议》明确约定需经审批生效,而《备忘录》未作需审批生效的相关约定,应认定《备忘录》无须经审批生效,系当事人自愿对协议效力所作出的安排。报业集团向汇金立方中心发出的《关于南京时代传媒股份有限公司股份回购的函》提及报备原则,亦未提出关于审批生效问题,证明报业集团自身也认可案涉股权回购事宜无须审批,且在《备忘录》其他约定内容的实际履行过程中,报业集团等亦从未就协议效力问题提出过异议。

"二、《中华人民共和国公司法》第六十六条仅规定国有独资公司的合并、分立、解散等情形,必须由国有资产监督管理机构决定及报批,并不涉及股权回购事宜。《中华人民共和国企业国有资产法》第三十条规定国家出资企业的合并、分立、增减注册资本、进行重大投资等重大事项,应遵守相关规定,不得损害出资人和债权人的权益,并无关于股权回购需经审批的规定。《企业国有资产监督管理暂行条例》第二十三条系关于国有股权转让的规定,若致使国家不再拥有控股地位的,须经政府批准;第二十一条、第二十四条等规定情形,均无股权回购须经批准的规定。

"三、《增资协议》和《备忘录》系汇金立方中心与报业集团等主体同一天签订的投资和回购的协议,系针对不同事项的两份协议,并非同一协议,而且各方当事人对两份协议的效力作出不同安排和约定,对两份合同是否需经审批方能生效,具有充分的预见和预知。《增资协议》涉及公司增资问题,按照约定和相关规定履行了审批手续而生效。《备忘录》约定关于股权回购问题,在相关法律、行政法规未作出强制性规定时,各方当事人约定签署及《增资协议》经审批生效后发生效力,属当事人对股权回购协议效力的真实意思表示,二审判决依法认定《备忘录》已生效,并无不妥。另外,江苏省盐业集团有限责任公司的系列案件,各方当事人在涉及股权回购的《股权转让专题会议纪要》中约定:'4. 江苏省盐业集团有限责任公司按规定履行股权受让相关程序',应属各方对股权回购协议需经审批后生效的约定和安排,而本案《备忘录》并无关于股权回购需经审批生效的相关约定,各方当事人也确认签订《备忘录》时均认为不需要审批,故本案与另案判决之间并不存在同案不同判的问题。"

回到案例本身,具体而言,对于国有独资公司/企业而言,股权回购事项并不属于《企业国有资产法》第31条所穷尽列举的需由履行出资人职责的机构决定的事项,而是属于第32条规定的"由董事会决定"或"由企业负责人集体讨论决定"之事项;而对于国有资本控股/参股公司而言,股权回购事项更是仅需依照法律、行政法规及其公司章程的规定,由"股东会、股东大会或者董事会决定"。因此,本案中《备忘录》所约定的股权回购事项均无须国有资产监督管理机构审批。

此外,《南京市企业国有资产监督管理暂行办法》(已废止)第33条第2项明确规定,国有独资公司的重大投资项目应报南京市国资委备案;再如本案涉及的报业集团属于文化产业,《江苏省文化企业国有资产监督管理办法》第12条第3项则明确规定,文化企业对外投资5000万元及以上的境内股权,仅需报同级财政部门备案。而"批准"与"备案"显然属于不同的规范程序,《企业国有资产法》第35条亦在规定时将两者进行了区分。也就是说,对于《备忘录》所涉的股权回购事项,在地方国资监管实践中亦仅属于需要备案而非须经审批的事项,故未经审批当然不影响相应合同的效力。

## 二、涉及外商投资企业审批

江苏高院作出的(2013)苏商外终字第0034号民事判决书(国华实业有限公司与西安向阳航天工业总公司股权转让纠纷)认为,PE以股权受让方式投资并约定回购条款时,股权受让与股权回购是两个股权转让行为,如投资时外商投资主管部门在批文中仅阐明同意股权转让,未明示同意回购条款,则要求回购时尚需就回购事项签署股权转让协议并再次报外商投资主管部门审批。未获审批通过,回购条款不生效。

特别需要注意的是,华南国际经济贸易仲裁委员会(现深圳国际仲裁院)就上述问题与江苏高院持有相反意见。华南国际经济贸易仲裁委员会认为,外资审批仅与对赌协议中的股权转让条款的效力有关,与对赌协议中的其他条款(如业绩补偿条款、溢价回购条款)无关,因此不能因对赌协议尚未经过外资审批认定协议整体未生效,广东高院作出的(2014)粤高法民四终字第 12 号民事判决书(张某芳、深圳一电实业有限公司与旺达纸品集团有限公司、林某师民间借贷纠纷)亦持类似观点。

需要明确的是,在 2016 年底开始全面推进的外商投资备案制改革,将负面清单以外的原本需要事先审批的外商投资企业股权变更事项改为了事后备案制,最高院在 2019 年 12 月发布了《关于适用〈中华人民共和国外商投资法〉若干问题的解释》(法释〔2019〕20 号),其中,第 2 条第 1 款明确规定:"对外商投资法第四条所指的外商投资准入负面清单之外的领域形成的投资合同,当事人以合同未经有关行政主管部门批准、登记为由主张合同无效或者未生效的,人民法院不予支持。"因此实质性地修改了原《最高人民法院关于审理外商投资企业纠纷案件若干问题的规定(一)》中的相关规定。

广东高院作出的(2018)粤民终 1310 号民事判决书(深圳市东方汇富创业投资管理有限公司与北京兴业创富创业投资中心股权转让纠纷、买卖合同纠纷)认为:"根据《中华人民共和国中外合资经营企业法(2016 年修正)》第十五条的规定,以及 2016 年 10 月 8 日商务部发布的《外商投资企业设立及变更备案管理暂行办法》的规定,现行法律、行政法规已将不涉及国家规定实施准入特别管理措施的外商投资企业的设立和变更,由审批改为备案管理。本案股权转让的目标公司中兴牧业公司的经营范围为奶牛养殖、自产原料奶销售、畜牧技术咨询服务,并不涉及现行国家规定实施准入特别管理措施的清单范围,因此,不属于《最高人民法院关于审理外商投资企业纠纷案件若干问题的规定(一)》第一条所规定的'依法律、行政法规的规定应当经外商投资企业审批机关批准后才生效的'情形,东方汇富公司主张本案应中止审理,指令兴业创富投资中心在一定期限内办理报批手续,理由不能成立,本院亦不予采纳。综上所述,涉案《股权回购协议》并未违反法律法规的强制性规定,或者需要经审批后方生效,是当事人之间的真实意思表示,合法有效,各方应依约履行。"

## 第八节 一致行动协议
### ——一致行动人还能不一致吗

为满足资本市场监管部门对目标公司股权结构和控制权的稳定性,控股股东、实际控制人不发生变化等监管要求,投资后的目标公司往往会存在股东之间的一致行动协议,从而使部分股东构成目标公司的共同实际控制人。一致行动协议的通常表述为:"……双方按照公司章程的规定向股东大会或董事会提出约定的提案或临时提案时,事先均应协商一致;双方将保证在公司股东大会会议或董事会会议中行使表决权时采取相同的意思表决;若双方内部无法达成一致意见,应按照×××的意见进行表决……"那么,如董事或股东在签署了相关协议后又反悔,拒绝出席会议或者在董事会或股东(大)会上作出违反约定的表决,其效力又如何界定?

不认可一致行动协议对公司效力的案例有:

广东佛山中院作出的(2022)粤 06 民终 4650 号民事判决书(林某与广东摩德娜科技股份有限公司公司决议撤销纠纷)认为:"至于李某华是否违反其与陈某活之间的《一致行动协议》的约定,该《一致行动协议》系林某华与陈某活之间签署,仅对签署双方具有约束力,并不影响股东会依职权形成的决议内容的效力。故林某关于该次会议决议内容违法或违反公司章程的主张不能成立。"

上海二中院作出的(2021)沪 02 民终 9437 号民事判决书(上海中技企业集团有限公司与上海保德盈资产管理有限公司公司决议撤销纠纷)认为:"另就表决方式一节,首先,中大企业与王某皓间的《股东一致行动协议》未经王某皓本人核实,真伪尚不明确;其次,即便属实,亦为二者之间的约定,并不代表王某皓即可拒绝参加公司股东会,抑或中大企业当然取得了替代王某皓参会及投票表决的权力。故而系争临时股东会决议的表决方式亦存在违法违规违章之处。"

但亦有反例,江西高院作出的(2017)赣民申367号民事裁定书(张某庆、周某康与江西华电电力有限责任公司公司决议撤销纠纷)认为:"……上述协议是当事人真实意思表示,不违反法律法规禁止性规定,经董事会决议通过,未损害华电公司及其他股东合法权益,内容合法有效,且当事人已经实际履行了协议,张某庆应当受协议条款约束。2015年8月20日,华电公司董事会召集主持2015年度第四次股东大会,就华电公司进行增资扩股的议案等事项进行投票表决,胡某对股东大会的各项议案均投同意票,虽然张某庆投的是反对票,但华电公司根据《股份认购协议》和《期权授予协议》,将张某庆所投票计为同意票,形成华电股东会股字(2015)第6号股东会决议,华电公司的行为符合两份协议的约定。张某庆主张即使两份协议有效,也只能追究张某庆违约责任,不能强行将其反对票统计为赞成票的申请再审理由不能成立……"

关于一致行动协议的相对性问题,法院判决较为一致。上海二中院作出的(2020)沪02民终145号民事判决书(胡某华、宋某芳与上海隽盛股权投资基金管理有限公司公司增资纠纷)认为:"本院认为,《一致行动协议书》系作为中宝公司股东的宋某芳与周某为明确公司实际控制人所签订的公司内部股东授权协议,对周某和宋某芳发生法律效力,对协议以外的第三人不发生效力。故此,周某以《一致行动协议书》为由主张不应对隽盛公司承担《补充协议》项下的合同责任,没有法律依据。"

湖北荆州中院作出的(2019)鄂10民初186号民事判决书(湖北巨晟股权投资有限公司与湖北金麟机械制造有限公司、张某军公司增资纠纷)亦认为:"根据《一致行动协议》签订目的和协议约定的内容,该协议是金麟制造公司原股东之间签订的内容协议,该协议约定的是各方在公司股东大会会议中保持'一致行动',而非是股东对外的责任。故巨晟投资公司主张根据《一致行动协议》文某蓉、熊某洪、刘某文也应对上述给付义务承担连带责任的主张不能成立,本院不予支持。"

# 第九节　不可撤销的委托
## ——约定不可撤销能否对抗法定任意解除权

"不可撤销"的描述,与委托合同法定任意解除权之间是否存在矛盾,能否以协议排除法定适用? 各级法院之间裁判尺度同样存在较大差异。

最高院作出的(2013)民申字第 2491 号民事裁定书(大连世达集团有限公司与大商股份有限公司其他合同纠纷)认为:"……《合同法》之所以规定委托合同双方当事人均可以行使任意解除权,主要是基于委托合同双方当事人存在人身信赖关系,一旦这种信赖关系破裂,合同便没有存续的必要,应允许当事人行使任意解除权。但是,在诸如本案这种商事委托合同的缔结过程中,双方法定代表人或者代理人之间是否存在人身信赖关系往往并非是委托人选择受托人的主要考量因素,其更多的是关注受托人的商誉及经营能力。同时,受托人为完成委托事务通常要投入大量的人力和物力来开拓市场、联系客户等,为了防止对方行使任意解除权带来的不确定风险,故对解除条件作出特别约定以排除任意解除权的适用,是双方当事人对合同履行风险所作出的特殊安排,体现了意思自治原则,且也不损害国家利益、社会公共利益以及第三人的合法利益。在此情况下,如仍允许委托人行使任意解除权,就会给受托人带来重大损失,且由于经营可得利益的不确定性,解除合同后受托人所能获得的损害赔偿往往与继续履行合同所能获得收益不相匹配,这一结果显然有悖公平原则。因此,鉴于商事委托合同的特殊性,当双方当事人对合同解除权的行使作出特别约定时,应当认定《合同法》第四百一十条关于任意解除权的约定已经被排除适用。至于委托人是否能够解除合同,应当依据讼争合同的约定以及《合同法》第九十四条关于法定解除权的相关规定作出判定。……"

最高院作出的(2015)民一终字第 226 号民事判决书(成都和信致远地产顾问有限责任公司与四川省南部县金利房地产开发有限公司委托合同纠纷)、江苏高院作出的(2016)苏民申 578 号民事裁定书(章某发、江某雅等与盐城天街商业管理有限公司委托合同纠纷)、广西高院作出的(2014)桂民提字第 75 号民事判决书(广西融昌置业有限公司与广西弘毅营销顾问有限公司商品房委托代理销售合同纠纷)亦持类似观点。

相反的,北京一中院作出的(2017)京 01 民终 4548 号民事判决书(陈某与李某委托合同纠纷)认为:"《合同法》第四百一十条规定:'委托人或者受托人可以随时解除委托合同。因解除合同给对方造成损失的,除不可归责于该当事人的事由以外,应当赔偿损失。'该条款赋予了委托人和受托人单方解除委托合同的法定权利。本案中,李某和陈某在《股权转让协议书》第 8 条第 5 款约定,李某将股东权及经营、管理权全部授权交给陈某,且'不得单方撤销'。就'不得单方撤销'的约定能否限制当事人行使法定的解除委托合同的权利,本院认为,'不可撤销'确为双方当事人对不得解除委托所作的特别约定,但在委托合同关系中,并不因当事人预先对权利行使作出限制而随即产生丧失单方解除权的法律后果。"

值得探讨的是,北京一中院的判决中,对委托权利属于财产权还是人身权的属性作了区分,并根据不同的类型,认定财产权类型的委托可以适用"不可撤销"的约定,而对于涉及人身权的委托,则基于法定不能适用"不可撤销"。仍待解决的问题是,某一项权利既有财产属性,又有部分人身或者社员属性,则如何在适用中作出具体划分?

## 第十节 夫妻共同债务

—— 夫妻本是同林鸟,大难临头各自飞

2019 年,备受关注的"小马奔腾公司夫妻共债案"作出二审判决,北京高院驳回小马奔腾创始人李某遗孀金某的上诉请求,维持一审判决。这意味着金某需为亡夫李某因对赌协议形成的 2 亿元债务承担清偿责任。

2021 年 7 月 31 日,金某收到了最高院的民事裁定书,其再审申请被驳回。最高院作出的(2020)最高法民申 2195 号民事裁定书[金某与建银文化产业股权投资基金(天津)有限公司合同纠纷]认为:"关于案涉债务是否用于夫妻共同生产经营的问题。小马奔腾公司的前身新雷明顿公司设立于 2007 年,金某既是法定代表人,又是股东。此后,金某深度参与了该公司的一系列生产经营和投资行为。对此,二审判决在查明的一系列事实基础上已予以充分论述。2014 年 1 月 27 日,小马奔腾公司的法定代表人变更为金某,其在股东大会上的简历载明:'1995 年开始,作为新雷明顿和小马奔腾公司创始人之一,早期参与公司的创建和经营,后作为李某董事长的智囊,为决策献计献策'。金某亦通过另案诉讼确认了包括公司股权在内的所有经营收益为夫妻共同财产。二审判决综合全部案件情况,认定案涉债务为夫妻共同债务,并无不当。"

在该案审理期间,不论是《最高人民法院关于审理涉及夫妻债务纠纷案件适用法律有关问题的解释》,还是吸收了前述司法解释的《民法典》,以及新的《民法典婚姻家庭编解释一》对夫妻共同债务的认定,较之原《婚姻法解释二》第 24 条的规定,均有了较大变化。

从梳理结果来看,大多数投资人均较为明智地参照了前述《民法典》和司法解释的规定,采取了不同程度的措施确保属于夫妻共同债务,具体措施大体包括:

（1）要求配偶在相关对赌协议文本中以当事人身份签署，承担约定的业绩补偿或者回购义务，完成了"共债共签"的基本要求；

（2）在前述协议之外再用额外"承诺函"，以大写、黑体、加粗、单独抄写、录音录像等方式避免落入格式条款相关不利因素；

（3）还有些同时要求配偶一方作为保证人额外进一步签署《保证协议》的"双保险"。

尚存争议的是，对于没有完成前述手续的交易，配偶一方是否应当承担责任。参照前述法律和司法解释的规定，一般按照如下标准进行判断：

（1）关于债务用于"夫妻共同生活"。对赌协议产生债务的原法律行为若是对目标公司的增资，则资金用途显然不属于"夫妻共同生活"。对赌协议产生债务的原法律行为若是股权转让，股权转让所得资金用于夫妻共同生活（比如买房、买车、子女教育等），则应当视为夫妻共同财产。此种情况下，若股权转让所得资金当真用于夫妻共同生活，该资金使用情况不是公开信息，作为原告的投资人一般是无法获得具体用途的，无法举证的；但是同理，如果实际上没有用于夫妻共同生活，作为未签署股权转让协议，也没有使用股权转让款的夫妻中的另一方也很难举证说明股权转让所得的具体用途。

（2）关于债务用于"共同经营"。对赌协议产生债务的原法律行为若是对目标公司的增资，则相关的资金进入目标公司，可以判断没有用于夫妻共同生活，而是用于目标公司经营。对赌协议产生债务的原法律行为是股权转让的，其股权转让款也可能用于公司经营。只要是用于公司经营的，核心的难点是该公司的经营行为是否属于"夫妻共同经营"，这也是对赌协议夫妻共债案件中较为常见的争议焦点。一般来说，没有签署对赌协议的配偶如果在公司担任了重要职务，或者有证据证明其参与目标公司的经营，则极可能被认定为参与共同经营。但在个案中，仍需要法院结合证据情况综合判定。而且，即使是同样的证据，不同法院也可能就是否"共同经营"得出不同的结论。

（3）关于夫妻"双方共同意思表示"。司法实践中认定夫妻"双方共同意思表示"，不单单是夫妻双方共同参与签署的协议的"共同意思表示"，夫妻一方签署，另一方知悉或者应当知悉的，有时候也会被视为"共同意思表示"。比如，夫妻双方均为公司股东，或者未参与签署的一方在公司担任重要职务，就增资或股权转让行为参加过共同决策等，即视为"共同意思表示"。

按照以上标准，认定为共同债务的案例有：

最高院作出的（2021）最高法民终 959 号民事判决书（蒋某与厦门信达物联科技有限公司等股权转让纠纷）认为："首先，蒋某与李某义于 1997 年 11 月 3 日登记结婚，2017 年 7 月 17 日协议离婚。安尼公司成立于 2007 年 10 月 18 日，该公司股权结构多次变更，李某义、蒋某及蒋某 100% 持股的香港安普威视科技有限公司多次持有 90% 以上乃至 100% 股权。《股权转让及增资协议》签订于 2015 年 1 月 30 日，此时李某义持有安尼公司 88.57% 股权。《股权转让及增资协议》附件表明，李某义和蒋某同为安尼公司关键员工，李某义为总裁，分管研发部（技术部）、市场部、海外部及国内销售部；蒋某为海外部总经理，全面负责海外市场推广及拓展规划，带领海外销售团队完成销售目标任务。蒋某于 2017 年 7 月底从安尼公司辞职，其自认香港安普威视科技有限公司与安尼公司有过代收海外款项业务往来。案涉债务是基于《股权转让及增资协议》产生，在蒋某从安尼公司辞职前，公司业绩一直未达到《股权转让及增资协议》约定的承诺利润，补偿条件已经成就。据此，一审判决认定蒋某参与了安尼公司的共同经营，案涉债务属于李某义、蒋某夫妻共同经营所负债务，并无不当。其次，蒋某于 2014 年 10 月 16 日出具的《确认和承诺》表明，其对李某义与信达公司于同日签署《关于深圳市安尼数字技术有限公司股权收购及增资意向协议》知情，且同意李某义签署、遵守和履行意向协议。该意向协议约定信达公司拟通过对安尼公司受让股权及增资的方式，收购安尼公司 51% 股权。《股权转让及增资协议》基于该意向协议签订，此后安尼公司股权、决策机构、法定代表人乃至盈亏状况等均发生重大变化，结合前述蒋某参与安尼公司经营且系公司关键员工等情形，一审判决认定蒋某对《股权转让及增资协议》应当知情，亦无不当。蒋某辩称其不知道《股权转让及增资协议》内容，不符合常理。最后，《股权转让及增资协议》合法有效，信达公司依据该协议对安尼公司进行投资，并如约向李某义转账 500 万元、实缴货币出资 3061 万元、向监管账户转账共计5650 万元。李某义、蒋某均属于该投资的受益人，而案涉债务的产生在于李某义未能按约实现承诺利润。蒋某关于案涉债务为纯负担债务、不存在认定为夫妻共同债务前提条件的主张，缺乏依据。任何商业经营行为均存在风险，李某义最终是否获利并不影响《股权转让及增资协议》的投资性质及各方权利义务，亦不能成为蒋某的免责理由。"

最高院作出的（2021）最高法民申 4323 号民事裁定书（郑某爱与广州霍利投资管理企业股权转让纠纷）亦认为："首先，在本案中，许某旗取得夜光达公司股权时处于与郑某爱的婚姻关系存续期间，该股权应认定为夫妻共同财产。原审认定案涉夜光达公司股份属于夫妻共同财产，并无不当。其次，郑某爱在婚姻关系存续期间亦曾任夜光达公司股东，后虽将股权转让至许某旗一人投资的夜光达科技（香港）投资有限公司，但陆续担任夜光达公司监事、监事会主席及财务副总等核心要职。许某旗则陆续为夜光达公司的唯一股东、控股股东，作为公司的法定代表人，任公司董事及经理。据此，夜光达公司系许某旗、郑某爱二人分工协力，共同经营的企业，因经营或任职夜光达公司所获得的收入亦应属于夫妻共同财产。再次，许某旗、夜光达公司与霍利企业签订的《股份转让协议》、许某旗与霍利企业签订的《福建夜光达科技股份有限公司股份转让协议之补充协议》中明确约定，许某旗将案涉股权转让给霍利企业，如夜光达公司未能在 2017 年 12 月 31 日前完成中国 A 股 IPO 上市申报或未能在 2020 年 12 月 31 日前完成中国 A 股 IPO 上市，则霍利企业有权向许某旗转让其在本次转让取得的夜光达公司全部或部分股份，许某旗必须予以购入，回购或转让的价款的支付时间为收到霍利企业通知后1个月内。案涉协议约定许某旗负有回购股权的义务,这同时也是霍利企业购买股权投资夜光达公司的条件,可见案涉协议的签订系出于经营夜光达公司的商业目的,因此产生的回购股权债务应属于公司生产经营所负债务。

"此外,2017年8月26日,夜光达公司召开第一届监事会第四次会议,郑某爱作为监事会主席进行主持,会议对夜光达公司《2017年半年度报告》进行审议并表决通过。郑某爱对夜光达公司2017年4月17日签订案涉协议及2017年8月4日收到霍利企业支付的股权转让款应系明知并且同意。据此,签订案涉协议应系许某旗、郑某爱因经营公司所作出的共同决策,案涉债务的负担具有夫妻共同意思表示。

"综上,案涉债务用于许某旗、郑某爱二人共同生产经营,且有证据证明具有二人共同意思表示,应认定为夫妻共同债务。夜光达公司股权属于夫妻共同财产,夜光达公司亦系许某旗、郑某爱共同经营,无论商业经营行为的最终结果系盈利或亏损,后果均应及于郑某爱。原审认定郑某爱长期与许某旗共同经营夜光达公司,案涉债务应当认定为夫妻共同债务,并无不当。"

北京高院作出的(2019)京民终252号民事判决书(陆某芸等与北京四方继保自动化股份有限公司合同纠纷)也认为:"方某与陆某芸系夫妻关系,方某是泓申公司原持股52.55%、增资后持股36.79%的股东,陆某芸是泓申公司董事、行政财务总监,也是核心经营团队即泓申公司股东上海泓丽锴宁投资合伙企业(有限合伙)的6位成员之一;作为公司的高级管理人员及核心经营团队成员,陆某芸参与了《增资协议》的订立和履行;在《增资协议》附件中,陆某芸作为方某的配偶,明确其对《增资协议》条款的含义及相应的法律后果已全部通晓并充分理解;陆某芸在知悉方某表示其将以夫妻名下财产履行相应合同义务的邮件内容后未表异议并将该邮件转发给四方继保公司相关人员。根据《最高人民法院关于审理涉及夫妻债务纠纷案件适用法律有关问题的解释》第三条'夫妻一方在婚姻关系存续期间以个人名义超出家庭日常生活需要所负的债务,债权人以属于夫妻共同债务为由主张权利的,人民法院不予支持,但债权人能够证明该债务用于夫妻共同生活、共同生产经营或者基于夫妻双方共同意思表示的除外'的规定,前述情况属于夫妻共同生产经营以及夫妻双方共同意思表示的应当认定为夫妻共同债务的情形,故一审判决认定方某对四方继保公司所负的业绩补偿款及利息属于夫妻共同债务,陆某芸应当对方某需要向四方继保公司支付的业绩补偿款及利息承担共同清偿责任正确,本院予以确认。"

当然亦有相反案例,主要是看原告有无提交证据证明对赌之债为夫妻双方的共同意思表示、共同经营或共同生活的行为。

最高院作出的(2018)最高法民终 202 号民事判决书(朱某中与河南义腾新能源科技有限公司合同纠纷)认为:"本案中,杨某霞未在《债务偿还合同》及其补充协议上签字,温某斌亦未提交其他证据证明案涉债务系基于杨某霞与朱某中的共同意思表示;而温某斌提交的义腾公司工商登记信息仅显示杨某霞持股的苏州德继企业管理中心(有限合伙)亦为义腾公司股东,但该持股关系不能说明案涉债务用于杨某霞与朱某中的共同经营活动。在温某斌未尽到充分举证责任的情况下,其主张杨某霞对朱某中的债务承担连带清偿责任,理据不足,不能成立。杨某霞提出的该项上诉主张,本院予以支持。一审判决作出时,前述司法解释①尚未实施,故一审适用《最高人民法院关于适用〈中华人民共和国婚姻法〉若干问题的解释(二)》第二十四条的规定认定杨某霞应当承担连带清偿责任,不属于适用法律错误。但在前述司法解释实施后,本案应适用该解释的规定,故本院对一审判决的该项处理结果予以纠正。"

湖南高院作出的(2021)湘民终 307 号民事判决书[刘某群、谢某

---

① 即《最高人民法院关于审理涉及夫妻债务纠纷案件适用法律有关问题的解释》(已失效)。

与湖南三泽生物医药创业投资企业(有限合伙)合同纠纷]则作了更为详细的阐述,说理部分堪称类似案件的典范:"首先,本案所涉增资扩股协议及两份补充协议,均无谢某签字认可,亦无证据证明谢某对该债务事后追认,故不能认定'对赌协议'系谢某与刘某群的共同意思表示。

"其次,对于涉案'对赌'债务是否用于夫妻共同生活。本案二审庭审中,湖南希尔公司管理人当庭认可三泽医药企业、三泽投资中心的3000万元投资款已投入湖南希尔公司,且刘某群并未从希尔公司转走该笔资金。关于三泽医药企业支付给刘某群个人的200万元股权转让款,从查明的事实来看,该200万元在三泽医药企业转给刘某群之后,刘某群又转借给了湖南希尔公司。从上述事实可以看出,'对赌'债务并未用于刘某群、谢某夫妻共同生活。

"再次,对涉案'对赌'债务是否用于夫妻共同生产经营。本院认为,夫妻共同生产经营主要是指夫妻双方同为股东、高管、合伙等关系共同决定生产经营事项,或者虽由一方决定但另一方进行了授权的情形,判断生产经营活动是否属于夫妻共同生产经营,要根据经营活动的性质以及夫妻双方在其中的地位作用等综合认定。本案中,现有证据并不能证明刘某群与谢某共同决定生产经营事项或谢某授权刘某群决定生产经营事项。三泽医药企业、三泽投资中心提交证据证明谢某对湖南希尔公司享有职工债权,湖南希尔公司为谢某交纳了社会保险,以此证明谢某参与了公司经营。但从本案查明的事实来看,谢某与湖南希尔公司并未有劳动合同关系,刘某群陈述因谢某生二胎被单位开除,故将其社保挂靠在湖南希尔公司,结合湖南希尔公司管理人发现谢某与湖南希尔公司之间没有劳动关系,也没有实际工作,停止发放工资的事实,虽然谢某名义上通过湖南希尔公司交纳过社保,但与湖南希尔公司之间并不具有劳动关系,其本人也未实际领取工资,故不能认定谢某系湖南希尔公司员工。即使谢某为湖南希尔公司员工,其并非股东或生产经营决策人,根据其在公司中所处的地位和作用,也难以认定其与刘某群共同经营湖南希尔公司。

"关于谢某以其名下房产为湖南希尔公司向金融机构贷款设定抵押,能否视为夫妻共同生产经营。湖南希尔公司作为有多名股东的有限责任公司,谢某既不是股东,也不是公司高级管理人员,没有经营管理公司的行为表现。谢某在夫妻关系存续期间以登记在个人名下但应视为夫妻共同财产的房产为其夫担任大股东的公司贷款提供抵押担保,具有现实合理性,不违反人伦常情。在贷款实践中,商业银行也常常要求公司股东用个人或家庭财产提供担保,此为银行确保贷款安全的措施。提供担保的一方往往是基于亲情、友情等特殊关系自愿为另一方提供帮助支持。若只要一方为另一方提供担保,就一律视为双方在共同生产经营,既与实践中的客观情况不符,违背当事人的真实意思,也缺乏法律依据。故不能以此反推谢某与刘某群共同经营管理公司。

"另外,上述司法解释第三条'债权人能够证明该债务用于夫妻共同生活、共同生产经营或者基于夫妻双方共同意思表示的除外'的规定,限定了债权人主张权利的范围,必须限于未举债配偶一方因'该债务'获得财产利益或基于共同意思表示,方能成立夫妻共同债务,而不能随意作扩大解释,将夫妻一方并非因'该债务'获得财产利益的情形也作为夫妻共同债务。即三泽医药企业、三泽投资中心须以谢某因涉案债务直接受益为由主张其承担相应责任。且根据该条解释关于债权人负举证责任以及民事诉讼法司法解释关于证明标准的规定,三泽医药企业、三泽投资中心所举证据证明谢某从该债务中直接获得了财产利益,须达到高度可能性程度,方能认定相关事实,而不能仅以刘某群经营湖南希尔公司所产生的收益可能用于夫妻共同生活,就认为应由谢某对案涉巨额股权回购债务承担连带责任。否则,有违司法解释本意及证明标准的规定。根据公示的工商登记信息,湖南希尔公司成立于1996年11月,股东和注册资本不断增加,在三泽医药企业、三泽投资中心增资入股该公司多年前,刘某群就已经是该公司股东,经营公司多年。三泽医药企业、三泽投资中心提交的证据并不能确切证明，刘某群与谢某家庭财产的购置、子女教育的支出就是来源于三泽医药企业、三泽投资中心对湖南希尔公司的增资款，而不是来源于刘某群此前经营公司的收益。

"对于举债获益问题，目前司法实践中一般掌握的是，如果未举债配偶一方已经基于'该债务'受益，则可认定为夫妻共同债务。此系基于权利义务一致原则的考量，即未举债一方从'该债务'中享受了权利，亦应承担相应义务，司法实践的处理与该司法解释的精神一致，都是强调指向'该债务'。在实际生活中，夫妻一方有投资经营的情况下，基于婚后法定夫妻共同财产制，配偶一方将另一方婚后取得的收入用于夫妻共同生活，并不违反婚姻法的规定，这也是婚姻家庭生活的常态。但由于生产经营风险巨大，如果未举债配偶一方并未从'该债务'直接受益或只有较少受益而让其负担巨额债务，并不符合权利义务一致原则，而且可能导致夫妻一方婚后取得的收入在法律上虽为夫妻共同财产，但却不能用于夫妻共同生活，另一方一旦使用就可能背负巨额债务的结果。这既不符合当时婚姻法的立法本意，也不符合最高人民法院关于夫妻共债司法解释的精神。若不区分情形，一概让未举债配偶承担责任，则相关司法解释规定就失去意义。本案中，在三泽医药企业、三泽投资中心的3000万元投资款已全部投入湖南希尔公司，刘某群所得200万元股权转让款亦借给公司使用，谢某并未因该两笔资金获利的情况下，三泽医药企业、三泽投资中心关于案涉股权回购款系刘某群、谢某夫妻共同债务，主张谢某应对刘某群案涉债务承担连带清偿责任的诉讼请求，没有事实和法律依据，本院不予支持。一审判决对该事实的认定和适用法律均有错误，本院予以纠正。"

## 第十一节　为上市/挂牌出具不存在对赌承诺函及其后果
### ——承诺终止的对赌能否恢复

　　如本书后继监管部分的讨论,存在"对赌"协议的企业拟申请上市的,为解决监管部门的要求,曾经存在较为通用的一类处理意见:签署"对赌"协议的投资者向监管部门、保荐商或者中介机构出具使"对赌条款"失效的"承诺函"。承诺内容一般如下:"本企业同意:自本企业首次向证监会或者交易所递交《首次公开发行申请》之日起,本企业如与被投资企业之间存在对赌条款,该对赌条款自动终止。"但是,部分机构投资者作为企业股东,为保护自己的特殊权利,往往也会与被投资企业签订一个"抽屉协议",约定:"如被投资企业未能按照约定完成合格上市(包括不限于上市申请或注册程序被中国证监会或者证券交易所驳回/否决、失效、终止、未通过审核,或上市的批文失效、被撤销注册,或其他表明公司未能完成上市的事件发生),则'对赌条款'自上述事项发生或被触发之日起自动恢复执行,并视为自始有效。"

　　采取以上操作途径成功上市的案例包括铂力特(688333)、拓斯达(300607)、中持股份(603903)、康隆达(603665)等。值得注意的是,近期,出于对赌协议的效力和履行,特别是附带恢复条款的协议,可能影响会计师对金融负债和权益工具的划分判断,进而可能直接影响发行人损益及相关财务指标的考虑,监管部门在对待对赌协议效力的问题上,又有了新的窗口意见,不仅不接受附带恢复条款的解除协议,还进一步要求相关解除对赌协议"自始无效",下文将对此详细分析。

　　虽然监管部门的态度发生了变化,但鉴于在这之前交易结构已经定型的案例大量存在且可能存在纠纷,此处需要讨论的问题是,此类承诺函在诉讼/仲裁角度,可能会带来何等后果?

　　经过检索可知,部分法院认为承诺系当事人之间真实意思表示,并不违反法律、法规的强制性规定,相关对赌协议已经解除。如上海嘉定法院作出的(2018)沪0114民初18282号民事判决书(江苏吉山高新技术股份有限公司与上海家联投资中心、蔡某有等公司增资纠纷)认为:"本院认为,本案原告现诉请要求两被告回购股份的依据在于2015年12月1日签订的《补充协议》,各被告则认为该《补充协议》仅为2015年12月1日《增资协议》的补充,而非之后两份《增资协议》的补充,且原告嗣后在证券公司的调查中明确表示其所要求回购之股份不存在对赌安排,更是印证了各方已经变更、终止回购有关的条款。本院认为,根据《补充协议》第3.4条,双方明确约定因标的公司在新三板挂牌或首次公开发行股票的需要,原告有义务配合签署补充协议或终止协议,以变更或终止补充协议项下与股权回购相关的条款。2016年7月10日,因被告三新三板挂牌,原告已经在《关于股份不存在转让限制等情况说明》中明确其持有的被告三股份不存在其他潜在协议安排。在东吴证券股份有限公司项目小组的回复中更是明确称访谈了原告的执行事务合伙人张某亦调取了原告增资时与公司签订的增资协议,在此情况下核查结论显示原告与公司不存在对赌或一票否决、优先清算等特殊安排。本院认为,上述《补充协议》的第3.4条、情况说明以及回复已可以形成证据链证明原告与回购义务方已经终止了原《补充协议》中有关股份回购之条款。故原告现依据该《补充协议》诉请被告承担回购责任缺乏事实依据,本院不予支持。本院也注意到原告称该情况说明上原告的公章加盖位置与其他股东盖章或签字不一致,但这并不能由此得出该情况说明系由被告拿了原告盖过章的空白纸另行制作的结论。综上,原告之诉请,因缺乏事实依据,本院不予支持。"

广东广州中院作出的(2021)粤01民终1413号民事判决书(河南同泰资产管理有限公司与广州狼旗网络科技股份有限公司公司增资纠纷)认为:"同泰公司主张依据2015年5月《增资扩股协议》《补充协议》请求黄某回购其持有的狼旗网络的股权。黄某、狼旗网络抗辩同泰公司、黄某、狼旗网络及公司其他股东之间已于2015年12月签订了

《〈增资扩股协议书〉补充协议》并约定解除了业绩承诺及股份回购条款。从证据的审查认定上看，狼旗网络及黄某虽然未能提供该份补充协议的原件，但根据2016年2月23日广东华商律师事务所所出具的《关于广州狼旗网络科技股份有限公司申请股票进入全国中小企业股份转让系统挂牌的补充法律意见书》中可知，狼旗网络公司在引入机构投资者时曾对是否存在对赌情形和其他投资安排进行尽职调查，该法律意见书确认，截至该法律意见书出具之日，同泰公司与狼旗网络、黄某之间的业绩承诺和对赌事项已终止，双方不存在业绩对赌、上市对赌及股权回购的情形和潜在风险。该法律意见书挂牌后一直存在股转系统，这是关乎同泰公司重大权益的文件，同泰公司至起诉前一直没有提出异议。此外，从2016年7月《广州狼旗网络科技股份有限公司公开转让说明书(申报稿)》中第11条'根据广州科创投、广州润都、上海殷商、广州司浦林、河南同泰分别与公司其他股东签订的《增资扩股协议书之补充协议》，约定了业绩对赌及股权回购的条款，存在影响公司股权结构稳定性的风险，为解除风险，2015年12月，上述合同各方分别签订了《〈增资扩股协议书〉补充协议》，约定解除上述业绩对赌及股权回购的条款。截至本公开转让说明书签署之日，公司股东之间不存在业绩对赌及股权回购的情形'以及狼旗文化挂牌前，同泰公司出具的《承诺函》，同泰公司自行盖章确认与狼旗网络、黄某之间不存在业绩对赌和股权回购的安排等一系列证据可以确认同泰公司与黄某之间已于2015年12月签订协议解除业绩对赌和股权回购条款的事实，同泰公司无权再依据《增资扩股协议》和《增资扩股协议书之补充协议》要求狼旗公司回购其持有的股权。"

但亦有法院有不同观点，认为承诺并不能解除或终止对赌协议的履行，其观点主要有。

(1)基于合同相对性，第三方中介法律意见书或者被投资企业向中介机构、监管部门发出的承诺，对合同当事人不发生效力。

(2)相关承诺出具的背景均只为上市或挂牌的监管要求，不足以体现当事人解除合同的真实意思表示,投资人的合同目的对于投资人而言为获益退出(通过 IPO、并购、回购等方式),目标公司和原始股东对此明知。如果上市失败并且剥夺投资人要求回购的权利,则会导致权利义务的严重失衡,也违背了合同目的。

(3)当事人在协议中明确约定变更或解除对赌协议必须通过书面方式,或出具承诺后一方当事人仍积极主张合同权益,并非放弃。

最高院作出的(2019)最高法民申 5691 号民事裁定书(山东宏力艾尼维尔环境科技集团有限公司与天津普凯天吉股权投资基金合伙企业等公司增资纠纷)认为:"权利的放弃应予明示,除非有法律的特别规定或者当事人有特别约定。本案中,当事人在《补充协议》中明确约定,协议修改、变更事项在各方签署书面协议后方可生效。普凯天吉、普凯天祥、宏力集团和宏力热泵之间并未就变更或解除《补充协议》签订书面协议。而且,从 2014 年 12 月 23 日、2015 年 3 月 3 日、2015 年 11 月 2 日普凯天吉、普凯天祥委托普凯股权投资管理(上海)有限公司向宏力集团发出的催告函件以及 2015 年 5 月 4 日普凯天吉、普凯天祥出具的《山东宏力热泵能源股份有限公司股东承诺函》、2015 年 5 月 18 日宏力热泵作出的《公开转让说明》第 43 页中的声明承诺等均可以看出,普凯天吉、普凯天祥不但未明示放弃要求宏力集团收购其股权的权利,反而一直在主张回购权利。尽管普凯天吉、普凯天祥同意宏力热泵 2014 年 6 月 19 日的股东会决议、配合宏力热泵申请新三板上市相关工作以及收取了分红,但上述行为只表明其同意宏力热泵申请新三板上市,并不足以证明其放弃要求宏力集团按照《补充协议》的约定条件收购其股权的权利。二审判决认定普凯天吉、普凯天祥未放弃《补充协议》约定的回购权利,并无不当。宏力集团的该项再审申请理由不能成立,本院不予支持。"

在前述案例的关联案例中,广东广州中院作出了不同的认定,其作出的(2020)粤 01 民终 9783 号民事判决书(黄某与珠海欧比特宇航科技股份有限公司合同纠纷)认为:"本院认为,第一,2015 年 12 月 9

日,狼旗公司的工作人员罗某向欧比特公司的副总经理颜某宇发送主题为'终止协议说明函'的电子邮件,并附《终止协议》的空白文本,仅是狼旗公司单方提出的终止《投资协议》中的对赌条款的想法,黄某未提供证据证实欧比特公司对该份邮件进行回复,也不能证实欧比特公司已签署《终止协议(欧比特1500万)》。第二,2016年7月,第一创业证券股份有限公司出具《广州狼旗网络科技股份有限公司公开转让说明书(申报稿)》,是狼旗公司推荐主办券商以第三方中介机构名义编制的公开转让说明书,在该说明书中颜某宇是以狼旗公司董事身份在该说明书第五节的董事签名处签名确认。而且该说明书记载的是解除原股东与后引入的其他投资者之间的涉及业绩对赌及股权回购的条款,并未涉及黄某与欧比特公司之间通过《承诺》约定的业绩承诺及股权回购。第三,2016年2月23日,广东华商律师事务所出具《广东华商律师事务所关于广州狼旗网络科技股份有限公司申请股票进入全国中小企业股份转让系统挂牌的补充法律意见书(一)》,只是狼旗公司委托的第三方中介机构出具给公司的法律意见,其所记载的内容不能达到解除欧比特公司、黄某之间《承诺》的法律效果。第四,2018年1月4日,黄某通过微信向欧比特公司原法定代表人颜某发送《告股东书二》,其内容载明,黄某想以创始人的身份通过自行筹集资金来回购股东(投资人)持有的全部股份,希望回购的价格是当初投资本金,颜某回应'按现在公司市值,我们可以和平退出!其他方式,我们上市公司没法配合!',此处的和平退出,显然是指按《承诺》约定方式退出。颜某回应并不能表明欧比特公司已确认双方之间不存在对赌协议。第五,黄某提供一份名为《广州狼旗网络科技股份有限公司股东持股情况声明》的扫描文件,并无原件,欧比特公司对该份证据的真实性、合法性不予确认。而且该情况声明并无欧比特公司解除或放弃黄某作出的股权回购承诺的内容,不能证明欧比特公司确认欧比特公司、黄某之间无业绩承诺及对赌协议。第六,2019年4月,黄某签署的《关于广州狼旗网络科技股份有限公司经营情况说明》,虽在发送时注明'仅用于配合贵司欧比特的年度审计,不是业绩承诺或股份回购承诺',但并不能否认黄某之前出具《承诺》的事实,且黄某在情况说明中确认其本人名下有超过价值人民币 1500 万元以上的资产,足以覆盖欧比特公司的前期投资金额,也说明黄某当时对存在对赌协议及其负有股权回购义务仍是认可的。第七,本案一审立案后,黄某召集狼旗公司部分股东的工作人员召开微信会议,向与会各方披露本案诉讼情况,并要求各股东确认狼旗公司在挂牌新三板时该公司和股东之间、公司的实际控制人与股东之间的业绩承诺及回购约定均全部予以解除。部分与会人员签署了《会议纪要》,但其他股东并无权代表欧比特公司确认对赌协议的解除事项。综上,《承诺》不存在已协商一致解除的情形。"

"对黄某庭后提交的调查取证申请,本院经审查认为,黄某所申请调取的材料,是狼旗公司申请股票进入全国中小企业股份转让系统挂牌的申报材料及工作底稿,而本案诉争的《承诺》是否解除,应审查欧比特公司、黄某之间是否达成解除《承诺》的合意,若公司为上市目的向中介机构、监管部门作出某些承诺,并非合同一方向合同相对人作出,也不产生变更合同双方即欧比特公司、黄某之间权利义务关系的法律后果,黄某所申请调取的材料与本案处理并无关联,根据《最高人民法院关于适用〈中华人民共和国民事诉讼法〉的解释》第九十五条的规定,本院对该申请不予准许。"

江苏南通中院作出的(2021)苏 06 民终 783 号民事判决书(徐某宁与南通三建控股有限公司、江苏南通三建集团股份有限公司股权转让纠纷)则在持类似观点的基础上,更进一步提出监管制度或要求与公众利益之间并无必然关系,不能以此主张合同无效:"但是对赌条款的披露涉及的是投资者利益保障及社会公众监督,系属证券监管机构对公司规范发行及运作的监督管理范畴,与回购条款本身的效力并无必然关联。只要协议不违反公司法相关规定,不涉及公司资产减少,不构成抽逃公司资本,不影响债权人利益,亦不存在合同法第五十二条规定的无效情形,即应认定合法有效。需要指出的是,对赌协议各方主体理应知晓非上市公众公司关于信息披露的监管规定,却仍选择隐瞒对赌协议的存在并作出虚假的信息披露,违反了监督管理制度,但三建控股公司据此主张协议无效,缺乏法律依据,本院不予支持。综上,《股份认购补充协议》应认定为合法有效。同时,案涉《股权转让协议》《股权转让补充协议》系《股份认购补充协议》的衍生协议,是各方真实意思表示,且不违反法律、行政法规强制性、禁止性规定,亦应合法有效,各方应全面、及时地履行合同义务。"

关于未能成功上市/挂牌后的恢复对赌协议履行的问题,辽宁沈阳中院作出的(2020)辽01民申305号民事裁定书(白某与南通建华创业投资合伙企业合伙协议纠纷)认为:"被申请人在增资协议及补充协议签订后虽出具了不存对赌、回购约定的声明,但公司并未实现首次公开发行上市,按照补充协议的约定,协议中第六条、第八条关于回购、业绩承诺与补偿等相关条款仍然有效,原审法院根据协议约定内容作出相应判决并无不当,故对申请人的请求不予支持。"

与前述"明股实债"问题类似,监管意见和制度固然不符合法律、行政法规的层级要求,但结合《九民纪要》的相关精神,以及上市公司公众企业的特殊属性,是否可能构成违反公序良俗而导致合同无效?

北京二中院作出的(2015)二中民(商)终字第12699号民事判决书[北京碧海舟腐蚀防护工业股份有限公司等与天津雷石信锐股权投资合伙企业(有限合伙)股权转让纠纷]维持一审法院判决,一审法院对此作出了回应:"如果被投资企业成功上市,则此前的回购约定自然失效;如果被投资企业已经终止上市或失去上市的可能性,已不再可能成为公众企业。此时恢复对赌条款的效力不会涉及社会不特定公众的利益,也不会影响金融监管机构对金融市场的管理。因此,也不构成损害公序良俗而导致合同无效的情形。"

另外,从法理而言,《民法典》第153条第2款所规定的"公序良俗"原则本身较为抽象,就"对赌"可能涉及的领域,一般只有认为严重违反金融和证券市场秩序,且可能造成重大混乱和破坏的情况下方可适用,笔者倾向认定不轻易否定效力。

## 第十二节 退出目标公司后是否继续承担对赌义务
### ——如何避免成为最惨创业者

2020年,一篇名为《中国最惨创业者:3年前我被投资人赶出公司,3年后公司没上市说让我赔3800万!》的文章引发热议。该文作者郭某讲述了自己从开始创业、被合伙人联合投资人踢出局以及在出局5年后,他却因为当年的对赌协议背上了3800万元债务的经历。

基于对作者遭遇的同情,文章引发了投资界的热议,一度引发对"对赌"条款的激烈批评和抨击,认为"对赌"对创业者过于苛刻,在个人破产制度尚未全面推进的情况下,可能导致创业者背负巨额债务无力翻盘,且容易造成投资者和创业者之间的对立,不利于投资领域的健康发展。

回到本书的主题来看,该案经过了浙江杭州上城法院和杭州中院的一、二审,并且在2021年1月被浙江高院裁定再审且由浙江高院提审[(2020)浙民申3651号],且再审期间,中止原判决的执行。浙江高院于2021年3月、4月二次开庭,虽然截至本书成稿之日尚无再审案的其他文书,但杭州科发创业投资合伙企业(有限合伙)的公开信息显示,杭州上城法院作出的(2021)浙0102执恢110号裁定书已恢复对郭某、于某远的执行,2023年5月19日,郭某所持有的温州有道创业投资合伙企业(有限合伙)4900万元份额被冻结。

浙江杭州上城法院作出的(2018)浙0102民初6986号民事判决书(杭州科发创业投资合伙企业与于某远、郭某合同纠纷)查明的事实如下:

2013年12月18日,杭州科发创业投资合伙企业(有限合伙)("投资人")以投资1300万元入股杭州雷龙网络技术有限公司("公司"),其中 11.1111 万元作为注册资本,剩余 1288.8889 万元计入资本公积,占注册资本的 10%。

2014 年 3 月 5 日,于某远、郭某("创始人"),投资人,公司,杭州雷联科技有限公司、张某("小股东")签订《关于杭州雷龙网络技术有限公司股权转让协议》,约定于某远将其持有的公司 7.5% 股权转让给投资人,郭某将其持有的公司 2.5% 股权转让给投资人,投资人同意受让上述合计 10% 股权。

2013 年 12 月 24 日及 2014 年 3 月 12 日,投资人分别向公司账户付款 1300 万元。庭审中,两被告确认已各自收到投资人通过公司转付的股权转让款。

创始人与投资人约定,如果发生如下任何一种情况,乙方有权(并非义务)要求于某远、郭某回购乙方所持有的全部公司股份:

(a)公司 2014 年度实际净利润低于本补充协议 1.1 条所述承诺目标 60% 的。(b)公司在 2017 年 12 月 31 日前未能成功上市,或者上市存在实质性障碍而无法上市,回购价格为 A、B 值之间的孰高者:A = 2600 万元 + 乙方对丙方所持比例 × 本次股权转让完成后的公司累计净利润 − 累计分红;B = 2600 万元 ×(1 + n * 10%) − 累计分红(其中:n = 投资年数,投资年数按照乙方实际投资天数除以 365 计算)。

2015 年 8 月 31 日,郭某将其持有的全部股权(13.96%)转让给于某远,退出公司。

2018 年 12 月 13 日,投资人向浙江杭州上城法院提起诉讼,要求创始人(包括于某远、郭某)支付股权回购款 38294794.5 元(暂算至 2018 年 12 月 3 日),以后以 2600 万元为基数,并按年利率 10% 算至实际付清之日止。

一审判决从三方面认定了郭某应该继续履行回购义务:

(1)被告郭某认为原告签订的"对赌协议"的对象应为公司的实际控制人:实践中所称是"对赌协议",是指在股权性融资协议中包含了股权回购或者现金补偿等对未来不确定因素事项进行交易的协议,从签约主体的角度看,有投资方与目标公司的股东或者实际控制人"对赌",投资方与目标公司"对赌",投资方与目标公司的股东和目标公司"对赌"等形式。审理中,原告明确涉案"对赌协议"的签订是基于被告为股东身份,被告郭某基于对协议内容的推测及案例的总结,认为"对赌协议"的对象即为公司的实际控制人缺乏事实和法律依据,该抗辩意见不予采信。

(2)被告郭某将股权转让他人后,即非公司股东是否仍承担对赌责任?本院认为"对赌协议"是国外引进的概念,是投资协议的核心组成部分,既是投资方利益的保护伞,又对融资方起着一定的激励作用,实质上是一种期权的作用。本案两被告作为目标公司的原股东自愿签订"对赌协议",当投资方入股目标公司后,目标公司原股东可以仍是股东,也可以不是,故本案"对赌协议"回购条件成就时,被告郭某作为合同一方当事人并非因其不是公司股东而免去回购义务。

(3)原告同意被告郭某持有的公司股权转让与被告于某远,是否豁免被告郭某的回购义务?本院认为涉案协议均为多方共同签订,并非涉案三方签订。根据合同法要求,双方当事人协商一致,可以变更合同,债务人将合同的义务全部或者部分转移给第三人的,应当经债权人同意。涉案合同规定如果杭州雷龙网络技术有限公司在 2017 年12 月 31 日前未能成功上市,或者上市存在实质性障碍而无法上市,原告有权(并非义务)要求被告于某远、郭某回购乙方所持有的全部公司股份。现被告郭某既未提供充分证据证明原告公司的代表豁免其回购义务,也未提交证据证明被告于某远受让郭某股份后,自愿承担郭某的回购义务,更未提供合同签约方均同意变更回购义务人的意思表示。

浙江杭州中院作出的(2019)浙 01 民终 10260 号民事判决书(郭某、于某远与杭州科发创业投资合伙企业合同纠纷)认为:"郭某主张其已非雷龙公司的实际控制人,故不应当承担股权回购义务。但根据案涉书面协议的约定,当事人在合同中一再明确了回购义务人为于某远、郭某,并未约定任何关于协议条款仅约束回购义务发生时的实际控制人的合同条款。且根据合同的相对性原则,若实际控制人发生变更,不能排除变更为并非协议签订主体的其他人的可能性,而案涉协议显然无法约束并非合同相对方的其他人,郭某的主张显然并非签约主体当时的真实意思表示。故郭某的该项主张,因缺乏事实与法律依据,本院无法采信。现案涉协议约定的回购条件已经成就,而未有证据表明科发创投已明确豁免郭某的回购义务,科发创投有权要求于某远、郭某依约履行其回购义务。"

从情理角度来讲,在股东被动退出公司经营管理的情形下,继续让其承担对赌义务,确有强人所难之嫌,这也是"最惨创业者"一文引发舆论争议的重要原因。然而,从法理而言,在没有合同约定的情况下,基于合同相对性,承担回购义务的主体,应当是相关协议的当事人,而当事人是否发生身份变动,并不影响合同效力和履行,虽然确有不合情理之处,但从法律角度而言并无问题,当然,法律效果和社会效果也应当兼顾。

与"最惨创业者"类似情况,法院裁判认为对赌责任不免除的案例还有:

广东佛山中院作出的(2019)粤06民终8810号民事判决书(刘某宁、陈某强、潘某与佛山市金融投资控股有限公司、白某、李某静、佛山市新光宏锐电源设备有限公司合同纠纷)在维持一审判决的前提下,援引一审法院的认定:"需明确的是,刘某宁、陈某强、潘某(原股东)与金控公司(投资方)签署的股权回购条款构成了对金控公司(投资方)的承诺,虽金控公司起诉前,刘某宁、陈某强、潘某已将己方持有的股份转让给白某,即刘某宁、陈某强、潘某已不是新光公司的股东,但《增资扩股协议》项下的回购义务并不因刘某宁、陈某强、潘某的股东身份变更而免除,除非其在转让股权时与股权受让方(即白某)和承诺相对方(即金控公司)达成债务转移的协议或者承诺相对方豁免了其回购义务。本案中并无证据反映刘某宁、陈某强、潘某通过合法途径将回购义务转让给白某,故刘某宁、陈某强、潘某仍应按照《增资扩股协议》之约定履行回购义务。至于白某与陈某强之间关于新光公司的经营活动及相关法律责任与陈某强无关的约定,仅是白某与陈某强之间的内部约定,不得据此对抗其与金控公司签订的《增资扩股协议》。"

而与此相反,法院裁判认为股权转让后不承担对赌义务的案例有:

山东泰安泰山法院作出的(2017)鲁0902民初1992号民事判决书(李某与泰安剑泉网络有限公司、刘某新增资本认购纠纷、买卖合同纠纷)认为:"本院认为,被告王某国已将其股权转让给其他股东,且经股东会决议通过,故其在剑泉网络的权利、义务均由其他股东承担,被告王某国不再承担剑泉网络的债权债务。因此,原告要求被告王某国承担返还投资款的诉讼请求,本院不予支持。"

由此带来的衍生问题是,在没有特别约定的情况下,如存在创始人在对赌协议期间内转让股权,受让人是否会被参考《公司法解释三》第18条的规则即"有限责任公司的股东未履行或者未全面履行出资义务即转让股权,受让人对此知道或者应当知道,公司请求该股东履行出资义务、受让人对此承担连带责任的,人民法院应予支持"进而被要求承担责任?

从检索案例来看,辽宁高院作出的(2020)辽民终1361号民事判决书(株洲兆富成长企业创业投资有限公司与武汉长盈科技投资发展有限公司合同纠纷)援引一审法院判决认为:"新余和岚中心依约支付投资款后、办理投资人变更的工商登记手续前,目标公司大连尚能公司的股权结构发生了变化,严某在其持有的部分目标公司股份转让给了案外人大连成均中心并办理了相应的工商变更手续。仅就工商登记而言,新余和岚中心登记成为目标公司大连尚能公司股东时,案外人大连成均中心已是目标公司大连尚能公司的股东。但案涉《增资扩股协议》及《补充协议》签订时,案外人大连成均中心非目标公司大连尚能公司股东,亦非前述两份协议的主体,故本案争议与案外人大连成均中心无关。"

广东广州黄埔法院作出的(2020)粤 0112 民初 2774 号民事判决书[黄埔文化(广州)股权投资有限公司与谭某华股权转让纠纷]也认为:"综上所述,《投资协议》项下互火公司持有的爱蒲公司 15% 的股权的回购义务约束的是合同签订方,即爱蒲娱乐公司原股东互火公司,除非股权受让方(即谭某华)和承诺相对方(即黄埔文化公司)达成了债务转移的协议或者承诺相对方豁免了其回购义务。本案证据不足以反映谭某华受让股权时知道且同意承担转让股权的回购义务,或者在事后作出同意承担该义务的意思追认,则该股权回购义务应由原股东互火公司承担。因此,黄埔文化公司请求谭某华承担对应的2.143% 的股权回购义务,没有事实和法律依据,本院不予支持。"

实务操作中,结合本案的情况,从创业者角度出发,可采取如下方式减少风险:

(1)在对赌协议中约定,若其失去对目标公司的控制权,则不再对投资人承担股权回购义务,或者说约定回购义务人仅限于回购条件成就时的公司实际控制人,此种情况一般还可以结合董事会席位等相关条款配套,即股东因减持转让等原因造成持股比例低于特定值(通常情况下为 5%~10%)时,不再享有推荐董事的权利,公司应当免除其原推荐董事。

(2)约定只有在创始人对触发事件的发生存在故意或重大过失的,才可以触发回购,而被动离职或股权转让等不属于故意或重大过失。

(3)约定创始人回购义务以其在公司持有的股权和资产为限(创始人存在欺诈或严重违反陈述与保证条款等情况除外)。通常情况下,除了约定补偿和回购义务上限之外,还可以约定回购或补偿义务的起算点,即创始人的相关补偿或回购义务只有在高于特定金额时才开始适用和计算。

关于补偿和回购义务的上下限问题,在本书前述篇章已经有所涉及,后继还将继续讨论。

(4)在创始人退出公司签署相关《股权转让协议》的同时,要求修改、解除对赌协议中相关补偿或回购义务,并将此作为退出公司的条件或《股权转让协议》等生效要件。

(5)在依据前述《股权转让协议》等退出公司时,要求受让方代替自己继续履行对赌义务,且要求投资人同意该等义务转让。

当然,法律分析归法律,而商业投资行为本身是一种博弈,在多数情况下投资人处于强势地位的时候,被投资企业和创始人的议价能力相对有限。实践中,初创企业的创始人通常情况下技术、销售、市场等背景较多,较少有法律、财务等专业出身的,而被投资企业从规模和发展阶段角度来看,通常也不会支持组建专业的律师(法务)、投资团队。而投资机构则刚好相反,通常情况下自身法律、财务、投资团队比较齐全和高效,因此,投资相关协议也往往采用投资人方提供,经过多轮锤炼且对其有利的版本,而创始人出于专业、经验和谈判地位的因素,能够修改的空间较小,前述对创始人的风险控制方案未必能够落地。这时一般建议"抓大放小",创始人从自身情况出发,对于核心风险和交易红线,该坚持的仍然应当坚持,必要时可以以其他让步作为交换条件。

另外,不少投资协议中会约定创始人失去公司控制权本身即为触发对赌义务的一种情形,也即是常见的"控制权变更(Change of Control)条款"。在此情况下,创始人不太可能以失去控制权作为对赌责任的抗辩理由。

还有,如投资方对公司管理、运营、财务、人事等各方面加以制约或者干扰,导致创始人无法对公司的经营管理施加影响,最终公司经营业绩不达标或者未在规定期限内上市,部分案例中法院或仲裁委减轻了创始人部分业绩补偿或回购责任,其法律根据为民法关于附条件民事法律行为中不当促成条件成就的,视为条件不成就的规则,该问题本书后继还将继续讨论。

## 第十三节　能否因经营管理权受限或丧失为由免责

### ——行使股东权利和干预经营的界限

该话题与前述话题类似,实践中,对于对赌目标无法达成的情形,被投资方常见的抗辩理由是投资方存在过错或者恶意,如干涉日常经营、随意干预人事、滥用股东权利、不当阻挠上市申报等,因此对赌未能达成的原因不在被投资方,相应的补偿或者回购责任也不应当触发,或者即便触发也应当减免责任。

从商业逻辑上来说,投资方向被投资企业派驻董事、监事、高管、财务人员,并参与被投资企业日常经营等,原则上均属于正常行使股东权利的表现,一般情况下不构成干预被投资企业日常经营、滥用股东权益等。

值得一提的是,实践中,"一票否决权"在某些场合下成了被投资人玩坏的典型,本书下文还将继续讨论。从法律角度而言,出于保护投资人自身利益考虑,对于被投资企业的重大事项,如增资、减资、分立、解散、引入投资人、修改章程、大额对外担保、借款、融资、启动/终止 IPO 等,通常情况下会安排投资人在董事会或股东会层面的"一票否决权"。

此时,从会计角度来看,这种"一票否决权"属于保护性权利而不是实质性权利存在,一般不至于影响被投资方的权力,从而不会影响合并财务报表。

从司法案例的角度来看,多数法院也认为此类"一票否决权"属于公司自治范畴,并不构成对公司经营的干涉。如江苏无锡中院作出的(2019)苏 02 民终 5352 号民事判决书(陆某昶与苏州友新资产投资管理有限公司、施某等股权转让纠纷)认为:"补充协议二中关于股东会决策事项必须经股东会 90%以上表决权股东通过的约定,系股东之间就公司内部治理的特别约定,未违反法律、行政法规的强制性规定,合法有效。牛某辉、创瑞公司主张瑞明博公司存在滥用该条款干扰公司正常经营的情形,未提供证据予以证明,且该事由并非认定条款无效的事由,故本院对牛某辉、创瑞公司的该项意见不予采纳。"

而实践中,如果投资人对日常采购、销售、小额交易、中层管理人员的招聘、任免、薪资等原本可能属于管理层权限的事项,均提升要求在股东会、董事会层面并"一票否决",则确实可能存在干涉日常经营的嫌疑。

回到经营权的话题,经过检索可知,在此类大多案例中,原告的举证责任和证明标准均较高,需要论证:

(1)投资机构存在过度干预经营行为;

(2)原股东已经丧失经营权;

(3)投资机构过度干预行为和原股东丧失经营权存在因果关系;

(4)前述丧失经营权的结果行为导致目标公司业绩下滑,未能完成对赌指标。

而实践中,能够完成上述证明责任的原告少之又少,因此大多数案件中,法院均以证据不足等理由未予支持。

北京高院作出的(2022)京民终 58 号民事判决书[北京云聚天下投资中心(有限合伙)等与科华恒盛股份有限公司股权转让纠纷]在维持一审判决的基础上,援引一审判决认为:"上述约定表明,在业绩承诺期内,天地祥云实行董事会领导下的总经理负责制,科华数据委派的董事(含董事长)均按照天地祥云章程行使权利、履行义务,不干预总经理及现有经营团队的正常经营管理活动,天地祥云管理层应充分保证科华数据推荐、董事会聘任的财务总监(财务负责人)正常履行工作职责。当事人并未约定天地祥云由总经理及现有经营团队脱离董事会独立经营管理,云聚投资、达道投资、石某提交的邮件、《警示函》及相关邮件反映科华数据人员对天地祥云有关经营项目的法律风险、项目资料、印章管理等事宜提出意见,不足以证明科华数据限制天地祥云及管理团队业务发展,严重干涉管理团队正常经营管理,更不能证明科华数据的上述行为对天地祥云业绩目标的实现构成实质性影响。云聚投资、达道投资、石某亦未提交其他证据佐证，故对云聚投资、达道投资、石某关于科华数据粗暴干涉天地祥云管理团队业务经营、实际参与控制天地祥云的经营管理的主张，一审法院不予支持。云聚投资、达道投资、石某还主张科华数据将部分天地祥云原核心管理团队成员调离原岗位，导致天地祥云总经理石某及其他核心管理人员将工作和时间精力用在云集团业务发展以及其任职单位工作，严重影响天地祥云发展和业绩完成，但云聚投资、达道投资、石某没有提交证据证明云集团系依法成立的独立于天地祥云的实体，石某对其兼任云集团执行总裁和云决策委员会副主任，以及部分天地祥云管理团队人员职务调整提出了异议，也没有提交证据证明科华数据任命天地祥云总经理石某为云集团执行总裁，将部分天地祥云原核心管理团队成员调离原岗位，与天地祥云业绩目标实现之间存在因果关系。云聚投资、达道投资、石某还主张科华数据故意在天地祥云管理团队及骨干员工制造矛盾，诋毁管理团队声誉，直接要求骨干员工与管理团队进行对抗，但云聚投资、达道投资、石某提交的电话录音没有原件，科华数据也不认可该证据的真实性，云聚投资、达道投资、石某也没有提交其他证据佐证，一审法院不予采信。云聚投资、达道投资、石某关于科华数据设立与天地祥云有竞争关系的同业公司的主张，没有证据证明，一审法院亦不予支持。综上，云聚投资、达道投资、石某主张科华数据应对业绩未完成承担主要责任，依据不足，一审法院不予支持。"

浙江杭州中院作出的（2018）浙 01 民初 4 号民事判决书（浙江天越创业投资有限公司、杭州钱江浙商创业投资合伙企业等与杭州宇天投资管理有限公司等合同纠纷）认为："其次，案涉股权收购的条件已成就。根据《投资补充协议（二）》第四条的约定，宇天科技公司至 2015 年 12 月 31 日其上市申报材料未被受理或无法实现上市目标的，权利人有权要求收购。现宇天科技公司确实未达成上述条件，宇天公司、夏某、彭某抗辩认为由于天越公司、钱江合伙企业、联创合伙企业、华睿公司在公司治理过程中存在过错,导致宇天科技公司无法上市。本院认为,根据已查明的事实,天越公司、钱江合伙企业、联创合伙企业、华睿公司完成对宇天科技公司的投资后,合计取得公司17%的股权,也派驻了董事,但根据现有有效证据,并不能证明因其参与并知晓公司的管理经营而使公司业绩下滑、无法上市,也不能就此证明其促成了《投资补充协议(二)》中约定的收购条件的成就。宇天公司、夏某、彭某的该项抗辩意见,无事实依据,本院不予采信,宇天公司、夏某、彭某、余某履行收购义务的条件已经成就。"

广东深圳中院作出的(2018)粤03民终17606号民事判决书(张某与何某股权转让纠纷)认为:"张某、何某、谢某胜主张大族公司于2016年7月12日,在张某反对的情况下,通过董事会决议,强行免除张某的职务,导致目标业绩未能实现。本院认为,《增资扩股协议》第八条第3点约定:'大族公司承诺:对于骏卓公司原有高层及中层管理人员,非因营私舞弊或严重失职行为,不会单方面作出辞退决定。'首先,该董事会决议免去张某总经理职务,并非辞退张某。其次,《增资扩股协议》第五条第2点约定:'董事长由大族公司提名,总经理由丙方(张某、何某、谢某胜)提名',该条款并未约定必须由张某担任总经理,而是由张某、何某、谢某胜提名。董事会任命何某担任总经理,何某仍代表丙方利益,并没有改变卓俊公司的经营管理权,也并无证据证明该提名有违反约定的情形。再次,张某、何某、谢某胜主张张某为骏卓公司的主要经营者、开拓市场的负责人,提供了90%的公司的订单,但其均未能提交证据予以证明,无法证明免去张某的职务与目标业绩未实现之间存在直接因果关系。张某、何某、谢某胜该上诉理由不能成立,本院不予采纳。

"张某、何某、谢某胜主张大族公司未提供充分的资金和业务支持,是实现骏卓公司业绩成长的障碍。本院认为,首先,张某、何某、谢某胜未举证证明大族公司迟延提供资金给骏卓公司造成的损失,其次,张某、何某、谢某胜未曾向大族公司催要过增资款或向大族公司主张违约责任,若如张某、何某、谢某胜所称此笔增资款对公司经营十分重要,但却没有通过邮件或信函等可以固定的形式进行催要,不符合常理。张某、何某、谢某胜该上诉理由不能成立,本院不予采纳。

"张某、何某、谢某胜主张大族公司从骏卓公司获悉的商业机会运用其经营优势和资本优势抢走了骏卓公司的订单,导致骏卓公司未能实现对赌条款约定的业绩,为此提交了电子邮件及骏卓公司的予以证明。本院认为,首先,张某、何某、谢某胜提交的电子邮件未经法定形式固定,证据形式不符合法律规定,张某喜作为证人,未出庭作证,亦不符合法律规定,对其电子邮件及书面陈述本院均不予采信。其次,即便张某、何某、谢某胜提交电子邮件真实,张某、何某、谢某胜也应当举证证明该商业机会本应属于骏卓公司所有,大族公司最后运用其经营优势和资本优势获得该项目的签约机会,但该邮件内容均未能体现该些事实,张某、何某、谢某胜应当承担相应举证不能的不利后果,其该上诉理由亦不能成立,本院不予采纳。"

类似裁判案例还有北京高院作出的(2019)京民终252号民事判决书(陆某芸等与北京四方继保自动化股份有限公司合同纠纷)、北京一中院作出的(2019)京01民终1905号民事判决书[周某星等与嘉兴秉鸿宁川创业投资合伙企业(有限合伙)股权转让纠纷]等。

但亦有反例,四川高院作出的(2019)川民终1130号民事判决书[京福华越(台州)资产管理中心与恒康医疗集团股份有限公司股权转让纠纷]则从投资方暂停创始人在公司职务,并全盘接手管理构成根本违约,从而解除相关对赌协议的角度认为:"如股权转让之后,受让方全盘接管管理公司,原股东指定的管理层不再管理经营目标医院,仍由原股东及实际控制人承担经营业绩不达约定的补偿,明显加重了原股东所应承担的风险,也有悖公司法基本原理。故,应认定徐某担任公司3年董事长,是《业绩补偿之补充协议》实现的重要条件。本案徐某被暂停职务后,徐某及兰益商务中心等13家合伙企业无法参与和控制目标医院的运营,也难以实现对目标医院经营业绩的控制和预期,继续履行《业绩承诺之补充协议》关于业绩不达标将进行补偿的约定丧失了基础,京福华越中心、恒康医疗公司的上述行为导致《业绩承诺之补充协议》中业绩补偿条款无法继续履行,其行为构成根本违约。依照《中华人民共和国合同法》第九十四条第四项的规定‘当事人一方迟延履行债务或者有其他违约行为致使不能实现合同目的’,兰益商务中心等 13 家合伙企业及徐某有权要求解除《业绩承诺之补充协议》中 2018、2019 年度业绩补偿条款。由于徐某被停止和免除董事长职务发生在 2018 年初,对 2017 年合同的履行没有影响。因此,《业绩承诺之补充协议》关于 2017 年度业绩补偿条款不应予以解除,2018、2019 年度的业绩补偿条款,应当予以解除。一审判决认定二上诉人暂停徐某职务构成根本性违约,《业绩承诺之补充协议》关于 2018、2019 年度的业绩补偿条款,应当予以解除正确,二审予以支持。”

另外,根据上市公司新华医疗 ( 600587 ) 的公告,山东高院在 ( 2018 ) 鲁民初 103 号判决中认为:原告实际参与目标公司的经营管理显然并不符合对赌协议的一般做法,也不符合合同法的一般原则。如果九被告不能控制公司而承担因公司业绩下滑所带来的损失赔偿即违反权利义务对等原则。本案中原告作为控股股东参与成都英德的经营管理,在成都英德业绩下滑之时还要求九被告按双倍业绩补偿显然违反公平原则,对九被告关于在原告参与成都英德管理后仍按双倍进行业绩补偿显失公平。

山东高院亦认为:英德公司业绩下滑是因所处行业市场竞争加剧、相关行业政策调整、公司经营决策调整、管理层发生变动以及管理方式变化等诸多因素造成,归结起来主要即为外部所处市场竞争的变化及内部管理经营的变化而导致英德公司未完成盈利预测。涉案 2016 年业绩补偿和 2017 年业绩补偿,从各方提交的现有证据分析,无法判断市场因素在英德公司业绩下滑中所起到的比重,也无法判断更换不同管理者而对英德公司业绩所产生的后果程度。对于 2016 年度、2017 年度的业绩补偿,因市场风险造成业绩下滑,九被告应承担补偿责任;因内部经营管理原因对业绩下滑,双方均负有责任。考虑到英德公司经营管理的具体情况、股权转让的价值以及已免去九被告双倍补偿的处理,酌定九被告应负担一倍业绩补偿的70%责任。

一审判决作出后,因新华医疗不服山东高院的判决,遂上诉至最高院,根据新华医疗2023年2月2日的公告显示,公司近日收到最高院签发的民事判决书[(2019)最高法民终2017号],二审判决驳回上诉,维持原判。

在仲裁层面,根据通商律师事务所官方微信号的文章可知,其在由上海国际经济贸易仲裁委员会(上海国际仲裁中心)受理,作为目标公司原股东代理人的一起仲裁案件中,通过向仲裁庭证明投资方即申请人存在占用目标公司公章、频繁约谈管理层、散布管理者离职的谣言等干扰经营的行为,以致目标公司的日常经营受到严重影响,从而无法完成业绩承诺。最终,仲裁庭裁决认为申请人在目标公司行使股东权利时存在处理不当的行为,确实对目标公司2018年的业绩造成了一定影响,并裁决原股东企业仅需向申请人承担协议约定的50%的责任,即补偿250万股股份的责任。

综上,从实践角度出发,此类案件往往需要综合全盘因素考虑相关行为的尺度、影响、因果关系、免责事由等来决定。而在此类业务中,被投资企业和原股东如想减免责任,则除了前述的举证责任和证明义务问题之外,最好的办法无疑是在协议中明确投资人过度干预经营等行为的具体量化标准,以及出现此等情况下投资人的违约责任、合同单方解除的条件、未达对赌指标自身责任的减免标准和计算公式等。

## 第十四节  业绩补偿与股权回购并存
### ——赔了夫人还要折兵吗

在部分案例中,投资者在对赌协议中同时约定业绩补偿权和股权回购权,在发生纠纷时,投资方为保护自身权益,存在同时要求业绩补偿和股权回购"双保险"的情形,那么此种情况下,在发生诉讼或仲裁时,能否得到支持?

从商业逻辑上说,两者有轻重之分,适用情形也有所不同。违约程度较轻的,通常可以适用业绩补偿进行补救;违约程度较重,且可能导致根本违约的,则适用回购,同时需要注意的是,一旦适用回购,可能导致投资人失去股东身份,从而丧失基于股东身份要求业绩补偿的主体资格。

就法理而言,尽管尚无明确法律规定,但存在"人不能因为一次过错承担两次赔偿"的理解,因此同时采纳业绩补偿和股权回购确实存在重复计算的可能性。

## 一、支持观点

大体而言,认可同时并存的主要理由有:

(1)尊重当事人意思自治。作为典型的商事合同,在对赌协议的处理问题上,秉持《九民纪要》的精神,较之一般民事合同,原则上应该更加充分尊重当事人意思自治,司法不宜轻易介入干预。对赌条款同时约定了业绩补偿和股权回购,是当事人的真实意思表示,并不违反法律规定,应当认可和尊重。

(2)业绩补偿和股权回购不是同一法律关系。业绩补偿系基于目标公司因为业绩不达标而对投资方的金钱补偿;股权回购系对目标公司的股权转让。两者本身是独立存在的,也不存在重合、矛盾之处,处于并列地位,且未约定投资人就现金补偿以及股权回购仅能择一主张,应分别判断条件是否成就,在条件均成就的情况下可以同时得到支持。

(3)业绩补偿条件成就时投资方仍然具有股东身份。事实上,根据《九民纪要》对股东身份认定的标准来看,绝大多数对赌纠纷发生或者业绩补偿款条件成就时,投资人仍是目标公司股东,未丧失股东身份,因此不影响投资方主张业绩补偿。

（4）是否需要调整不影响同时适用。在承认业绩补偿系违约金的前提下,在约定过高的情况下,部分法院认为应予以调整,才能既制约违约一方,又能防止另一方滥用契约自由获得额外利润。但此时是否调整,不影响同时适用。

最高院作出的（2019）最高法民申 5691 号民事裁定书（山东宏力艾尼维尔环境科技集团有限公司与天津普凯天吉股权投资基金合伙企业公司增资纠纷）认为:"同时支持业绩补偿和股权回购是否矛盾问题。……由上述约定可见,业绩补偿适用的条件是宏力热泵 2012 年净利润达不到 4500 万元的情形,而股权回购适用的条件是宏力热泵不能于 2014 年 12 月 31 日前在 A 股上市,两者适用条件和约定的行权时间并不相同。业绩补偿条件成就之时,案涉股权回购条件尚未成就,普凯天吉和普凯天祥仍为宏力热泵的股东,并不存在宏力集团主张的普凯天吉和普凯天祥不是股东,不享有业绩补偿权利,同时支持业绩补偿和股权回购权利存在矛盾的问题。"

前述提及的最高院作出的（2022）最高法民申 418 号民事裁定书（翟某伟与青海国科创业投资基金合同纠纷）则对两者并存的合理性,业绩补偿的性质,是否应当适用违约金调整规则等作了进一步认定。

前述提及的北京高院作出的（2021）京民终 102 号民事判决书（时空电动汽车股份有限公司等与浙江亚丁投资管理有限公司等股权转让纠纷）认为:"首先,案涉协议为对赌协议,是盛世聚浦合伙和时空汽车公司对时空能源公司的估值进行调整的协议。案涉相关协议同时设置业绩补偿条款和股权回购条款,构成盛世聚浦合伙以高溢价认购时空能源公司股权的前提与基础。因为有业绩补偿条款和股权回购条款,盛世聚浦合伙才会愿意在信息不对称且无法控制时空能源公司经营管理的情况下以高溢价认购目标公司股权。时空汽车公司的业绩补偿和股权回购义务是和盛世聚浦合伙高溢价认购目标公司股权相对应的,符合权利义务相一致的原则。其次,业绩补偿条款和股权回购条款并非对盛世聚浦合伙的保底。盛世聚浦合伙投资时空能源公司获得股权,目的并非是按期获得固定收益,业绩补偿条款和股权回购条款也并非盛世聚浦合伙逃避投资风险的保底条款。盛世聚浦合伙和时空汽车公司真实的交易目的是通过增资为时空能源公司的经营获得资金,从而完成对赌协议设定的经营目标业绩,达到双方共赢的局面。时空能源公司的净利润目标能否成就取决于该公司的经营,在签订对赌协议时是不确定的,能否主张以及主张的数额都是不确定的。因此,同时支持业绩补偿和股权回购,并不会脱离设置对赌协议的初衷。再次,股东身份的变化并不会导致业绩补偿和股权回购存在矛盾。盛世聚浦合伙要求业绩补偿和股权回购的原因是因为时空能源公司未达到经营目标业绩,导致实际估值与签订对赌协议时的预设估值有差距,与是否保持股东身份没有因果关系。只要盛世聚浦合伙在业绩补偿条件成就时是股东身份即可。此外,业绩补偿金和股权回购款是对投资方收益的补偿和退出路径,与违约金的性质明显不同,不应适用合同法第二十九条的规定。"

江苏苏州中院作出的(2019)苏05民终9001号民事判决书(宋某兵与上海赞道资产管理中心、李某东等合伙协议纠纷)认为:"赞道中心与宋某兵、向东公司等签订的《投资协议书》系各方真实意思表示,应属合法有效,各方均应按约履行。依据协议约定,宋某兵等股东需承担向东公司不能完成进度承诺的现金补偿责任即以投资款金额为基础按每月10%利率计算,且目标公司不能实现进度承诺时,赞道中心有权要求宋某兵等股东回购股份。从性质上看,上述约定的现金补偿义务以及股权回购义务,均系《投资协议书》约定的事项未能完成时宋某兵等股东负有的义务,两条款处于并列地位,合同条款中并未约定赞道中心就进度不符时的现金补偿以及股权回购仅能择一主张,且一审已就赞道中心主张的现金补偿款进行了调整,故本案中宋某兵上诉主张赞道中心在请求回购的情况下无权主张现金补偿,依据并不充分。"

## 二、不支持观点

持此观点的主要理由包括：

（1）股东身份问题。即前述提及的，有法院认为，投资人要求业绩补偿的前提是股东身份，而回购刚好导致投资人丧失该主体身份，因此两项请求自相矛盾，无法同时主张。

（2）双重收益，结果不公平。如前所述，部分法院认为，允许同时适用，可能导致投资人获得"保底收益"或"超额投资回报"，从而脱离了对赌协议的初衷，违背了创业投资的商业规律，对被投资企业和原股东显失公平，不应允许。

（3）业绩补偿和股权回购均具有违约金的性质，只能择一行使。部分法院认为，业绩补偿款和回购股权均具有因违约行为承担损害赔偿责任的性质，应当综合进行考量。业绩补偿和股权回购都是对投资人股权投资款的补偿，投资人可以选择但是不能同时主张。

广东广州中院作出的（2021）粤01民终1354号民事判决书（广州星海国政二号投资合伙企业与刘某兵合同纠纷）认为："虽然合作协议、补充协议中没有明确约定股份回购与现金补偿是二者择其一还是同时适用的关系，但从协议约定的股份回购价格以及现金补偿款的计算方式来看，股份回购价格是以国政二号企业的投资本金加持股时间，以每年10%的溢价进行计算，而现金补偿数额是以国政二号企业的投资金额、持股比例以及广州怡文2015年度的实际报表净利润、约定市盈率为基数进行计算。上述两种计算方式均体现了广州怡文达不到约定业绩数额时刘某兵应对国政二号企业承担一定的补偿责任，在补偿数额计算上均带有一定的补偿及惩罚性质。此外，协议约定实际利润少于6000万元触发股权回购条款，实际报表利润少于8000万元触发现金补偿条款。根据触发条件内容、补偿计算方式，上述触发条件应理解为：当实际利润少于6000万元，国政二号企业可要求刘某兵回购股权或作出现金补偿；当实际利润在6000万元至8000万元之间的,国政二号企业只能要求刘某兵作出现金补偿,即当实际利润少于 6000 万元时,回购股权与现金补偿属于二者择其一的关系。……综上,国政二号企业已获得了部分现金补偿,故其在本案中再请求刘某兵向其支付股权回购款本金、溢价款及逾期利息,无事实及法律依据,一审法院不予支持正确,本院予以维持。”

浙江绍兴中院作出的(2015)浙绍商初字第 13 号民事判决书(江阴安益股权投资企业与洪某坤、邵某江等公司增资纠纷)认为:“在原股东回购或收购投资人的股权时,股权回购或收购的价格应按以下原则确定:按 10%年利率计算的投资款项的本利之和,并扣除投资人从公司获得的分红。”而业绩补偿金的性质等同于分红款,因此,业绩补偿款不应再另行支付。

上海浦东新区法院作出的(2018)沪 0115 民初 45869 号民事判决书(宁波金投股权投资合伙企业与赵某学、陈某宇等其他与公司有关的纠纷)认为:“五被告支付业绩补偿款、回购原告股权均具有因违约行为承担损害赔偿责任的性质,应当综合进行考量。原告已在本案中明确提出了股权回购的主张,原告再基于上述条款主张业绩补偿款,不尽合理。且,从《投资协议》约定的股权回购款的计算方式看,已经充分考虑了对被告违约行为给原告投资造成的损失的弥补。故,对于原告要求五被告支付 2014 年度、2015 年度业绩补偿款及相应逾期付款违约金的诉讼请求,本院不予支持。”

北京一中院作出的(2017)京 01 民初 814 号民事判决书[深圳前海盛世圣金投资企业(有限合伙)与徐某栋等股权转让纠纷]认为:“首先,从协议内容来看,涉案协议实质为对赌协议,本案对赌协议虽然同时约定了 2015 年业绩承诺和 2016 年挂牌承诺,但是从合同目的及对赌标的角度来看,主要是投融资双方因对赌而产生的股权回购;其次,前海盛世企业作为投资人要求目标公司各股东进行业绩补偿,前海盛世企业依然保持星河互联公司股东身份不变,但是前海盛世企业要求回购股权,实质是退出星河互联公司,不再拥有股东身份,两者存在一定矛盾;再次,如星河互联公司在2016年12月31日之前未完成挂牌,则之前的业绩很可能未达到相应要求,从协议约定的业绩补偿方式来看,补偿方式之一为'要求原股东中任意一方或多方受让投资方持有的目标公司的部分股权',该方式与股权回购义务有重合之处,说明星河互联公司未如期挂牌的法律后果中已经处理了业绩补偿,前海盛世企业单独索要的2015年业绩补偿,存在重复计算。综上,本院依据协议,仅支持前海盛世企业关于股权回购本金、利息及违约金的主张,对于业绩补偿折价款及业绩补偿违约金的主张不予支持。"

### 三、实务建议

从实务操作角度而言,两种观点各有支持案例,笔者倾向支持同时适用,但对于极端情况下过高补偿,需要慎重考虑。实务建议如下:

(1)站在投资人的角度,自然是在协议中明确约定有权同时主张业绩补偿和股权回购,并特别约定两者并行不悖,因此股权回购价款中无须扣减业绩补偿款。站在被投资企业和创始人的角度,则刚好相反,如乙方拗不过甲方,无法坚持不能同时主张,则争取约定即便可以同时主张,应当适用扣减和违约金调整原则,同时尽可能争取相对合理的业绩补偿和回购金额的计算公式和触发条件,以及相应的免责条款等。

(2)同样,站在投资人的角度,在协议中明确约定,业绩补偿和股权回购均不属于违约金,不适用调整规则,或者要求对方放弃对违约金过高进行调整的权利(该项主张诉讼和仲裁的认定尺度差异很大,有争议)。站在被投资企业和创始人的角度,同样相反,或者在和投资人博弈过程中,如无法争取前述权利,则换个赛道考虑,争取各类赔偿和违约责任的触发起点和上限,要求投资人相对较短的行权期间,相对较复杂烦琐的举证责任和主张程序等。

(3)再者,站在投资人的角度,仍应当适度兼顾公平,避免总的计算金额过高,甚至过度高于其投资总额的极端情况。杀鸡取卵、竭泽而渔并不可取,狗急尚且跳墙,凡事仍需留有余地。同样,站在被投资企业和创始人的角度,如前所述,争取相对合理的计算方式和触发条件,合理谈判博弈,坚持红线,维持底线。抱薪救火、饮鸩止渴同样是过于短视,给自己头悬达摩克利斯之剑的行为。

(4)最后在程序上而言,各方都需要保存好任何主张沟通交流、主张权利或抗辩的书面证据,并充分考虑时效问题,及时行权、发函、反馈和采取其他相应措施,避免出现失期、逾期、财产流失或损失加剧的情形。

## 第十五节　不可抗力/情势变更
### ——对赌业绩没完成能否"甩锅"给疫情

### 一、科华生物对赌仲裁案

2021年7月,上市公司科华生物(002022)卷入巨额对赌回购纠纷的仲裁案件惊动了业界,其被主张105.04亿元本金加上10.5亿元违约金的天文数字仲裁请求,以及受此拖累,陷入退市预警的遭遇,也引起了对疫情期间对赌案件适用不可抗力/情势变更的热议。该案背景如下:

2018年6月8日,科华生物与天隆科技4名股东彭某才、李某、苗某刚及西安昱景同益企业管理合伙企业签署《关于西安天隆科技有限公司和苏州天隆生物科技有限公司之投资协议书》(简称《投资协议书》),约定以现金方式对天隆科技进行增资并收购4名股东持有的天隆科技股权。

按照《投资协议书》约定,天隆科技的全部股权收购共分两个阶段完成:

第一阶段,科华生物以5.5亿元对价获得天隆科技62%股权,科华生物在投资协议签订时就已完成对天隆公司投资5.54亿元,并取得 62%的股权。

第二阶段，科华生物将在 2021 年度以按照天隆科技 2020 年度净利润情况相应计算的股价完成对天隆科技剩余 38%股权收购，最终完成 100%股权整体收购。

其中，就第二阶段 38%股权的转让事宜，多方约定按照天隆科技的整体估值以下两者孰高为准：(1) 90000 万元；(2) 标的公司 2020 年度经审计的扣除非经常性损益后的净利润×25 倍。

客观地说，扣非孰低后 25 倍 P/E 的市盈率，对于此类收购对价而言，尚属公允，且在当初评估天隆科技资产时，其净利润还是负数，处于亏损状态。令人无法想到的是，受新冠肺炎疫情暴发等客观因素的影响，IVD(体外诊断产品)领域在全球疫情防控中发挥了至关重要的作用，以 PCR(聚合酶链式反应)技术为代表的分子诊断领域更是迎来了爆发式的增长。天隆科技 2020 年度经审计的扣除非经常性损益后的净利润合计达到 11.06 亿元。根据当初的约定，科华生物收购天隆科技剩余 38%股份的需支付的投资价款高达 105 亿元。而截至仲裁立案之日，科华生物总市值不过才 80 亿元左右，而随后就是连续的股价暴跌，到本书截稿之日其市值仅存 50 亿元左右。显然，这是个客观无法继续履行的协议，就算科华生物倾家荡产，把自己卖了也付不起，从实际履行的可能性、社会效果和司法公信力的角度来看，本案的对价调整是大概率事件。

现实也确实如此，2021 年 8 月 30 日，科华生物向上海国际经济贸易仲裁委员会提出仲裁反请求并获受理，请求裁决解除科华生物与天隆科技于 2018 年 6 月 8 日订立的《投资协议书》项下第 10 条"进一步投资"条款。

科华生物认为，《投资协议书》的交易目的仅限于对天隆科技 62%的股权进行确定的交易。新冠疫情的暴发已使"进一步投资"条款的合同基础条件发生了双方在订立合同时无法预见的、不属于商业风险的重大变化，继续履行该交易条款将对科华生物产生显著的不公平，这已构成"情势变更"。

2023 年 3 月 30 日,根据 *ST 科华公告,公司收到本案仲裁庭于 2023 年 3 月 28 日作出的"(2023)沪贸仲裁字第 0642 号《撤案决定》"。仲裁庭根据《仲裁规则》的规定,作出如下决定:"同意申请人方撤回其仲裁请求的申请以及被申请人撤回其仲裁反请求的申请,SDV20210578《关于西安天隆科技有限公司和苏州天隆生物科技有限公司之投资协议书》(2018.6.8)争议仲裁案自本撤案决定作出之日起撤销。"

科华生物的仲裁案件已然和解,而由此引发的问题是,对赌案件是否适用情势变更或不可抗力? 如果适用,应当如何具体适用?

## 二、疫情期间的司法政策

新冠疫情以来,不可抗力或情势变更成了"显学"和热门话题。实践中,投资方以不可抗力或情势变更为由,主张对对赌条件未能实现不承担责任也是常见的抗辩理由。在法院层面,疫情到底构成不可抗力还是情势变更,尚没有一致意见,实践中需要根据所处行业、所受影响程度等综合因素,结合实际情况适用。

最高院和各地法院先后出台了疫情期间审判工作的一些要求,其中涉及对赌问题的有:

《最高人民法院关于依法妥善审理涉新冠肺炎疫情民事案件若干问题的指导意见(一)》第 2 条规定:"二、依法准确适用不可抗力规则。人民法院审理涉疫情民事案件,要准确适用不可抗力的具体规定,严格把握适用条件。对于受疫情或者疫情防控措施直接影响而产生的民事纠纷,符合不可抗力法定要件的,适用《中华人民共和国民法总则》第一百八十条、《中华人民共和国合同法》第一百一十七条和第一百一十八条等规定妥善处理;其他法律、行政法规另有规定的,依照其规定。当事人主张适用不可抗力部分或者全部免责的,应当就不可抗力直接导致民事义务部分或者全部不能履行的事实承担举证责任。"

《最高人民法院关于依法妥善审理涉新冠肺炎疫情民事案件若干问题的指导意见(二)》第 14 条规定:"对于批发零售、住宿餐饮、物流运输、文化旅游等受疫情或者疫情防控措施影响严重的公司或者其股东、实际控制人与投资方因履行'业绩对赌协议'引发的纠纷,人民法院应当充分考虑疫情或者疫情防控措施对目标公司业绩影响的实际情况,引导双方当事人协商变更或者解除合同。当事人协商不成,按约定的业绩标准或者业绩补偿数额继续履行对一方当事人明显不公平的,人民法院应当结合案件的实际情况,根据公平原则变更或者解除合同;解除合同的,应当依法合理分配因合同解除造成的损失。

"'业绩对赌协议'未明确约定公司中小股东与控股股东或者实际控制人就业绩补偿承担连带责任的,对投资方要求中小股东与公司、控制股东或实际控制人共同向其承担连带责任的诉讼请求,人民法院不予支持。"

贵州高院发布的《贵州民营企业涉疫情商事合同履行中的法律风险提示书》在融资借贷类合同法律风险提示部分规定:"2. 融资借贷类合同能否适用情势变更要求变更或解除?不可抗力和情势变更的适用具有相似性,两者虽均构成履行障碍,但程度不同。不可抗力一般已构成履行不能,而情势变更一般尚未达到履行不能的程度,仍属于可能履行,只是履行极为困难或者履行会导致显失公平。不可抗力属于法定免责事由,当事人只要举证证明因不可抗力导致合同履行不能即可获得免责。情势变更不是法定免责事由,是否构成情势变更、是否变更或解除合同及是否免责,取决于个案的情况。结合个案情况不同,融资借贷类合同符合情势变更要件的,企业亦可以要求变更或解除合同,如部分股权性融资对赌协议。"

广西高院民二庭发布的《关于审理涉及新冠肺炎疫情民商事案件的指导意见》在"九、审理涉新冠肺炎疫情的与公司有关纠纷案件问题"部分规定:"……4. 股权投资业绩对赌中的情势变更规则适用。在股权投资的业绩对赌中,融资方以疫情为由主张变更对赌内容或者解除合同的,法院可以从行业性质、盈利模式等方面分析疫情与目标公司的经营收益是否存在直接的因果关系,综合判断是否适用情势变更规则。"

北京一中院发布的《疫情之下企业经营风险与法律应对》白皮书在"(一)对于履约风险的建议"部分提出:"……4. 对于对赌风险,我们建议:第一,对于已经签订协议的当事人,可依据协议约定及法律规定,采取变更合同的方式,延长履行期限或调整履行目标。第二,可根据协议约定或法律规定,采取解除合同的方式,避免损失的进一步扩大。第三,对于陷入'合同僵局',各方无法协商而诉诸司法的案件,人民法院将依据《民法总则》《合同法》等相关规定,全面考量疫情对个案中对赌协议履行的影响,合理地分配对赌风险,妥当地确定当事人的损失,避免因疫情的影响而造成利益分配的失当。"

江苏扬州中院发布的《关于为依法防控疫情和促进经济社会发展提供司法服务和保障的十八条措施》第 7 条规定:"7. 妥善审理疫情引发的涉公司诉讼。对于疫情引发的对赌协议案件,依法准确认定相关条款效力,负有股权回购或现金补偿等义务的主体申请适用不可抗力或情势变更拒绝履行相关义务的,根据公平原则并结合案件实际情况合理调整双方利益关系。依法评价疫情对股东权利义务行使造成的影响,妥善化解股东出资、公司决议效力、公司解散等公司治理纠纷,维护市场主体稳定。"

### 三、支持案例

支持进行调整的具体案例有:

根据上市公司爱迪尔(002740)的公告,四川成都中院作出的(2021)川 01 民初 7505 号民事判决书[陈某森、陈某光、成都爱克拉珠宝设计中心(有限合伙)、成都市浪漫克拉钻石设计中心(有限合伙)与福建省爱迪尔珠宝实业股份有限公司合同纠纷]判决:"一、变更案涉《利润补偿协议》第二条第 1 款'业绩承诺'的约定内容,将成都蜀茂钻石有限公司截止 2020 年末的累计承诺净利润数调减 28007400 元；二、变更案涉《利润补偿协议》第二条第 4 款第 5 项'期末减值额'的约定内容,增加'在计算上述期末减值额时,需剔除新冠疫情影响及甲方的负面经营情况影响'内容……"

同样,根据爱迪尔的公告,江苏南京秦淮法院作出的(2021)苏0104 民初 10780 号民事判决书(王某霞与福建省爱迪尔珠宝实业股份有限公司合同纠纷)判决:"一、将《利润补偿协议》第二条第 1 款'业绩承诺'中的千年珠宝 2017 年度至 2020 年度的累计承诺净利润数调减 3500 万元;二、资产减值补偿金额的计算公式调整为:应补偿的金额=期末减值额-在利润补偿期间内因累积实际净利润数未达到累积承诺利润数已支付的补偿额-因疫情及甲方经营不善对千年珠宝造成的资产损失。"

前述两起案件[(2021)川 01 民初 7505 号、(2021)苏 0104 民初 10780 号]一审判决生效后,爱迪尔公司均提起了上诉,根据爱迪尔披露的公告显示,因公司资金紧张,未能按期缴纳案件受理费,四川成都中院和江苏南京中院分别裁定按爱迪尔公司自动撤回上诉处理,两案中支持对承诺净利润进行调整的一审判决均生效。

江西高院作出的(2015)赣民一初字第 3 号民事判决书[江西建信金牛新兴产业投资基金企业(有限合伙)与陈某伟等增资合同纠纷]认为:"本案中被告南昌宝葫芦土地被政府征收,这种征收行为是南昌宝葫芦不能预见、不能避免并不能克服的客观情况。……被告南昌宝葫芦在发生政府征收其土地的不可抗力后,导致南昌宝葫芦不能按照约定按期支付原告每年度不得低于 18%之收益的股息分配,产生违约。……违约责任因不可抗力可以免除。原告与被告陈某伟……签订的《股权转让协议书》系另一合同……该协议中约定的投资方股权退出条件之一即为被告南昌宝葫芦不能按照约定按期支付原告每年度不得低于18%之收益的股息分配。……被告南昌宝葫芦主张政府征收南昌宝葫芦土地等资产行为成为《股权转让协议书》履行回购中的不可抗力没有合同及法律依据。……原告主张被告陈某伟……因逾期支付股权转让款而承担违约金 1743.70 万元,鉴于本案实际情况,被告南昌宝葫芦遭遇政府征收土地的不可抗力,导致被告……在原告投资不到一个月即面临回购 13300 万元的股权转让款的巨大压力,可以免除被告陈某伟、宋某玉、王某华的违约责任。"

在仲裁层面,根据竞天公诚律师事务所官方微信文章,其代理的某上市公司收购医疗器械企业的对赌仲裁案件,归纳总结了 3 个此类仲裁案件的争议焦点:

(1)对赌协议能否适用情势变更制度进行调整?

(2)业绩承诺未达成是否系新冠疫情及其防控措施所导致?

(3)若适用情势变更制度,如何调整才"公平"?

仲裁庭认为,新冠疫情导致了本案系争《股权转让协议》的基础条件发生了当事人在订立合同时无法预见的、不属于商业风险的重大变化,继续履行协议对于业绩承诺方明显不公平,应当适用情势变更制度对协议约定的补偿金额进行调整。该调整应当依照公平合理原则,充分考量当事人双方的缔约目的、交易初衷及权利义务的约定,兼顾各方利益,使各方的权利义务调整至公平合理的状态。同时,考虑到本案中收购方系高溢价收购目标公司,新冠疫情导致了目标公司的商誉减值,且目标公司经营状况出现的重大变化是当事人各方缔约时均无法预料的,倘若作为股权转让方的业绩承诺方不再支付业绩补偿款,意味着所有损失均由作为股权受让方的收购方单方面承担,这不符合公平合理原则。最终,仲裁庭在平衡双方利益的基础上认为,因新冠疫情导致的目标公司的损失应由当事人双方共同分担,故依照公平合理的原则裁决业绩承诺方减半支付业绩补偿款。

## 四、未支持案例

从检索案例来看,大多数案件均以举证责任为理由,未支持认定请求,相关案例有:

北京高院作出的(2020)京民终677号民事判决书[宁波江北区昆颉九鼎股权投资中心(有限合伙)等与扬州万安燃气有限公司等合同纠纷]认为:"关于国家'煤改气'政策是否构成情势变更。《最高人民法院关于适用〈中华人民共和国合同法〉若干问题的解释(二)》第二十六条规定,构成情势变更需具备以下要件:一是应有情势变更的事实,也就是合同赖以存在的客观情况确实发生变化。二是须为当事人所不能预见的。如果当事人在订立合同时能够预见到相关的情势变更,即表明其知道相关情势变更所产生的风险,并甘愿承担,在这种情况下情势变更原则就不能适用。三是情势变更必须不可归责于双方当事人,也就是由除不可抗力以外的其他意外事故所引起。四是情势变更的事实发生于合同成立之后,履行完毕之前。五是情势发生变更后,如继续维持合同效力,则会对当事人显失公平。根据上述规定,本院认为,向艺公司、樊某安、万安公司关于本案事实构成情势变更的上诉主张不能成立。其一,根据一审法院查明的事实,2016年12月30日,昆颉中心与万安公司、向艺公司、樊某安共同签订《股权转让及增资协议》及《补充协议》,向艺公司、樊某安对万安公司2016年至2018年的净利润作出承诺。2016年以及2017年万安公司均完成了承诺业绩。2017年底国家开始推行'煤改气'政策,致使天然气价格大幅上涨,与万安公司未完成2018年承诺业绩确实存在一定程度的关联性。但由于之后相关文件陆续出台,'煤改气'进度大幅放缓,因昆颉中心并未提交证据证明天然气价格大幅上涨持续时间,故本院无法判断'煤改气'政策引起的天然气价格上涨对万安公司2018年度净利润的影响程度。其二,万安公司作为专业的城市燃气经营企业,其应充分知悉由于燃气销售价格实行政府指导价,万安公司在燃气供应价格发生大幅变化的情况下,其无法通过自由调整销售价格以弥补其成本支出,亦即因全国性天然气短缺导致的净利润业绩下降属于此类城市燃气经营企业固有的商业风险。其三,向艺公司、樊某安、万安公司主张本案适用情势变更的主要依据是2017年12月5日国家发改委出台的

《关于北方地区冬季清洁取暖规划(2017~2021)的通知》中《关于北方重点地区冬季清洁取暖'煤改气'气源保障总体方案》等政策文件,但昆颉中心提交的证据显示,'煤改气'工作至迟于 2013 年即开始启动。比如 2013 年 9 月 13 日国务院印发《大气污染防治行动计划》、2016 年 3 月 16 日全国人民代表大会批准《十三五规划纲要》。特别是 2016 年 12 月 21 日召开的中央财经领导小组第十四次会议,更是强调了要按照企业为主、政府推动、居民可承受的方针,宜气则气,宜电则电,尽可能利用清洁能源,加快提高清洁供暖比重。《关于北方重点地区冬季清洁取暖'煤改气'气源保障总体方案》的出台恰恰是为了落实上述会议精神。因此,万安公司作为专业的城市燃气经营企业,在签署交易文件时应当知晓国家关于环境治理、'煤改气'工程的相关政策,对于国家加大'煤改气'力度导致天然气需求激增,甚至出现全国性的供气短缺、天然气价格大幅提升应该是有预期的,其所提出的国家'煤改气'政策变化,并不属于案涉《股权转让及增资协议》及《补充协议》履行过程中发生的无法预见的、非不可抗力造成的情形。据此,一审判决认定向艺公司、樊某安、万安公司的上述主张不符合情势变更情形正确。"

上海高院作出的(2020)沪民申 713 号民事判决书[蒋某郁与甲湛(上海)投资中心股权转让纠纷]认为:"蒋某郁作为协议约定的回购义务人应依约定价格支付回购款,逾期履行的,还应承担相应的责任。现蒋某郁主张迈日公司未达到《补充协议》所约定的经营目标,系因公司所属的汽车行业业绩整体下滑所致,属于不可抗力,应作为经营目标未完成的免责事由,故其无须承担支付回购款的责任。对此,一、二审法院从不可抗力的法定构成要件、协议约定内容等多个角度进行详细的阐述,认为汽车行业整体业绩下滑应属于商业风险范畴,且系争协议中亦未将商业风险约定为不可抗力事项,故蒋某郁不能据此要求免除其在协议项下的支付回购款等义务,本院予以确认。"

最高院作出的(2020)最高法民申 1616 号民事裁定书[旷智(天

津)国际贸易有限公司与王某鸣股权转让纠纷]认为:"旷智公司、华天汇金公司、王某鸣主张原审法院已经认定'8·12爆炸'事件为不可抗力,根据不可抗力产生的后果,旷智公司支付业绩补偿款的基础不复存在,其无须承担因此所产生的责任即无须支付业绩补偿款。《中华人民共和国合同法》第一百一十七条规定,因不可抗力不能履行合同的,根据不可抗力的影响,部分或者全部免除责任,但法律另有规定的除外。第一百一十八条规定,当事人一方因不可抗力不能履行合同的,应当及时通知对方,以减轻可能给对方造成的损失,并应当在合理期限内提供证明。同时据原审查明事实,双方在《投资框架协议》中对不可抗力的事由及发生不可抗力的后果已经作出约定,如一方因不可抗力事件的影响而全部或部分不能履行其在本协议中的义务,发生不可抗力事件一方的合同义务在不可抗力引起的延误期间内可予中止,履行义务的期限可予相应顺延,但并未就不可抗力事件导致合同义务的免除作出当然的豁免。由此可见即使发生不可抗力事件,亦并不必然免除旷智公司对因此无法履行合同义务的举证义务,相关当事人仍应举证证明因不可抗力不能履行或者不能部分履行合同义务,并应当及时通知对方以减轻可能给对方造成的损失,且应当在合理期限内提供证明。而双方对于'8·12爆炸'事件是否属于不可抗力,是否影响案涉协议的履行并未明确达成一致意见。旷智公司未举证证明其在'8·12爆炸'事件发生后即及时通知龙洲集团该爆炸事件属于不可抗力而无法继续履行协议,反而在'8·12爆炸'事件发生后各方当事人另行签订了相关补充协议,协议内容仅对天和能源公司取得《燃气经营许可证》的时间作推迟,并未对天和能源公司2016年、2017年应取得的业绩以及旷智公司向龙洲集团支付业绩补偿款的条件做相应的变更,可表明旷智公司亦认可该事件仅导致合同义务的顺延而非全部责任的免除,各方当事人并未就因该事件即可免除旷智公司支付业绩补偿款义务形成合意。因此即使原审法院将'8·12爆炸'事件认定为不可抗力,旷智公司对因该事件的发生与免除其合同义务之间的因果关系仍负有举证责任,原审法院认为旷智公司主张其无须向龙洲集团承担业绩补偿责任的依据不足对其诉请未予支持并无不当。"

新疆高院作出的(2022)新民终164号民事判决书(新疆新投能源开发有限责任公司与成都银丰恒投资咨询有限公司合同纠纷)认为:"对此本院认为,在签订案涉《协议》前,新投能源公司已是欣华欣物流公司占股34%的股东,其理应知晓欣华欣物流公司经营情况以及股东内部关系。新投能源公司作为商业主体,在其决定加大投资时,理应对欣华欣物流公司的后续的经营发展状况以及可能出现的投资风险进行分析预判,且双方签订案涉股权转让协议亦并非以欣华欣物流公司的经营状况为合同履行的前提条件。而无法形成股东决议属于公司内部治理问题,新投能源公司若认为公司股东存在侵害其他股东或公司利益的情形,可依据《中华人民共和国公司法》相关规定予以解决。因此,即使欣华欣物流公司存在经营亏损、股东无法形成决议的情况,亦均属商业风险,并不属于上述司法解释规定的[①]不可预见的、非不可抗力造成的不属于商业风险的重大变化。新投能源公司以情势变更,继续履行合同将对其明显不公平为由,主张解除合同明显缺乏依据。综上,银丰恒投资公司的违约情形、程度并未达到上述法律规定中有关法定解除的情形,亦不符合司法解释中情势变更制度的适用以及双方合同中有关'一方丧失实际履约能力;由于一方违约,严重影响了另一方的利益,使合同无法履行或合同目的无法实现;因协议所依据的交易情势发生变更,当事人双方经过协商同意'的约定,故新投能源公司上诉主张解除案涉合同无事实及法律依据,本院不予支持。新投能源公司应当按约向银丰恒投资公司支付剩余股权转让款26626621元。"

湖南长沙中院作出的(2022)湘01民终3926号民事判决书[游娱

---

① 即《最高人民法院关于适用〈中华人民共和国合同法〉若干问题的解释(二)》(已失效)第26条。

科创（北京）文化发展有限公司与湖南游娱商业运营管理有限公司等合同纠纷]认为："二、最高人民法院《关于依法妥善审理涉新冠肺炎疫情民事案件若干问题的指导意见（一）》第二条之规定，审理涉疫情民事案件，要准确适用不可抗力的具体规定，严格把握适用条件。对于受疫情或者疫情防控措施直接影响而产生的民事纠纷，符合不可抗力法定要件的，才适用相关不可抗力的法律规定。当事人主张适用不可抗力部分或者全部免责的，应当就不可抗力直接导致民事义务部分或者全部不能履行的事实承担举证责任。本案中游娱商业公司并未就疫情或疫情防控措施对其业绩造成的影响提供证据证明责任，故，本院对游娱商业公司的该上诉主张不予支持。"

湖南株洲天元法院作出的（2021）湘0211民初5284号民事判决书[株洲市国有资产投资控股集团有限公司与李某胜等与公司有关的纠纷]认为："根据案涉《协议》第一条第六款约定'不可抗力，是指在本协议签署日不能预见其发生、后果不能避免或者克服，在本协议签署日后出现的阻碍任何一方全部或部分履行本协议项下义务的所有事件。此种事件包括地震、台风、洪水、火灾、战争、国内或国际交通障碍、骚乱、暴乱和不能预见、不能避免、不能克服的其他情况'。因此，根据上述约定，新冠肺炎疫情属于不可抗力的情形。根据案涉《协议》第十一条第一款约定'因不可抗力而导致本协议的条款和条件履行本协议项下的义务，该方可以根据法律规定和本协议约定就不可抗力影响范围内的违约情形主张免除违约责任'，因此，即使新冠肺炎疫情属于不可抗力，亦不代表可以任意适用，仅能根据法律规定和本协议约定就不可抗力影响范围内的违约情形主张免除违约责任，需综合考量疫情对不同地区、不同行业、不同案件的影响，准确把握疫情或者疫情防控措施与合同不能履行之间的因果关系和原因力大小。

"本案中，第三人三特公司在株洲市工商局完成股份登记备案之日起二年期限届满未能向中国证监会申报首次公开发行股票并上市的材料，从而触发回购的条件。湖南省于2020年1月24日启动重大突发公共卫生事件一级响应,于2020年3月10日将新冠肺炎疫情防控突发公共卫生事件应急响应级别由一级调整为二级,此时,政府全面统筹疫情防抗与企业复工复产,两被告及第三人所述'客户、供应商走访'工作并非不能通过其他途径解决,新冠肺炎疫情仅是暂时阻碍合同的履行,并非导致第三人不能上市的直接原因,本院将就疫情所造成的影响在违约金的承担上予以考虑,对被告李某胜、杨某及第三人三特公司主张延长上市时间或回购时间的意见不予采纳。"

## 五、小结

综上可见,疫情之下对赌义务能否适用情势变更/不可抗力制度予以调整,在司法实践中仍存在较大的不确定性。具体到实践中,核心因素应该是因果关系和如何适用公平原则。前者往往需要大量的准备工作和举证义务,如标的公司业绩同比近年来是否构成显著的"波动",是否与新冠疫情构成直接且最主要因果关系或因为疫情受到超出常理的影响(如开篇所提的科华生物和天隆科技所涉及的医药行业),而论证这些往往需要举证同行业公众公司的可比数据,政府部门、研究机构的权威信息和认定等,存在较高难度,这也是为什么疫情以来支持调整的案例少之又少的主要原因。

至于公平原则,相对而言较为主观,更多的是取决于裁判者的自由裁量权,需要结合交易背景和目的、疫情影响程度、因果关系度、有无一方过错、怠于通知或者减损行为、过错相抵、预期收益等多重因素综合权衡各方利益予以考虑。

## 第十六节　定增保底承诺
### ——一诺能否价值千金

2020年2月14日,证监会相继发布《关于修改〈上市公司证券发行管理办法〉的决定》《关于修改〈创业板上市公司证券发行管理暂行办法〉的决定》《关于修改〈上市公司非公开发行股票实施细则〉的决定》①（统称再融资新规），并在 3 月 20 日发布《发行监管问答——关于上市公司非公开发行股票引入战略投资者有关事项的监管要求》②。其中，《上市公司非公开发行股票实施细则》（证监会公告〔2020〕11 号）第 29 条进一步明确："上市公司及其控股股东、实际控制人、主要股东不得向发行对象作出保底保收益或变相保底保收益承诺，且不得直接或通过利益相关方向发行对象提供财务资助或者补偿。"③

《九民纪要》第 31 条规定："违反规章一般情况下不影响合同效力，但该规章的内容涉及金融安全、市场秩序、国家宏观政策等公序良俗的，应当认定合同无效。人民法院在认定规章是否涉及公序良俗时，要在考察规范对象基础上，兼顾监管强度、交易安全保护以及社会影响等方面进行慎重考量，并在裁判文书中进行充分说理。"

最高院刘贵祥专委在《在全国法院民商事审判工作会议上的讲话》中亦提及："三是要辩证处理民商事审判与行政监管的关系。既要使市场在资源配置中起决定性作用，又要更好地发挥政府作用。这就要深入研究市场准入资格、行政审批等各种行政监管规范对民商事合同效力及履行的影响，依法确定当事人之间的权利义务关系。要充分尊重监管规定和交易规则，依法支持监管机构有效行使监管职能。要

---

① 2023 年 2 月 17 日，《上市公司证券发行注册管理办法》（证监会令第 206 号）公布施行，《上市公司证券发行管理办法》（证监会令第 163 号）、《创业板上市公司证券发行注册管理办法（试行）》（证监会令第 168 号）、《科创板上市公司证券发行注册管理办法（试行）》（证监会令第 171 号）、《上市公司非公开发行股票实施细则》（证监会公告〔2020〕11 号）同时废止。

② 2023 年 2 月 17 日，《〈上市公司证券发行注册管理办法〉第九条、第十条、第十一条、第十三条、第四十条、第五十七条、第六十条有关规定的适用意见——证券期货法律适用意见第 18 号》（证监会公告〔2023〕15 号）公布施行，《发行监管问答——关于上市公司非公开发行股票引入战略投资者有关事项的监管要求》同时废止。

③ 《上市公司证券发行注册管理办法》（证监会令第 206 号）第 66 条规定："向特定对象发行证券，上市公司及其控股股东、实际控制人、主要股东不得向发行对象做出保底保收益或者变相保底保收益承诺，也不得直接或者通过利益相关方向发行对象提供财务资助或者其他补偿。"

有效应对监管政策变化给民商事审判带来的挑战,加强与监管部门的协调配合,协力化解重大风险。"

2022 年 6 月,最高院发布《关于为深化新三板改革、设立北京证券交易所提供司法保障的若干意见》(法发〔2022〕17 号),其中第 9 条规定:"……在上市过程中,对于为获得融资而与投资方签订的'业绩对赌协议',如未明确约定公司非控股股东与控股股东或者实际控制人就业绩补偿承担连带责任的,对投资方要求非控股股东向其承担连带责任的诉讼请求,人民法院不予支持。在上市公司定向增发等再融资过程中,对于投资方利用优势地位与上市公司及其控股股东、实际控制人或者主要股东订立的'定增保底'性质条款,因其赋予了投资方优越于其他同种类股东的保证收益特殊权利,变相推高了中小企业融资成本,违反了《证券法》公平原则和相关监管规定,人民法院应依法认定该条款无效。为降低中小企业上市成本,对于证券中介机构以其与发行人及其控股股东、实际控制人等在上市保荐、承销协议、持续督导等相关协议中存在约定为由,请求补偿其因发行人虚假陈述所承担的赔偿责任的,人民法院不予支持。"

结合上述规定,在《九民纪要》之前,就此产生的纠纷,法院视承诺主体的不同,裁判结果上亦有明显的尺度差异。

在拓日新能(SZ002218)定增纠纷案中,上海一中院作出的(2013)沪一中民四(商)终字第 574 号民事判决书(浙江省宁波正业控股集团有限公司与上海嘉悦投资发展有限公司与公司有关的纠纷)认可了控股股东和实际控制人的承诺效力。

而在大东南(SZ002263)相关定增纠纷案中,经过发回重审的浙江绍兴中院作出的(2015)浙绍商重字第 1 号民事判决书(李某娟与浙江大东南集团有限公司合同纠纷)和浙江杭州中院作出的(2014)浙杭商初字第 46 号民事判决书(浙江大东南集团有限公司与沈某祥合同纠纷)否定了控股股东作出的承诺效力,理由是后者承诺保底收益可能违反《证券法》第 77 条之规定,构成操纵市场;而浙江高院作出的

(2015)浙商终字第 144 号民事判决书(李某娟等与浙江大东南集团有限公司合同纠纷)则推翻了前述(2015)浙绍商重字第 1 号民事判决书,认定保底条款并不违反法律、行政法规的强制性规定,且承担补偿责任的系股东而非上市公司本身,并不损害上市公司及其他人利益,这也在另一个层面反映了司法领域对于该类疑难问题裁判尺度的不统一。浙江高院作出的(2013)浙商外终字第 115 号民事判决书(华某芳与杨某新委托理财合同纠纷)则认可了第三人作出的承诺效力。

而随着各类新规发布,近年来相关案例情形又有所变化:

(1)合同于 2020 年修改的《上市公司非公开发行股票实施细则》实施前签订,案件审理在 2020 年修改的《上市公司非公开发行股票实施细则》实施后,法院倾向认为新规暂不适用。

最高院作出的(2021)最高法民终 423 号民事判决书(王某与国通信托有限责任公司合同纠纷)认为:"根据案涉《信托合同》及补充协议约定,方正东亚信托公司认购信托单位并交付认购资金于国民信托公司,由国民信托公司将信托资金委托金元顺安基金公司进行专户理财,信托计划通过投资金元顺安基金公司恺英定增 1 号资产管理计划,投资于国内上市公司恺英网络公司非公开发行的股票。《差额补足协议》载明,王某作为恺英网络公司的控股股东,承诺对方正东亚信托公司在信托计划项下信托资金本金的顺利收回和预期基本收益的实现承担差额补足义务。王某上诉主张,依据《上市公司非公开发行股票实施细则》(2020)第二十九条关于'上市公司及其控股股东、实际控制人、主要股东不得向发行对象作出保底保收益或变相保底保收益承诺,且不得直接或通过利益相关方向发行对象提供财务资助或者补偿'的规定,案涉《差额补足协议》《差额补足协议之补充协议》应为无效。但《上市公司非公开发行股票实施细则》(2020)第二十九条属于 2020 年 2 月 14 日新增加条款,本案王某向方正东亚信托公司承诺履行差额补足义务的行为发生在该条款之前,该条款不适用于本案。故王某关于《差额补足协议》《差额补足协议之补充协议》无效的上诉理由不能成立。"

最高院作出的(2021)最高法民申 4805/4815/4844 号民事裁定书(芜湖德豪投资有限公司与王某雷等证券交易合同纠纷)亦认为:"关于《合作协议》的效力问题。王某雷、德豪投资公司并非《资金信托合同》的当事人,其相关增信义务来自《合作协议》而非《资金信托合同》。第一,《中华人民共和国信托法》第三十四条、《中华人民共和国证券法》第五条并未明确禁止上市公司股东、高级管理人员对非公开发行股票采取增信措施。第二,《上市公司非公开发行股票实施细则》第二十九条虽然规定,上市公司及其控股股东、实际控制人、主要股东不得向发行对象作出保底保收益或变相保底保收益承诺,且不得直接或通过利益相关方向发行对象提供财务资助或者补偿,但上述规定属于部门规章,且案涉《合作协议》系王某雷、德豪投资公司作为德豪润达公司的法定代表人和股东,为自身利益及上市公司的经营发展,吸引资金投入而与华鑫信托公司签订的协议,因提供保底收益的义务主体是王某雷、德豪投资公司而非上市公司德豪润达公司本身,故无证据证明《合作协议》损害了上市公司其他股东的利益和社会公共利益、明显扰乱金融安全和市场秩序。故原审认定《合作协议》有效并无不当。王某雷、德豪投资公司关于《合作协议》无效的再审申请理由不能成立。"

(2)合同于 2020 年修改的《上市公司非公开发行股票实施细则》实施前签订,案件审判在《关于为深化新三板改革、设立北京证券交易所提供司法保障的若干意见》实施后,法院一审认为上述规定对实施前签订的合同不适用,而二审裁判结果回避了该问题。

北京二中院作出的(2022)京 02 民终 6084 号民事判决书(贺某凤等与华融天泽投资有限公司合同纠纷)在维持一审判决的前提下,援引一审法院判决认为:"王某虎、杨某江、杨某幸、贺某凤另主张《补充协议》中的基础收益及差额补足条款属于'名股实债',且协议存在保底承诺,违反强制性规定,应属无效,同时主张《现金补偿协议》系担保《补充协议》履行,亦应属无效协议。对此一审法院认为,《中华人民共和国民法总则》第一百五十三条规定:'违反法律、行政法规的强制性规定的民事法律行为无效,但是该强制性规定不导致该民事法律行为无效的除外.'王某虎、杨某江、杨某幸、贺某凤据以主张合同无效的《证券期货经营机构私募资产管理计划备案管理规范第4号》《关于加强私募投资基金监管的若干规定》等均系部门规章及中央规范性文件,并非判定合同效力的直接依据.中国证券监督管理委员会于2020年2月14日发布的《上市公司非公开发行股票实施细则》第二十九条及2020年6月12日发布的《创业板上市公司证券发行注册管理办法(暂行)》第六十六条明确规定上市公司及其控股股东、实际控制人、主要股东不得向发行对象作出保底保收益或变相保底保收益承诺,但涉案《框架协议》《补充协议》及《现金补偿协议》签订时间均在上述规定出台之前,本着保护信赖利益及法不溯及既往的原则,本案所涉纠纷不应适用上述规定.故王某虎、杨某江、杨某幸、贺某凤认为上述协议无效的抗辩意见,于法无据,一审法院不予采信."

结合过往的案例总结看,法院认可保底收益条款有效的情况基本还同时满足以下几个条件:第一,承诺方是上市公司的股东,而非上市公司,因此不会侵害公司其他非承诺股东的权益;第二,相关条款的设定围绕上市公司自身利益及上市公司的经营发展,没有损害公司利益,未增加证券市场风险.

留待讨论的问题:一是在2020年修改的《上市公司非公开发行股票实施细则》颁布后,通过检索近两年的与上市公司定向增发相关的公告可以看出,交易所对保底条款已进行了限制,上市公司及其保荐人、律师均在有关文件中明确说明不存在发行人及其控股股东、实际控制人、主要股东向发行对象作出保底保收益或者变相保底保收益承诺的情形,那么对于在该修改的实施细则颁布前对定增提供的保底,一来由于此前监管部门未明确禁止定增保底,二来若溯及将会导致同案不同判的问题,《关于为深化新三板改革、设立北京证券交易所提供司法保障的若干意见》对其是否不应具有溯及力?

二是由于发布时间较短,案例较少,对于《关于为深化新三板改革、设立北京证券交易所提供司法保障的若干意见》规定的保底收益条款无效的法律适用问题仍存在疑问,该意见第一段明确该意见仅针对"新三板挂牌公司、北京证券交易所上市公司",那么该意见中保底条款无效规则是否会类推适用到沪深证券交易所上市公司?

## 第十七节　一票否决权
### ——财务和法律的不同视角

本书前述已经提及一票否决权的问题,一般情况下,投资机构在完成投资后,根据相关的股东协议或公司章程约定,要求享有目标公司重大事项的一票否决权是行业惯例,通常表现为投资人提名或委派的董事在目标公司董事会,以及投资人作为股东在目标公司股东会两种形式的一票否决权。

从形式上看,一票否决权可以存在于董事会,也可以存在于股东会。

### 一、法律规定

《公司法》第42条规定:"股东会会议由股东按照出资比例行使表决权;但是,公司章程另有规定的除外。"第43条第1款规定:"股东会的议事方式和表决程序,除本法有规定的外,由公司章程规定。"

《公司法》第48条规定:"董事会的议事方式和表决程序,除本法有规定的外,由公司章程规定。董事会应当对所议事项的决定作成会议记录,出席会议的董事应当在会议记录上签名。董事会决议的表决,实行一人一票。"

因此,在有限公司层面,从法律规定来看,并无对一票否决权的禁止性规定。

至于股份公司,与有限公司不同,现行《公司法》相关条款并未有和有限公司类似的"公司章程另有规定的除外"的规定,因此多数观点认为,从体系解释角度来看,上述规定并未对股份公司一票否决权提供法律制度基础;但也有少数观点认为,法无禁止即可为,股份公司仍可为股东设计一票否决权。

如前所述,《公司法(修订草案三次审议稿)》在该问题上作出了新的突破,其第144条规定:"公司可以按照公司章程的规定发行下列与普通股权利不同的类别股:(一)优先或者劣后分配利润或者剩余财产的股份;(二)每一股的表决权数多于或者少于普通股的股份;(三)转让须经公司同意等转让受限的股份;(四)国务院规定的其他类别股。公开发行股份的公司不得发行前款第二项、第三项规定的类别股;公开发行前已发行的除外。公司发行本条第一款第二项规定的类别股的,对于监事或者审计委员会成员的选举和更换,类别股与普通股每一股的表决权数相同。"

该条款对实践中已经在上市公司中适用的优先股和表决权差异进行了法律层面的规定,从实质效果来看,表决权差异虽然与一票否决权有所不同,但其所带来的后果是,可能产生股份公司实质性的一票否决权,其具体适用情况,还有待于对修订草案的后继持续观察。

## 二、法院裁判

在对该问题的处理上,法院的裁判尺度存在较大差异。上海二中院作出的(2014)沪二中民四(商)终字第330号民事判决书[奇虎三六零软件(北京)有限公司与上海老友计网络科技有限公司、蒋某文等请求变更公司登记纠纷]认为:"本案中,赋予奇虎三六零公司对一些事项,包括股权转让的一票否决权,系奇虎三六零公司认购新增资本的重要条件,这种限制是各方出于各自利益需求协商的结果,符合当时股东的真实意思表示,未违反《公司法》的强制性规定,应认定符合公司股东意思自治的精神,其效力应得到认可。"江苏南京中院作出的(2017)苏01民终8178号、(2018)苏01民终3636号民事裁定书(党某与南京赛世仙林房地产开发有限公司、计某、史某新公司决议效力确认纠纷)亦认为:"赛世公司章程第五十一条规定:'董事会议定事项须经过全体持有股权董事,即经过全体持有表决权的董事一致同意方可作出'。案涉董事会决议未经持股董事党某的同意,该决议的表决结果未达到赛世公司章程规定的通过比例,故依法不成立。"

浙江温州中院作出的(2021)浙03民终110号民事判决书(东华工程科技股份有限公司与浙江天泽大有环保能源有限公司公司决议撤销纠纷)认为:"关于8月20日修改公司章程第二十条规定的'一票否决权'是否违反公司章程规定。天泽大有公司章程第二十条所规定的'一票否决权'系针对公司合并、分立、托管、破产、解散、变更公司形式、对外融资、申请综合或单项授信额度、融资租赁、保理业务、投资、担保、实收资本变动方案、注册资本变动方式、设立或注销其子公司、分公司、驻外机构,并未包含'修改公司章程',故天泽大有公司通过经持股比例为72%股东表决通过修改该条公司章程并不当。故一审法院认定7月27日及8月20日股东会决议属于'召集程序仅有轻微瑕疵,且对决议未产生实质影响'并无不当。"

而与之相反的,内蒙古高院作出的(2013)内商初字第9号民事判决书[王某兰与内蒙古生力资源(集团)有限责任公司损害股东利益责任纠纷]认为:"……股东会决议是否能够通过须依照法律规定及章程约定的表决方式和议事规则而定,而非某一个股东的一票否决或是否同意才能使股东会决议形成并生效。如果公司召开股东会并形成有效决议的前提是所有股东全部同意,只要其中一个股东不同意或否决,即无法召开会议或形成决议,这样既影响公司的正常经营和决策,也不利于股东利益的维护和实现,股东会的召开及决议的形成还是应当遵从公司章程的约定及法律的明确规定……"

上海一中院作出的(2002)沪一中民三(商)终字第292号民事判决书(上海文宝贸易商汇与上海天马电影制片有限公司清算小组损害公司利益责任纠纷)认为:"尽管上诉人文宝商汇依公司章程在该股东

会上行使了'一票否决权'反对成立清算组,但其行使的该'一票否决权'与上述《公司法》规定的应当成立清算组之股东的法定义务有悖,故上诉人文宝商汇以此阻碍天马公司股东会依法成立清算组之决议形成,于法无据,其该上诉理由难以成立。"

浙江嘉兴中院作出的(2021)浙04民终3736号民事判决书(诸某四与陈某涌股权转让纠纷)亦认为:"诸某四自公司重组后担任执行董事、法定代表人至今已逾三年,三年内公司股东会并未对执行董事进行过选举,诸某四的任职期限已届满,虽然可连选连任,但亦应经过股东会作出决议,而非'终身制'。现诸某四以该条款约定,主张陈某涌要求改选执行董事、法定代表人的行为违约,实质上就是主张《特别决议》中'诸某四担任董事长'任期具有终身性,或者说只有诸某四指定或同意的人员(只有此种情况下诸某四才有可能与其他股东重新签订特别决议,否则诸阿四有'一票否决权')才能成为公司的执行董事、法定代表人,相当于公司的人事权实由诸某四一人决定,此种理解显然有违《中华人民共和国公司法》的规定,极大限制了其他股东可行使的法定权利以及公司根据实际情况制定灵活可变的经营决策的自主权,本院不予认定。"

### 三、实务操作

在实践中,建议如下操作:

(1)鉴于《公司法》的现行规定,一票否决权应当尽可能列入章程,而不仅仅是列入《股东协议》(SHA)或类似契约性质合同。

关于公司章程与SHA的区别与联系详见本书第四章第二节"一、基本概念"部分,本处不再重复。简而概之:公司章程适用于公司、股东、治理层、管理层、信赖公司章程的第三人等主体,而SHA的效力原则上只发生于股东之间。当二者条款存在冲突时,应视主体情况区分对内适用还是对外适用。不过为避免不必要的麻烦,还是建议相关约定尽可能列入章程。当时间或其他客观原因不允许的情况下,则需在股东协议中注明"本协议不因目标公司章程的签署而被取代或变更;公司章程条款与本协议内容约定不一致的,以本协议为准"或类似内容。

(2)一票否决权不宜广撒网,人人都有的就等于人人都没有,反而广撒网的一票否决权有极大的可能使公司陷入僵局,甚至极端情况下导致公司强制解散,并极大增加被法院认定无效的风险,这点,在前述案例中亦有体现。一般建议对持股比例达到特定比例以上的股东,或者重要的领投人、战略投资者可以酌情考虑给予一票否决权,且即便如此也应当严格控制人数和范围,并且在相关投资人因为减持、股权转让等原因持股比例低于特定要求时,规定其不再继续享有一票否决权。

(3)如前所述,从合并财务报表的要求看,通常情况下,一票否决权内容不宜过广,尤其是涉及公司日常经营的内容,否则可能超出保护性权利的范畴,导致合并财务报表的困难和问题;从法律角度来看,过于广泛的一票否决权,可能被认定干预公司日常经营,从而构成被投资企业和创始人对于对赌履行的抗辩因素。

### 四、实例参考

实践中,一个可供参考的股东会一票否决权条款如下:

1 除非经代表 2/3 以上表决权的股东通过(其中必须包括代表 3/4 以上表决权的本轮投资者的同意),公司及其关联方不得直接或间接从事或进行下列任何事项:

1.1 对公司的章程或者其他纲领性文件进行变更或修改。

1.2 与其他经营实体兼并或者合并,对于公司进行清算、解散、重组、破产、停业或者启动类似程序,或者申请任命接管人、管理人、司法管理人或者类似职能的人员。

1.3 增加或者减少公司的注册资本(但不包括因本轮投资者行使本协议规定的回购权而发生的减资);增加、减少、取消公司任何类别或者轮次的股份的授权股数,或者任何公司已授权或已发行的股本数量,或者授权、创设、发行或者回购、赎回、撤销任何股份或可转换证券或带有认购股份或者认股权证权利的证券，或者授予或者发行期权、认股权证或者要求将来发行新股的权利，或者其他导致投资者在公司的有效股权被稀释或者减少的行为。

1.4 出售、质押、转让、处分或稀释公司在任何实体的直接或间接的股权或财产份额。

1.5 批准任何创始股东对公司的股份或者股权转让。

1.6 批准董事会董事数量的增加和减少以及董事的变更。

1.7 以派发股息（临时股息或者其他形式）、公积金资本化或其他形式在股东之间进行利润分配。

1.8 批准、修改或者终止员工期权计划，或者为了公司的员工、管理人员、董事、合同工、顾问的利益的其他股权激励、购买或者参与计划，该等计划项下的发股，以及该等计划项下预留用于发股的股份或股权总数的增加。

1.9 在任一财务年度中，公司单笔交易金额超过人民币 5000000 元的交易（无论是一次性付款还是通过签署一份或一系列文件拆分金额付款），无论是发生资本性承诺或者资本支出，或者购买、取得或租赁任何资产或不动产，或者其他情形。

1.10 在一个会计年度内，进行任何金额合计超过人民币 2000000 元的借贷或者取得任何金融工具，或者对公司之外的任何实体或者个人提供金额合计超过人民币 2000000 元的借款或者公司正常业务活动之外的预付款，或者为其债务提供保证。

1.11 在任何公司的全部或者部分业务、资产或权利上创设、发行或者发生任何补偿、债券、担保权益、抵押、留置权或者其他担保。

1.12 出售、转让或处分任何公司的全部或大部分业务、商誉或资产，或者将任何公司的重大技术或者知识产权许可给第三方。

1.13 对任何其他实体进行任何超过人民币 5000000 元的投资（包括按交易事项的类型在连续 12 个月内累计计算，经累计计算达到前述金额的）。

## 第十八节　表决权差异
### ——司法裁判和金融监管对"同股不同权"的态度

除了前述一票否决权,投资人可能还会有更进一步的表决权差异(也称"超级投票权"或者说"同股不同权")的要求。《公司法》第34条、第43条给出了有限公司框架下同股不同权的法律基础。

最高院在深圳市启迪信息技术有限公司与郑州国华投资有限公司、开封市豫信企业管理咨询有限公司、珠海科美教育投资有限公司股权确认纠纷案(《最高人民法院公报》2012年第1期)中认为:"……我国法律并未禁止股东内部对各自的实际出资数额和占有股权比例作出约定,这样的约定并不影响公司资本对公司债权担保等对外基本功能实现,并非规避法律的行为,应属于公司股东意思自治的范畴。……启迪公司、国华公司、豫信公司约定对科美投资公司的全部注册资本由国华公司投入,而各股东分别占有科美投资公司约定份额的股权,对公司盈利分配也作出特别约定。这是各方对各自掌握的经营资源、投入成本及预期收入进行综合判断的结果,是各方当事人的真实意思表示,并未损害他人的利益,不违反法律和行政法规的规定,属有效约定,当事人应按照约定履行。"

北京三中院作出的(2017)京03民终7216号民事判决书(李某奔与北京京西文化旅游股份有限公司公司决议效力确认纠纷)亦认为:"(一)……有限责任公司与股份有限公司的公开性程度不同,其股东的出资及股权的取得有充分的协商空间,故其不当然适用《公司法》第一百二十六条规定关于股份有限公司股份发行和转让的相关规定。(二)《公司法》并无有限责任公司股东出资对应公司股权比例的强制性规定。'同股同权'原则表现主要有:1. 同股同价;2. 相同股份对应相同的投票权;3. 相同股份应当对应相同的自益权;4. 每一股份上的投票权和收益应当是相对应的。《公司法》上对于有限责任公司股东出资并未明确规定'同股同价'。而《公司法》第三十四条规定:'股东按照实缴的出资比例分取红利;公司新增资本时,股东有权优先按照实缴的出资比例认缴出资。但是,全体股东约定不按照出资比例分取红利或者不按照出资比例优先认缴出资的除外。'上述条文规定于《公司法》第二章'有限责任公司的设立和组织机构'中第一节'设立'部分,是《公司法》关于有限责任公司股东分红权和优先认购权的规定,虽该规定并非'同股可不同价'的明确规定,但该规定明确了有限责任公司股东的分红权和优先认购权在以'同股同权'为原则的同时,可以以'全体股东约定'为例外,充分尊重了全体股东的意思自治;同理,在《公司法》对于有限责任公司未明确规定'同股同价'的前提下,全体股东共同对出资安排的约定并不违反《公司法》的效力性强制性规定,亦不违背《公司法》在有限责任公司充分尊重全体股东意思自治的立法旨意。"

综上,在目前的司法框架下,对于有限公司同股不同权的约定,如无明显不合理的情形或者过度剥夺、限制一方股东合法权益的,一般情况下根据意思自治的原则,能够得到司法裁判的支持,但需要注意的是,同股不同权的特殊安排在章程备案方面,视各地市场监督管理部门的态度不同,可能存在一定的障碍,而章程备案是对外登记要件,需要在实践中予以重视。

在股份公司领域,《公司法》第 126 条是"同股同权"的法律基础,但是,《公司法》第 131 条也规定了"国务院可以对公司发行本法规定以外的其他种类的股份,另行作出规定"。基于此,国务院在 2013 年发布了《关于开展优先股试点的指导意见》(国发〔2013〕46 号),开启了优先股的试点,即其股份持有人优先于普通股股东分配公司利润和剩余财产,但参与公司决策管理等权利受到限制。

国务院在《关于推动创新创业高质量发展打造"双创"升级版的意见》(国发〔2018〕32 号)中提及:"支持发展潜力好但尚未盈利的创新型企业上市或在新三板、区域性股权市场挂牌。推动科技型中小企业和创业投资企业发债融资,稳步扩大创新创业债试点规模,支持符合条件的企业发行'双创'专项债务融资工具。规范发展互联网股权融资,拓宽小微企业和创新创业者的融资渠道。推动完善公司法等法律法规和资本市场相关规则,允许科技企业实行'同股不同权'治理结构。"

2019 年 3 月 1 日正式公布的科创板系列制度正式推出了表决权差异安排制度。表决权差异安排,是指发行人在一般规定的普通股份之外,发行拥有特别表决权的股份。每一特别表决权股份拥有的表决权数量大于每一普通股份拥有的表决权数量,其他股东权利与普通股份相同。限于篇幅,关于科创板表决权差异相关内容本书不再展开详细叙述。

最高院在《关于为设立科创板并试点注册制改革提供司法保障的若干意见》(法发〔2019〕17 号)中强调:"科创板上市公司在上市前进行差异化表决权安排的,人民法院要根据全国人大常委会对进行股票发行注册制改革的授权和公司法第一百三十一条的规定,依法认定有关股东大会决议的效力。"上海高院在《关于服务保障设立科创板并试点注册制的若干意见》中亦提及:"尊重科创板上市公司的表决权差异安排及上海证券交易所、中国证券登记结算有限责任公司的相关业务规则,支持科创企业建立与其特点相适应的公司治理结构,保障科创企业持续健康发展。"

如前所述,《公司法(修订草案三次审议稿)》第 144 条也在法律层面对此作出了明确的规定。

从资本市场的角度来看,"同股不同权"或者说表决权差异安排制度本属于舶来品,最早产生于美国。其最早可追溯至 1898 年,International Silver 公司发行了 900 万股优先股和 1100 万股无投票权的普通股。这是历史上首次将股权与投票权分离,也被视为双层股权结构的起源。21 世纪以来,不少的互联网等科技公司选择表决权差异安排制度作为其股权架构模式,而中国香港和新加坡证券市场亦是分别于 2018 年推出接纳"同股不同权"的公司上市的政策,使得两地证券市场出现井喷现象。

紧跟随科创板的脚步,创业板注册制改革在 2020 年也全面步入实践阶段,涉及表决权差异及对赌相关问题的态度基本和科创板要求相似。2021 年,北交所也在扩容后引入了同股不同权的安排,限于篇幅,不再详细展开。

2020 年 8 月 28 日,深圳颁布了《深圳经济特区科技创新条例》,并自 2020 年 11 月 1 日起施行。其中,第 99 条规定:"在本市依照《中华人民共和国公司法》登记的科技企业可以设置特殊股权结构,在公司章程中约定表决权差异安排,在普通股份之外,设置拥有大于普通股份表决权数量的特别表决权股份。有特别表决权股份的股东,可以包括公司的创始股东和其他对公司技术进步、业务发展有重大贡献并且在公司的后续发展中持续发挥重要作用的股东,以及上述人员实际控制的持股主体。设置特殊股权结构的公司,其他方面符合有关上市规则的,可以通过证券交易机构上市交易。"

限于资本市场对于表决权差异适用的上市标准的严格限制和监管部门的审慎态度,截至目前,优刻得(688158)、九号智能(689009)、精进电动(688280)、汇宇制药(688553)等采取了表决权差异的安排,限于篇幅,感兴趣的读者可以自行查阅相关公开信息了解。

以优刻得为例,2019 年 3 月 17 日,优刻得 2019 年第一次临时股东大会审议通过《关于〈优刻得科技股份有限公司关于设置特别表决权股份的方案〉的议案》,共同控股股东及实际控制人设置特别表决权的数量合计 97688245 股 A 类股份(由季某华、莫某锋、华某分别持有 50831173 股、23428536 股、23428536 股,A 类股份占公司股份总数的比例为 26.8347%),剩余 266343919 股为 B 类股份,每份 A 类股份拥有的表决权梳理为每份 B 类股份拥有表决权的 5 倍,每份 A 类股份的表决权数量相同。经该表决权差异安排后,季某华、莫某锋、华某分别持有公司 33.67%、15.52%、15.52%表决权,合计持有 64.71%的表决权。

优刻得公司发行前后的表决权情况可参见表 5 和表 6:

表5 优刻得公司科创板发行前股权和表决权情况

| 序号 | 股东名称 | 持股数（股） | 股权比例（%） | 表决权数量（票） | 表决权比例（%） |
|---|---|---|---|---|---|
| 1 | 季某华 | 50831173 | 13.9633 | 254155865 | 33.6726 |
| 2 | 莫某峰 | 23428536 | 6.4357 | 117142680 | 15.5200 |
| 3 | 华某 | 23428536 | 6.4357 | 117142680 | 15.5200 |
| 4 | 其他现有股东 | 266343919 | 73.1653 | 266343919 | 35.2874 |
| 5 | 公众股东 | — | | — | — |
| 合计 | | 364032164 | 100.0000 | 754785144 | 100.0000 |

表6 优刻得公司科创板发行后股权和表决权情况

| 序号 | 股东名称 | 持股数（股） | 股权比例（%） | 表决权数量（票） | 表决权比例（%） |
|---|---|---|---|---|---|
| 1 | 季某华 | 50831173 | 10.4713 | 254155865 | 29.0071 |
| 2 | 莫某峰 | 23428536 | 4.8263 | 117142680 | 13.3696 |
| 3 | 华某 | 23428536 | 4.8263 | 117142680 | 13.3696 |
| 4 | 其他现有股东 | 266343919 | 54.8674 | 266343919 | 30.3982 |
| 5 | 公众股东 | 121400000 | 25.0087 | 121400000 | 13.8555 |
| 合计 | | 485432164 | 100.0000 | 876185144 | 100.0000 |

从司法实践的角度来看，表决权差异制度规定后的相关案例还有待进一步观察。

# 第八章 对赌涉及虚假陈述的法律责任

## 第一节 虚假陈述的民事责任

### 一、民事责任规则

1.《证券法》

虚假陈述案件民事责任的相关法律规范最早可见于 1998 年《证券法》，至今历经 5 次修改，2019 年修订的《证券法》中，与虚假陈述相关的民事责任规定主要分布在以下几处：

（1）第 56 条规定了真实、客观、准确披露信息的义务："禁止任何单位和个人编造、传播虚假信息或者误导性信息，扰乱证券市场。禁止证券交易场所、证券公司、证券登记结算机构、证券服务机构及其从业人员，证券业协会、证券监督管理机构及其工作人员，在证券交易活动中作出虚假陈述或者信息误导。各种传播媒介传播证券市场信息必须真实、客观，禁止误导。传播媒介及其从事证券市场信息报道的工作人员不得从事与其工作职责发生利益冲突的证券买卖。编造、传播虚假信息或者误导性信息，扰乱证券市场，给投资者造成损失的，应当依法承担赔偿责任。"

（2）第 85 条规定了虚假陈述的类型："信息披露义务人未按照规定披露信息，或者公告的证券发行文件、定期报告、临时报告及其他信息披露资料存在虚假记载、误导性陈述或者重大遗漏，致使投资者在证券交易中遭受损失的，信息披露义务人应当承担赔偿责任；发行人的控股股东、实际控制人、董事、监事、高级管理人员和其他直接责任人员以及保荐人、承销的证券公司及其直接责任人员,应当与发行人承担连带赔偿责任,但是能够证明自己没有过错的除外。"

（3）第193条规定了虚假陈述的法律责任:"违反本法第五十六条第一款、第三款的规定,编造、传播虚假信息或者误导性信息,扰乱证券市场的,没收违法所得,并处以违法所得一倍以上十倍以下的罚款;没有违法所得或者违法所得不足二十万元的,处以二十万元以上二百万元以下的罚款。违反本法第五十六条第二款的规定,在证券交易活动中作出虚假陈述或者信息误导的,责令改正,处以二十万元以上二百万元以下的罚款;属于国家工作人员的,还应当依法给予处分。传播媒介及其从事证券市场信息报道的工作人员违反本法第五十六条第三款的规定,从事与其工作职责发生利益冲突的证券买卖的,没收违法所得,并处以买卖证券等值以下的罚款。"

2.《2022 虚假陈述解释》

随着注册制改革的深入推进,监管部门的监督审核逐渐从事前转为事后,对于发行人的信息披露要求也逐步提高。从近年来的监管案例来看,从严信息披露监管和宽严相济的处理已成为必然趋势。2022年1月22日起施行的《2022 虚假陈述解释》(法释〔2022〕2号),在《2003 虚假陈述解释》(法释〔2003〕2号)的基础上充实和完善了证券市场民事责任制度,进一步提高了违法违规成本,畅通了投资人的救济渠道。同日,最高法、证监会还与司法解释同步发布了《关于适用〈最高人民法院关于审理证券市场虚假陈述侵权民事赔偿案件的若干规定〉有关问题的通知》(法〔2022〕23号),就人民法院案件审理和证监会的专业支持工作机制进行了补充规定。

《2022 虚假陈述解释》在整合《2003 虚假陈述解释》相关内容的基础上,新增了15条重要内容。全文共计35条,分为一般规定、虚假陈述的认定、重大性及交易因果关系、过错认定、责任主体、损失认定、诉讼时效、附则等8个部分。本次修订体现了两大主题,一是结合新法律法规和司法实践完善了旧司法解释中的不足之处,使得新司法解释与新《证券法》《上市公司信息披露管理办法》等法律法规良好衔接,以适应市场发展和司法实践需要;二是加强对投资者合法权益的保护,夯实了发行人及相关主体的责任,包括畅通投资者的救济渠道,强化控股股东、实控人、董监高等"关键少数"、中介机构、重组交易对方以及发行人业务相关方的主体责任等,旨在构建行政执法、民事赔偿和刑事惩戒互相衔接、互相支持的追责体系,推动形成对资本市场财务造假零容忍的强大震慑,为资本市场规范、健康、良性发展提供有力的司法保障。

**二、《2022 虚假陈述解释》详解**

1. 关于适用范围

《2003 虚假陈述解释》将证券类型限定为股票、将大宗交易和协议转让排除在适用范围之外的做法,难以满足审判实践的需要。《2022 虚假陈述解释》第 1 条对适用范围进行了明确,即信息披露义务人在证券交易场所(包括证券交易所、国务院批准的其他全国性证券交易场所)发行、交易证券过程中实施虚假陈述引发的侵权民事赔偿案件,都适用本规定。

之所以作出此番调整,主要是考虑到:一则,在证券交易市场,信息披露义务人实施的虚假陈述致使投资者因此交易证券并遭受损失的,因交易关系发生在投资者之间,信息披露义务人并非投资者交易活动的相对人,无论交易方式是集中竞价交易还是协议转让,都构成合同当事人之外的第三方实施欺诈行为。① 二则,是为了匹配 2019 年

---

① 参见林文学、付金联、周伦军:《〈关于审理证券市场虚假陈述侵权民事赔偿案件的若干规定〉的理解与适用》,载《人民司法·应用》2022 年第 7 期。

修订的《证券法》第 2 条①关于证券类型的定义,避免除股票外同样负有保证信息披露内容真实、准确、完整的其他类型证券发行人虚假陈述而相关投资者损失难以救济的情况出现。三则,随着区域性股权市场的不断发展,私募和协议转让方式的证券交易愈发常见,而发行人虚假陈述纠纷在两种交易方式中的本质均是当事人一方或第三方实施的欺诈行为,故而《2022 虚假陈述解释》第 1 条第 2 款明确了按照国务院规定设立的区域性股权市场中发生的虚假陈述侵权民事赔偿案件,可以参照适用本规定。当然,也可以根据《民法典》第 148 条、第 149 条、第 1165 条所规定的撤销交易、恢复原状、赔偿损失等合同法原理上的方式来救济。

2. 关于案件的管辖

《2003 虚假陈述解释》对管辖作了较为细致的规定,但从实践效果来看,通过案件移送的安排,大多还是最终由发行人或上市公司住所地的省会城市中级人民法院管辖。在实践中,由于管辖地的多元化,不仅会发生法院之间"抢管辖""推管辖"等管辖权争议,也使得当事人利用管辖权异议拖延诉讼的现象时有发生,不利于纠纷的及时化解。②《2022 虚假陈述解释》第 3 条进一步强化了集中管辖的基本思路,由发行人住所地的省、自治区、直辖市人民政府所在的市、计划单列市和经济特区中级人民法院或者专门人民法院管辖为基本原则。《最高人民法院关于证券纠纷代表人诉讼若干问题的规定》等司法解

---

① 《证券法》第 2 条规定:"在中华人民共和国境内,股票、公司债券、存托凭证和国务院依法认定的其他证券的发行和交易,适用本法;本法未规定的,适用《中华人民共和国公司法》和其他法律、行政法规的规定。政府债券、证券投资基金份额的上市交易,适用本法;其他法律、行政法规另有规定的,适用其规定。资产支持证券、资产管理产品发行、交易的管理办法,由国务院按照本法的原则规定。在中华人民共和国境外的证券发行和交易活动,扰乱中华人民共和国境内市场秩序,损害境内投资者合法权益的,依照本法有关规定处理并追究法律责任。"

② 参见林文学、付金联、周伦军:《〈关于审理证券市场虚假陈述侵权民事赔偿案件的若干规定〉的理解与适用》,载《人民司法·应用》2022 年第 7 期。

释对特别代表人诉讼等案件管辖另有规定的,从其规定。同时,为缓解省会城市中级人民法院的案件量压力,第 3 条第 2 款规定:省、自治区、直辖市高级人民法院可以根据本辖区的实际情况,确定管辖第一审证券虚假陈述侵权民事赔偿案件的其他中级人民法院,报最高人民法院备案。

3. 关于废除前置程序

根据《2003 虚假陈述解释》,对虚假陈述行为人提起民事赔偿诉讼需要以行政处罚决定或刑事裁判文书为受理的前置条件。当初设计这一规定的初衷本是为减轻原告举证责任,同时防范滥诉,以及统一行政处罚与司法裁判标准。但从实践效果看,前置程序的要求在客观上也存在投资者诉权保障不足、权利实现周期过长等问题,部分法院判决并不认同交易所警示函、通报批评等措施满足前置程序的要求,例如最高院( 2021 )最高法民申 6227 号民事裁定书、北京高院( 2021 )京民终 534 号民事裁定书。

而《2022 虚假陈述解释》废除了前置程序,仅需提交信息披露义务人实施虚假陈述的相关证据。同时,最高院、证监会发布的联合通知法〔2022〕23 号还明确了人民法院与证监会在取消前置程序后的协同问题,包括:(1)人民法院受理证券市场虚假陈述侵权民事赔偿案件后,应当在 10 个工作日内将案件基本情况向发行人、上市或者挂牌公司所在辖区的证监会派出机构通报,相关派出机构接到通报后应当及时向证监会报告;(2)在充分沟通的基础上,人民法院依照《民事诉讼法》及相关司法解释等规定调查收集证据,证监会有关部门或者派出机构依法依规予以协助配合;(3)人民法院经审查,认为证监会有关部门或者派出机构对涉诉虚假陈述的立案调查不影响民事案件审理的,应当继续审理;(4)案件审理过程中,人民法院可以就诉争虚假陈述行为违反信息披露义务规定情况、对证券交易价格的影响、损失计算等专业问题征求证监会或者相关派出机构、证券交易场所、证券业自律管理组织、投资者保护机构等单位的意见;等等。此举无疑降低了投资者向虚假陈述行为人索赔的难度,从瑞幸咖啡、康美药业等案例来看,证监会、交易所发布的行政监管措施、纪律处分决定、自律监管措施,以及上市公司自行更正披露的信息、权威媒体的分析报道等均可以作为提起诉讼的相关证据。

4. 关于虚假陈述的认定

(1)关于"虚假陈述行为"的认定

本次修订扩大了虚假陈述的定义范围,将行政法规、监管部门制定的规章和交易所的各项规范性文件关于信息披露的规定均纳入了认定依据中。此外,对于虚假陈述的各个类型也放宽了认定情形,不再局限于此前的范围。根据《2022 虚假陈述解释》第 4 条第 1 款的规定,信息披露义务人违反法律、行政法规、监管部门制定的规章和规范性文件关于信息披露的规定,在披露的信息中存在虚假记载、误导性陈述或者重大遗漏的,人民法院应当认定为虚假陈述。

按照《证券法》第 85 条的规定,虚假陈述包括未按照规定披露信息、虚假记载、误导性陈述、重大遗漏 4 种类型。《2022 虚假陈述解释》在第 4 条第 2 款、第 3 款和第 4 款分别完善了虚假记载、误导性陈述和重大遗漏的定义:虚假记载,是指信息披露义务人披露的信息中对相关财务数据进行重大不实记载,或者对其他重要信息作出与真实情况不符的描述。误导性陈述,是指信息披露义务人披露的信息隐瞒了与之相关的部分重要事实,或者未及时披露相关更正、确认信息,致使已经披露的信息因不完整、不准确而具有误导性。重大遗漏,是指信息披露义务人违反关于信息披露的规定,对重大事件或者重要事项等应当披露的信息未予披露。而未按照规定披露信息,是指信息披露义务人未按照规定的期限、方式等要求及时、公平披露信息,不能完全等同于虚假陈述。《2022 虚假陈述解释》根据未按照规定披露信息的行为类型,将其民事责任作了类型化的指引:信息披露义务人未按照规定的期限披露信息构成误导性陈述、重大遗漏等虚假陈述的,依照《2022虚假陈述解释》承担民事责任;未按照规定的方式公平披露信息构成内幕交易的,依照《证券法》第 53 条的规定承担民事责任;构成《公司法》第 152 条规定的损害股东利益行为的,依照该法承担民事责任。

（2）关于"三日一价"的认定

虚假陈述的实施日、揭露日和更正日,与损失认定的基准日和基准价紧密相连,审判实践中一般将其简称为"三日一价"。《2022 虚假陈述解释》在《2003 虚假陈述解释》规定的基础上对相关日期的认定作了更为细致的指引。

虚假陈述实施日,是指信息披露义务人作出虚假陈述或者发生虚假陈述之日。信息披露义务人作出虚假陈述之日,是指以积极作为的方式实施虚假陈述,原则上应当以虚假陈述的内容首次公开披露或在媒体上公布之日为实施日,但对交易日收市后发布虚假陈述的,则应以其后的第一个交易日为实施日。发生虚假陈述之日,是指信息披露义务人以消极不作为的方式实施虚假陈述,即因未及时披露相关更正、确认信息构成误导性陈述,或者未及时披露重大事件或者重要事项等构成重大遗漏的,以应当披露相关信息期限届满后的第一个交易日为实施日。

虚假陈述揭露日,是指虚假陈述在具有全国性影响的报刊、电台、电视台或监管部门网站、交易场所网站、主要门户网站、行业知名的自媒体等媒体上,首次被公开揭露并为证券市场知悉之日。在审判工作中,判断证券市场是否知悉虚假陈述,还应当根据公开交易市场对相关信息的反应等证据加以认定。在案件审理中,监管部门以涉嫌信息披露违法为由对信息披露义务人立案调查的信息公开之日,或者证券交易场所等自律管理组织因虚假陈述对信息披露义务人等责任主体采取自律管理措施的信息公布之日,原则上可以推定为揭露日,但当事人有相反证据足以反驳的除外。由于虚假陈述所涉及的都是发行人内部的信息,其揭露过程往往呈现出不断接近真相的状态,对于这种情况下虚假陈述揭露日的判断标准,实践中存在不同认识。《九民纪要》第 84 条明确,虚假陈述的揭露和更正,是指虚假陈述被市场所知悉、了解,其精确程度并不以"镜像规则"为必要,不要求达到全面、完整、准确的程度。在此基础上,《2022 虚假陈述解释》第 8 条第 4 款规定,信息披露义务人实施的虚假陈述呈连续状态的,以首次被公开揭露并为证券市场知悉之日为揭露日。信息披露义务人实施多个相互独立的虚假陈述的,人民法院应当分别认定其揭露日。

虚假陈述更正日,是指信息披露义务人在证券交易场所网站或者符合监管部门规定条件的媒体上,自行更正虚假陈述之日。

在基准日和基准价的认定方面,《2022 虚假陈述解释》第 26 条规定,在采用集中竞价的交易市场中,自揭露日或更正日起,被虚假陈述影响的证券集中交易累计成交量达到可流通部分 100%之日为基准日。如果自揭露日或更正日起,集中交易累计换手率在 10 个交易日内达到可流通部分 100%的,以第 10 个交易日为基准日;在 30 个交易日内未达到可流通部分 100%的,以第 30 个交易日为基准日。与之相应,虚假陈述揭露日或更正日起至基准日期间每个交易日收盘价的平均价格,为损失计算的基准价格。对于不能根据基准日后的价格变化确定基准价格的情形,人民法院可以根据有专门知识的人的专业意见,参考对相关行业进行投资时的通常估值方法,确定基准价格。①

(3)关于"责任"的认定

《证券法》第 85 条对发行人的责任规定为无过错责任,对发行人的控股股东、实际控制人、董监高等内部人规定了过错推定责任;第 163 条对证券服务机构规定了过错推定责任。这里的"过错"与传统民法体系中的过错定义不同:民法中的过错包括故意、重大过失和轻微过失;《2022 虚假陈述解释》第 13 条将过错限定为故意和重大过失。

之所以如此规定,主要是基于 3 个方面的理由:一是法律体系解释;二是比较法解释;三是司法实践中的传统做法。首先,从体系解释

① 参见林文学、付金联、周伦军:《〈关于审理证券市场虚假陈述侵权民事赔偿案件的若干规定〉的理解与适用》,载《人民司法·应用》2022 年第 7 期。

的角度，《证券法》第 85 条规定，信息披露义务人实施虚假陈述致使投资者在证券交易中遭受损失的，信息披露义务人应当承担赔偿责任；发行人的控股股东、实际控制人、董事、监事、高级管理人员和其他直接责任人员以及保荐人、承销的证券公司及其直接责任人员应当与发行人承担连带赔偿责任，但是能够证明自己没有过错的除外。这一立法规定，突破了传统民法关于职务行为免于对外承担个人责任的原则，其规范意旨在于以连带责任的方式为受害人提供更为充分的保护。此外，从体系解释的角度，将《证券法》第 85 条的过错，限定为故意和重大过失，是保持法律体系内在自洽的需要。《证券法》第 163 条规定，证券服务机构制作、出具的文件有虚假记载、误导性陈述或者重大遗漏，给他人造成损失的，应当与委托人承担连带赔偿责任，但是能够证明自己没有过错的除外。由于证券服务机构属于对信息披露文件进行审核、验证的看门人，属于发行人的外部人，在发行人董监高等内部人仅因故意或重大过失才承担民事责任的情况下，按照举重以明轻的解释方法，外部监督者的责任当然不能重于内部人，因此，将《证券法》第 163 条的过错限定为故意和重大过失，亦有其必要。其次，从比较法的角度，《美国证券法》所称的过错（Scienter）概念包括欺诈的故意（intent to deceive, manipulate, or defraud）和重大过失（Recklessness），只有故意欺诈、明知虚假陈述具有误导投资者的危险仍然放任，以及罔顾事实的重大过失行为，才能构成《证券法》上的过错，程度较轻的过失不能产生巨额的民事赔偿责任，以免产生信息披露的寒蝉效应，以及对企业招揽和保持管理人才队伍产生不利影响。这一立场，为德国、日本及我国台湾地区所采纳。最后，从一贯的司法传统看，在审判工作中，将二级市场虚假陈述侵权的过错理解为故意和重大过失两种形式，在司法解释和司法政策中均有体现。例如，《最高人民法院关于审理涉及会计师事务所在审计业务活动中民事侵权赔偿案件的若干规定》第 7 条规定："会计师事务所能够证明存在以下情形之一的，不承担民事赔偿责任：（一）已经遵守执业准则、规则确定的工作程序并保持必要的职业谨慎,但仍未能发现被审计的会计资料错误;(二)审计业务所必须依赖的金融机构等单位提供虚假或者不实的证明文件,会计师事务所在保持必要的职业谨慎下仍未能发现其虚假或者不实……"《全国法院审理债券纠纷案件座谈会纪要》第 29 条明确,债券承销机构严重违反规范性文件、执业规范和自律监管规则中关于尽职调查的要求,导致信息披露文件中关于发行人偿付能力的重要内容存在虚假陈述的,人民法院应当认定其存在过错。第 30 条明确,债券承销机构能够证明其尽职调查工作虽然存在瑕疵,但即使完整履行了相关程序也难以发现信息披露文件存在虚假陈述的,人民法院应当认定其没有过错。[①]

为了统一认定信息披露义务人的过错及其程度的裁判尺度,《2022 虚假陈述解释》第 14~19 条分别对董监高等内部人、独立董事、履行承销保荐职责的机构、证券服务机构的过错审查及免责抗辩理由进行了规定。

关于内部人过错的审查认定方法,《2022 虚假陈述解释》第 14 条第 1 款规定,作为信息披露义务人的董事、监事、高级管理人员或者履行同等职责的人员和其他直接责任人员主张对虚假陈述没有过错的抗辩理由,人民法院应当根据其在发行人中的实际地位、信息披露资料的形成和发布等活动中所起的作用、取得和了解相关信息的渠道、为核验相关信息所采取的措施等实际情况进行审查认定。第 2 款规定,前款所列人员不能提供其勤勉尽责的相应证据,仅以其不从事日常经营管理、无相关职业背景和专业知识、相信发行人或管理层提供的资料、相信证券服务机构出具的专业意见等理由主张其没有过错的,人民法院不予支持。

为保障异议董事、监事、高级管理人员的合法权利,《2022 虚假陈

---

[①]　参见林文学、付金联、周伦军:《〈关于审理证券市场虚假陈述侵权民事赔偿案件的若干规定〉的理解与适用》,载《人民司法·应用》2022 年第 7 期。

述解释》第 15 条规定了异议董事的免责抗辩事由:发行人的董事、监事、高级管理人员依照《证券法》第 82 条第 4 款的规定,以书面方式发表附具体理由的意见并依法披露的,人民法院可以认定其主观上没有过错,但在审议、审核信息披露文件时投赞成票的除外。

在康美药业集团诉讼一案判决后,独立董事的责任成为社会关注的热点问题。为更好地回应社会关切,经与证监会法律部、上市部反复磋商,《2022 虚假陈述解释》第 16 条规定了独立董事的免责和减责抗辩事由。与此同时,本着相类似之事件应为相同之处理原则,第 16 条第 3 款规定,外部监事和职工监事,适用前款规定。

实践中,履行承销保荐职责的机构主要包括证券公司和商业银行以及资产管理产品的管理人,承销保荐机构依法负有全面核查的义务。为配合注册制下压实中介机构责任、归位尽责的监管要求,《2022 虚假陈述解释》第 17 条规定了保荐机构、承销机构的免责抗辩事由。

《2022 虚假陈述解释》第 18 条对会计师事务所、律师事务所、资信评级机构、资产评估机构、财务顾问等证券服务机构的过错审查作了明确。针对近年来会计师事务所责任案件审理中的实际情况,《2022 虚假陈述解释》在《最高人民法院关于审理涉及会计师事务所在审计业务活动中民事侵权赔偿案件的若干规定》第 7 条规定的基础上,吸收财政部、证监会等监管部门的意见,在第 19 条规定了会计师事务所的免责抗辩事由,以保障依法执业的会计师事务所免于讼累。

(4)关于"重大性"的认定

在重大性认定问题上,《2022 虚假陈述解释》第 10 条规定了重大性的推定以及抗辩规则,对证券虚假陈述民事诉讼中的重大性认定提出了实质性要求。该条明确了主客观相结合的重大性认定标准:一是属于《证券法》规定的重大事件的信息;二是未按国务院证券监督管理机构规定的信息披露内容;三是虚假陈述实施或揭露后对相关证券的交易价格和交易量产生了明显影响。同时,还规定了重大性的抗辩规则,即对前述所列情形,被告提交证据足以证明虚假陈述并未导致相关证券交易价格或者交易量明显变化的,人民法院应当认定虚假陈述的内容不具有重大性。由于重大性属于民事责任的构成要件之一,因此,被告能够证明虚假陈述不具有重大性,并以此抗辩不应当承担民事责任的,人民法院应当予以支持。

值得关注的一点是,《九民纪要》第85条认为,虚假陈述已经被监管部门行政处罚的,应当认为是具有重大性的违法行为,那么在实务中,尤其是《2022虚假陈述解释》取消行政处罚作为前置程序的情形下,关于重大性的认定是否应当延续《九民纪要》的做法存在一定争议。有观点认为,《2022虚假陈述解释》应当坚持《九民纪要》依据行政处罚认定重大性的做法,以降低原告的举证责任,强化投资者保护;也有观点认为,《九民纪要》的做法过于刚性,实际上并未关注到行政法与民事法对不同法益的保护目的。[①] 对此,笔者更倾向赞同后一种观点。证券监管中行政处罚更强调市场秩序的保护以及对合规性的要求,而民事诉讼是投资者救济其损害的主要途径,《2022虚假陈述解释》第10条第2款规定了交易价和交易量的重大性的抗辩事由,并未一概采用行政处罚对重大性的认定作用,体现了区分行政法与民事法规范的用意。事实上,《2022虚假陈述解释》第10条第1款规定了较为广泛的重大性推定情形,囊括了《证券法》和国务院证券监督管理机构的规定,因此如虚假陈述已收到行政处罚,则也可以适用《2022虚假陈述解释》下重大性的认定规则。

(5)关于"因果关系"的认定

①交易因果关系

《2022虚假陈述解释》明确引入了交易因果关系的概念,即指因信息披露义务人虚假陈述导致投资者基于信赖而作出决策的过程,并区分于损失因果关系。

---

① 参见汤欣、张然然:《虚假陈述民事诉讼中宜对信息披露"重大性"作细分审查》,载蒋锋、卢文道主编:《证券法苑》(第28卷),法律出版社2020年版。

　　由于投资者人数众多且情况各异,尤其是在证券二级市场交易中,信息获取主要通过招股说明书、定期报告等信息披露文件进行,并无传统商业生活中的面对面谈判,投资者往往难以提供证据证明自己信赖了信息披露文件这一事实。《2003 虚假陈述解释》第 18 条并未对交易因果关系和损失因果关系进行明确区分,但随着审判实践的发展,各地法院开始使用交易因果关系的分析框架,审查虚假陈述行为是否诱发了相关交易行为。最早的判例可追溯至贵州高院审理的朱某强与国创能源案[(2012)黔高民商终字第 3 号],判决书中对交易因果关系进行了明确,认为因果关系包括虚假陈述与交易决定之间的交易因果关系和虚假陈述与投资者损失之间的损失因果关系,两者缺一不可。此后,"交易因果关系"概念被一线法官广为接受。典型案例如游久游戏案[(2018)沪 74 民初 1185 号],上海金融法院认为,如果所涉信息不会对投资者的投资决策、股票价格产生实质影响致使投资者遭受损失,那么虚假陈述行为与投资者的损失之间即缺乏因果关系;又如北大医药案[(2018)渝 01 民初 259 号]、圣莱达案[(2018)浙 02 民初 967 号]等,法官都对实施日后投资者的买入决策是否系受到案涉虚假陈述行为的诱导进行了分析,并对被告关于不存在交易因果关系的主张予以支持;再如在最高院层面,第三巡回法庭在顺灏股份再审案[(2018)最高法民再 339 号]中,认定原审判决未全面考量顺灏股份实施的两项虚假陈述行为与投资者交易决定之间的因果关系,属于认定基本事实不清,裁定撤销原判,发回重审。

　　由此可见,将交易因果关系作为一个构成要件加以考量,已经成为近年来各地法院在案件审理中的较为常见的做法。基于此,《2022 虚假陈述解释》第 11 条对《2003 虚假陈述解释》第 18 条予以适当拆分,单独规定交易因果关系的认定。第 12 条系在对既往我国司法实践中的案例进行总结的基础上,结合原先的条文表述进行了充实,强调未受欺诈的投资者不享有索赔的权利,避免民事责任制度异化为保险制度。①

②损失因果关系

损失因果关系,指的是权益侵害与投资者损失之间的因果关系,其解决的是责任的定量问题,实质是对损害赔偿范围的限制。

从审判实践看,系统风险和非系统风险因素扣除已经成了实务中的争议热点。在此次修订前,《2003 虚假陈述解释》第 19 条规定被告举证证明损失或者部分损失是由证券市场系统风险等其他因素所导致的,人民法院应当认定虚假陈述与损害结果之间不存在因果关系,但却并未解释何为系统风险,导致实务中部分法院将系统风险理解为金融系统风险。《2022 虚假陈述解释》将"系统风险"的表述改为"证券市场的风险",有效防止了歧义。同时,《2022 虚假陈述解释》第 31 条第 2 款将损失因果关系的抗辩效果确定为减轻或免除责任,规定了系统性风险以及非系统性风险的扣除规则,若被告能够举证证明原告的损失部分或全部是由他人操纵市场、证券市场的风险、证券市场对特定事件的过度反应、上市公司内外部经营环境等其他因素所导致的,对其关于应当相应减轻或者免除责任的抗辩理由,人民法院应当予以支持。

(6)关于"损失"的认定

《2022 虚假陈述解释》新增了关于诱多型、诱空型虚假陈述的规定,并在第 27 条、第 28 条中分别规定了投资差额损失如何计算。

诱多型虚假陈述即通过虚假陈述诱导投资主体在股价处于相对高位时进行投资追涨买入相关股票,对由此造成的投资差额损失计算,《2022 虚假陈述解释》规定:对于在实施日之后、揭露日或更正日之前买入,在揭露日或更正日之后、基准日之前卖出的股票,按买入股票的平均价格与卖出股票的平均价格之间的差额,乘以已卖出的股票

---

① 参见林文学、付金联、周伦军:《〈关于审理证券市场虚假陈述侵权民事赔偿案件的若干规定〉的理解与适用》,载《人民司法·应用》2022 年第 7 期。

数量;对于在实施日之后、揭露日或更正日之前买入,基准日之前未卖出的股票,按买入股票的平均价格与基准价格之间的差额,乘以未卖出的股票数量。

诱空型虚假陈述即通过虚假陈述诱导投资主体在股价向下运行或相对低位时卖出股票,对由此造成的投资差额损失计算,《2022 虚假陈述解释》规定:对于在实施日之后、揭露日或更正日之前卖出,在揭露日或更正日之后、基准日之前买回的股票,按买回股票的平均价格与卖出股票的平均价格之间的差额,乘以买回的股票数量;对于在实施日之后、揭露日或更正日之前卖出,基准日之前未买回的股票,按基准价格与卖出股票的平均价格之间的差额,乘以未买回的股票数量。

5. 关于各主体的民事责任

(1)控股股东、实际控制人的责任

从实践中的以往案例看,不少影响恶劣的上市公司违反信息披露义务案件是由控股股东、实际控制人组织、指使上市公司所为,且最终的最大受益者也是控股股东、实际控制人,因此,若仅要求发行人承担损害赔偿责任显然有失公平,甚至对于仍有股票的中小投资者和上市公司造成二次伤害。

2019 年修订的《证券法》第 85 条规定了控股股东、实际控制人在虚假陈述案件中承担连带责任,《2022 虚假陈述解释》第 20 条进一步规定了控股股东、实际控制人承担直接责任:对于控股股东、实际控制人组织、指使发行人实施虚假陈述的,即大家俗称的"首恶",一方面,投资人可起诉请求直接判令相关控股股东、实际控制人依照规定赔偿损失,免却嗣后追偿诉讼的诉累;另一方面,上市公司承担责任后,有权向负有责任的控股股东、实际控制人追偿上市公司实际承担的赔偿责任和诉讼成本。

(2)重组交易对方的责任

在涉及对赌的并购重组业务中,交易对方往往掌握着与标的公司有关的真实信息,因此如果发生财务造假,交易对方应当是始作俑者,也属于"首恶"的范畴。《2022 虚假陈述解释》第 21 条规定,公司重大资产重组的交易对方所提供的信息不符合真实、准确、完整的要求,导致公司披露的相关信息存在虚假陈述,原告起诉请求判令该交易对方与发行人等责任主体赔偿由此导致的损失的,人民法院应当予以支持。

（3）公司董监高的责任

对于虚假陈述案件中董监高的责任采用过错推定原则,但在《2003 虚假陈述解释》中未对举证证明及免责情形进行详细的规定,《2022 虚假陈述解释》第 14 条、第 15 条对此作了细化的规定:对于董监高主张没有过错的,法院应当根据其工作岗位和职责、在信息披露资料的形成和发布等活动中所起的作用、取得和了解相关信息的渠道、为核验相关信息所采取的措施等实际情况进行审查认定。但若董监高不能提供勤勉尽责的相应证据,仅以其不从事日常经营管理、无相关职业背景和专业知识、相信发行人或者管理层提供的资料、相信证券服务机构出具的专业意见等理由主张其没有过错的,则不能作为免责的依据。此外,在发行文件、定期报告等对外披露文件中明确表示了异议可以认定无过错,但在审议、审核信息披露文件时投赞成票的除外。

（4）公司独立董事、外部监事、职工监事的责任

康美药业的案例宣判后曾引发了一波上市公司独立董事的辞职潮,本次修订考虑到了国内资本市场独立董事制度执行情况的现状,《2022 虚假陈述解释》第 16 条增加了独董免责的特别规定,外部监事、职工监事可参照适用,具体包括:①签署相关文件前,对不属于自身专业领域的相关具体问题,借助会计、法律等专门职业的帮助仍然未能发现问题的;②揭露日或更正日前,发现虚假陈述后及时向发行人提出异议并监督整改或者向证券交易场所、监管部门书面报告的;③在独立意见中对虚假陈述事项发表保留意见、反对意见或者无法表示意见并说明具体理由的,但在审议、审核相关文件时投赞成票的除外;

④因发行人拒绝、阻碍其履行职责,导致无法对相关信息披露文件是否存在虚假陈述作出判断,并及时向证券交易场所、监管部门书面报告的;⑤能够证明勤勉尽责的其他情形。此外,若独立董事提交证据证明其在履职期间能够按照相关要求履行职责的,或者在虚假陈述被揭露后及时督促发行人整改且效果较为明显的,法院可以结合案件事实综合判断其过错情况。

(5)保荐承销机构和其直接责任人员的责任

《2022虚假陈述解释》第17条规定了免责的标准,包括:①已按照相关规定及执业规范要求,对信息披露文件中的相关内容进行了审慎尽职调查;②对信息披露文件中没有证券服务机构专业意见支持的重要内容,经过审慎尽职调查和独立判断,有合理理由相信该部分内容与真实情况相符;③对信息披露文件中证券服务机构出具专业意见的重要内容,经过审慎核查和必要的调查、复核,有合理理由排除了职业怀疑并形成合理信赖。

但是,《2022虚假陈述解释》第23条规定了保荐承销机构与发行人或控股股东、实际控制人之间关于虚假陈述承担补充责任的约定无效,保荐承销机构无权以该内部约定要求补偿。

(6)证券服务机构的责任

《2022虚假陈述解释》第18条规定了对于会计师事务所、律师事务所、资信评级机构、资产评估机构、财务顾问等证券服务机构的责任认定限于其工作范围和专业领域。证券服务机构依赖保荐机构或者其他证券服务机构的基础工作或者专业意见致使其出具的专业意见存在虚假陈述,能够证明其对所依赖的基础工作或者专业意见经过审慎核查和必要的调查、复核,排除了职业怀疑并形成合理信赖的,可以免责。

此外,《2022虚假陈述解释》第19条新增了会计师事务所的特别免责事由,包括按照执业准则、规则确定的工作程序和核查手段并保持必要的职业谨慎,仍未发现被审计的会计资料存在错误;依赖的金融机构、发行人的供应商、客户等相关单位提供不实证明文件,会计师事务所保持了必要的职业谨慎仍未发现;已对发行人的舞弊迹象提出警告并在审计业务报告中发表了审慎审计意见等情形。

(7)供应商、客户、金融机构等"帮凶"的责任

实践中,有的金融机构和上市公司串通,出具虚假的银行询证函回函、虚假的银行回单、虚假的银行对账单,欺骗注册会计师;一些上市公司的供应商和销售客户为上市公司财务造假提供虚假的交易合同、货物流转及应收应付款凭证,成为财务造假的帮手。为明确上述帮助造假者的法律责任,《2022 虚假陈述解释》第 22 条规定,有证据证明发行人的供应商、客户,以及为发行人提供服务的金融机构等明知发行人实施财务造假活动,仍然为其提供相关交易合同、发票、存款证明等予以配合,或者故意隐瞒重要事实致使发行人的信息披露文件存在虚假陈述,原告起诉请求判令其与发行人等责任主体赔偿由此导致的损失的,人民法院应当予以支持。

6. 关于诉讼时效

由于本次修订取消了法院受理的前置程序,故在诉讼时效的起算时点上,《2022 虚假陈述解释》第 32 条将诉讼时效从"自证监会作出行政处罚、法院作出有罪判决生效之日"调整为"披露日或更正日(以在先的为准)"起算。同时新增了"若投资者保护机构作为代表人参加诉讼后又声明退出诉讼的,诉讼时效自声明退出之次日起重新开始计算"以及"对于虚假陈述责任人中的一人发生诉讼时效中断效力的事由,应当认定对其他连带责任人也发生诉讼时效中断的效力"的规定。

由于新旧司法解释在诉讼时效方面的规定发生了明显变化,为避免出现投资者因未及时主张权利而无法得到救济的情况发生,充分保护投资者的诉讼权利和合法民事权利,在《2022 虚假陈述解释》施行后,最高院及时下发《关于证券市场虚假陈述侵权民事赔偿案件诉讼时效衔接适用相关问题的通知》(法〔2022〕36 号),明确了以下两点:(1)在《2022 虚假陈述解释》施行前国务院证券监督管理机构、国务院

授权的部门及有关主管部门已经作出行政处罚决定的证券市场虚假陈述侵权民事赔偿案件,诉讼时效仍按照《2003虚假陈述解释》第5条的规定计算。(2)在《2022虚假陈述解释》施行前国务院证券监督管理机构、国务院授权的部门及有关主管部门已经对虚假陈述进行立案调查,但尚未作出处罚决定的证券市场虚假陈述侵权民事赔偿案件,自立案调查日至《2022虚假陈述解释》施行之日已经超过3年,或者按照揭露日或更正日起算至《2022虚假陈述解释》施行之日诉讼时效期间已经届满或者不足6个月的,从《2022虚假陈述解释》施行之日起诉讼时效继续计算6个月。

**三、典型案例**

1. 因果关系认定案例

实务中交易因果关系、损失因果关系在同一案件中需要先后论证,如(2023)粤01民初148号风华高科虚假陈述纠纷案中,法院认为风华高科2015年年报发布后,复牌的短时间内股价上涨超过10%,吸引投资者看好公司前景进而买入股票,符合证券市场的一般规律,足以证明风华高科的虚假陈述与原告买入股票之间存在因果关系;而损失因果关系论证较为简单,一般原告在虚假陈述实施日与揭露日之间买卖股票并受到损失,因果关系即成立,值得关注的是损失因果关系需扣除系统风险影响,实务中法院一般参考第三方机构专业意见,将系统风险影响量化并按比例扣除。前述案例中广东广州中院参照中证法律中心出具的核算意见,支持了风华高科扣除系统风险影响损失的主张。

2. 重组交易案例

如(2022)鲁07民终4268号判决,原审原告徐某翔认为在山东东方誉源农资连锁股份有限公司股权转让交易中,转让方与标的方虚构财务报告,公司业绩实未达到回购协议约定,要求转让方履行回购义务。

法院认为："2018 年 9 月 28 日，东方誉源主办券商华林证券发布专项核查公告，称东方誉源在 2017 年存在与供应商、客户之间资金循环问题以及银行账户和运输单据方面的问题，累计虚构销售额约 3000 万元左右。在扣除该虚构的销售额 3000 万元左右后，2017 年营业收入为 16463 万元左右，远低于 18900 万元；其在 2017 年年度的净利润为 1260.18 元，低于 1275 万元……上述事实表明《回购协议》中约定的回购条件已经成就……"法院判决原审被告于本判决生效之日起 10 日内以 146063.07 元的价格回购徐某翔所持有的山东东方誉源农资连锁股份有限公司的 17000 股股份，并支付利息。

3. 承销保荐机构及其他服务机构涉诉案例

如（2022）鄂 01 民初 2008 号判决，原告李某主张在中安科公司虚假陈述实施日至虚假陈述揭露日期间购买公司股票产生了损失，要求招商证券股份有限公司及瑞华会计师事务所（特殊普通合伙）承担连带赔偿责任。

关于招商证券公司的赔偿责任范围，法院认为："其一，从虚假陈述的内容来看，案涉中国证监会行政处罚涉及'班班通'项目、'智慧石拐'项目和'BT'项目等。如前所述，就'班班通'项目，招商证券公司未能依据独立财务顾问的执业准则尽到勤勉尽责义务。关于'智慧石拐'项目和'BT'项目，主要涉及收入确认等财务会计、审计问题，并非招商证券公司作为独立财务顾问的专业范围，招商证券公司对上述事项仅承担一般注意义务，审核过程中不存在明显过错。其二，从主观过错程度来看，案涉重大资产重组中，中安科公司系案涉交易信息的直接披露者，中安消技术公司系案涉交易的信息提供者，两者对有关交易信息的真实、准确、完整负有法定义务。招商证券公司的主观过错表现为对重大资产重组中的重要事项未予充分关注和审核，尚无证据证明其与中安科公司、中安消技术公司存在恶意串通等明知或应当明知的情形。招商证券公司在其出具的《独立财务顾问报告》中也就其所依据的资料来源和法律责任作了声明。因此，与中安科公司、中安消技术公司相比,招商证券公司的过错程度相对较轻。其三,从原因力的角度而言,投资者根据案涉重大资产重组等市场信息作出投资决策,其中盈利预测、交易定价等均是投资者判断公司价值的重要因素。案涉'班班通'项目占中安消技术公司 2014 年度预测营业收入的26%,构成相关评估和交易定价的重要基础,从而对中安科公司股票价格和投资者交易决策造成一定影响。综上,整体考量招商证券公司的行为性质和内容、过错程度、与投资者损失之间的原因力等因素,本院酌定招商证券公司在 25%的范围内对中安科公司的证券虚假陈述民事责任承担连带赔偿责任。"

## 第二节　虚假陈述的行政责任

### 一、行政处罚

《证券法》第十三章赋予了证监会给予警告、罚款、没收违法所得、没收业务收入、暂停或者撤销相关业务许可、责令依法处理非法持有的股票以及其他具有股权性质的证券等行政处罚权。

《证券法》第 181 条规定了发行人及控股股东的行政责任:"发行人在其公告的证券发行文件中隐瞒重要事实或者编造重大虚假内容,尚未发行证券的,处以二百万元以上二千万元以下的罚款;已经发行证券的,处以非法所募资金金额百分之十以上一倍以下的罚款。对直接负责的主管人员和其他直接责任人员,处以一百万元以上一千万元以下的罚款。发行人的控股股东、实际控制人组织、指使从事前款违法行为的,没收违法所得,并处以违法所得百分之十以上一倍以下的罚款;没有违法所得或者违法所得不足二千万元的,处以二百万元以上二千万元以下的罚款。对直接负责的主管人员和其他直接责任人员,处以一百万元以上一千万元以下的罚款。"

具体处罚示例可参照《中国证监会行政处罚决定书(紫晶存储及

相关责任人员）》［（2023）30 号］。

《证券法》第 182 条明确了保荐人的行政责任："保荐人出具有虚假记载、误导性陈述或者重大遗漏的保荐书，或者不履行其他法定职责的，责令改正，给予警告，没收业务收入，并处以业务收入一倍以上十倍以下的罚款；没有业务收入或者业务收入不足一百万元的，处以一百万元以上一千万元以下的罚款；情节严重的，并处暂停或者撤销保荐业务许可。对直接负责的主管人员和其他直接责任人员给予警告，并处以五十万元以上五百万元以下的罚款。"

## 二、行政监管措施

2002 年，证监会在《关于进一步完善中国证券监督管理委员会行政处罚体制的通知》（证监发〔2002〕31 号）中，把行政处罚与非行政处罚性监管措施予以区分。非行政处罚性监管措施，是指证监会对证券违法行为施加的一种监管措施，但该措施不属于行政处罚类型，主要包括：责令改正，监管谈话，出具警示函，责令公开说明，责令定期报告，责令暂停或者终止并购重组活动，责令更换董事、监事、高级管理人员或者限制其权利，责令负有责任的股东转让股权，限制负有责任的股东行使股东权利，限制转让财产或者在财产上设定其他权利，限制业务活动，责令暂停部分业务，停止核准新业务，限制分配红利，限制向董事、监事、高级管理人员支付报酬、提供福利，撤销有关业务许可，一定期间内不受理有关文件、申请或推荐，认定负有责任的董事、监事、高级管理人员为不适当人选，依法可以采取的其他监管措施等。

对于上市公司而言，受到行政监管措施对再融资、并购重组、退市与重新上市、日常监管等都有不同程度的影响。

对上市公司董监高、控股股东、实际控制人及持股 5% 以上股东而言，受到行政处罚或行政监管措施则影响到任职、减持、股权激励等方面。

此外，简单辨析一下证监会（含各地证监局）与交易所的监管类型。证券市场的监管类型可以分为四类：（1）行政处罚：证监会可以对律师事务所作出警告、罚款、没收收入等行政处罚；（2）行政监管措施：证监会及其派出机构都有权作出警示函、责令改正、监管谈话等行政监管措施；（3）纪律处分：证券投资基金业协会、交易所可以对上市公司作出通报批评、公开谴责、暂不受理专业机构或者其从业人员出具的相关业务文件、暂停或者限制交易权限、不接受私募登记法律意见书等处分；（4）自律监管措施：交易所可以作出约见谈话、警示函、向相关主管部门出具监管建议函、要求限期改正、要求限期召开投资者说明会、要求提交书面承诺等自律监管措施。

## 第三节　对赌中可能涉及的刑事责任

### 一、自然人犯罪

1. 合同诈骗罪

《刑法》第224条规定："有下列情形之一，以非法占有为目的，在签订、履行合同过程中，骗取对方当事人财物，数额较大的，处三年以下有期徒刑或者拘役，并处或者单处罚金；数额巨大或者有其他严重情节的，处三年以上十年以下有期徒刑，并处罚金；数额特别巨大或者有其他特别严重情节的，处十年以上有期徒刑或者无期徒刑，并处罚金或者没收财产：（一）以虚构的单位或者冒用他人名义签订合同的；（二）以伪造、变造、作废的票据或者其他虚假的产权证明作担保的；（三）没有实际履行能力，以先履行小额合同或者部分履行合同的方法，诱骗对方当事人继续签订和履行合同的；（四）收受对方当事人给付的货物、货款、预付款或者担保财产后逃匿的；（五）以其他方法骗取对方当事人财物的。"

区别合同诈骗罪与一般经济纠纷的关键在于当事人是否一开始就具备骗取财产的故意，如仅在合同履行过程中因双方未达成一致意见或客观原因导致不能继续履行,一般不能构成合同诈骗罪。

如祝某东等涉合同诈骗案[(2022)鲁 0211 刑初 1288 号],被告人祝某东参与合同诈骗 A 公司资金,祝某东原系上海×××公司的控股股东及实际控制人。2014 年×××股份公司收购上海×××公司 100%股权,并与祝某东约定了对赌协议,如祝某东不能完成对赌协议中约定的业绩,则须由祝某东回购×××股份公司所收购的股份。祝某东为了完成约定的业绩,经与陈某商量,决定通过与 A 公司及上海涛略公司签订 2014~2016 年度广告业务合同、制作虚假订单等方式套取 A 公司的资金。自 2014 年 9 月起,祝某东指使魏某制作虚假订单、私刻 A 公司公章、伪造《委托付款书》等,伙同上海涛略公司、陈某,骗取 A 公司的资金。经审计,祝某东参与骗得 A 公司资金 191529408.39 元。法院认为原审被告人祝某东在签订、履行合同过程中实施了虚构事实、隐瞒真相的行为,且造成被害单位数额特别巨大的财物损失,符合合同诈骗罪的构成要件,判处祝某东有期徒刑 12 年,剥夺政治权利 3 年,并处罚金人民币 300 万元。

2. 职务侵占罪与挪用资金罪

《刑法》第 271 条第 1 款规定:"公司、企业或者其他单位的工作人员,利用职务上的便利,将本单位财物非法占为己有,数额较大的,处三年以下有期徒刑或者拘役,并处罚金;数额巨大的,处三年以上十年以下有期徒刑,并处罚金;数额特别巨大的,处十年以上有期徒刑或者无期徒刑,并处罚金。"

职务侵占罪与挪用资金罪的区别主要在于:犯罪对象不尽相同,职务侵占罪的对象是本单位的财物,既包括钱,也包括物;而挪用资金罪的对象只能是本单位的资金。犯罪故意内容不同,职务侵占罪的故意内容是以非法占为己有为目的,完全不打算归还;而挪用资金罪的故意内容只是暂时使用本单位的资金,准备日后归还。

如杨某华贪污、受贿、职务侵占案[(2020)湘 0211 刑初 96 号],杨某华等以签订虚假的对赌协议掩盖索贿、职务侵占的事实,涉案金额近20万元,法院判决被告人杨某华犯贪污罪,判处有期徒刑6个月,并处罚金10万元;犯受贿罪,判处有期徒刑1年8个月,并处罚金15万元;犯职务侵占罪,判处有期徒刑8个月。数罪并罚,决定执行有期徒刑2年,并处罚金25万元。

### 3. 伪造公司印章罪

《刑法》第280条第2款规定:"伪造公司、企业、事业单位、人民团体的印章的,处三年以下有期徒刑、拘役、管制或者剥夺政治权利,并处罚金。"

该罪是行为犯,无须造成实害结果,只要行为人实施了伪造公司、企业、事业单位、人民团体印章的行为,原则上就构成犯罪,应当立案追究。

如肖某伪造公司印章案〔(2022)粤0307刑初1372号〕,2020年11月,被告人肖某去至深圳市龙岗区龙岗街道老街。在该处的一处流动摊点上,被告人让摊点的人为其刻了一枚"深圳市新兴食品有限公司"印章。之后,肖某在其伪造的发给客户的通知函上盖上了伪造的"深圳市新兴食品有限公司"印章。法院判决被告人肖某犯伪造公司印章罪,判处有期徒刑7个月,并处罚金人民币5000元。

### 4. 虚开增值税专用发票罪

《刑法》第205条规定:"虚开增值税专用发票或者虚开用于骗取出口退税、抵扣税款的其他发票的,处三年以下有期徒刑或者拘役,并处二万元以上二十万元以下罚金;虚开的税款数额较大或者有其他严重情节的,处三年以上十年以下有期徒刑,并处五万元以上五十万元以下罚金;虚开的税款数额巨大或者有其他特别严重情节的,处十年以上有期徒刑或者无期徒刑,并处五万元以上五十万元以下罚金或者没收财产。单位犯本条规定之罪的,对单位判处罚金,并对其直接负责的主管人员和其他直接责任人员,处三年以下有期徒刑或者拘役;虚开的税款数额较大或者有其他严重情节的,处三年以上十年以下有期徒刑;虚开的税款数额巨大或者有其他特别严重情节的,处十年以上有期徒刑或者无期徒刑。虚开增值税专用发票或者虚开用于骗取出口退税、抵扣税款的其他发票,是指有为他人虚开、为自己虚开、让他人为自己虚开、介绍他人虚开行为之一的。"

值得注意的是,为他人虚开、为自己虚开、介绍他人为自己虚开、介绍他人虚开均可能构成本罪,司法实践中对本罪属于目的犯、实害犯还是抽象危险犯尚存争议,但具备虚开增值税发票的行为并不必然构成虚开增值税专用发票罪,例如不以骗税为目的且不可能造成国家税款损失的行为一般无罪。《全国部分法院经济犯罪案件审判工作座谈会研讨综述》(2004)对不宜认定为虚开增值税专用发票犯罪的几种虚开行为作了列举:为虚增营业额、扩大销售收入或者制造虚假繁荣,相互对开或环开增值税专用发票的行为;在货物销售过程中,一般纳税人为夸大销售业绩,虚增货物的销售环节,虚开进项增值税专用发票和销项增值税专用发票,但依法缴纳增值税并未造成国家税款损失的行为;为夸大企业经济实力,通过虚开进项增值税专用发票虚增企业的固定资产,但并未利用增值税专用发票抵扣税款,国家税款亦未受到损失的行为。最高检也在《关于充分发挥检察职能服务保障"六稳""六保"的意见》(高检发〔2020〕10 号)中对此种情形作出明确解释:"注意把握一般涉税违法行为与以骗取国家税款为目的涉税犯罪的界限,对于有实际生产经营活动的企业为虚增业绩、融资、贷款等非骗税目的且没有造成税款损失的虚开增值税专用发票行为,不以虚开增值税专用发票罪定性处理,依法作出不起诉决定的,移送税务机关给予行政处罚。"

如王某玲与李某林等合同纠纷案〔(2021)京 0106 民初 21053号〕,王某玲与金润和公司于 2018 年 7 月 6 日签订股权认购协议,同日金润和公司法定代表人李某林向王某玲出具《金润和(831603)大股东面向定增投资人承诺函》,承诺如下对赌条款:

IPO 承诺:金润和(831603)于 2019 年 6 月 1 日之前启动 IPO 辅导并公告。

利润承诺:金润和公司净利润从 2018~2020 年每年公司净利润持续增长;2018 年企业净利润 2000 万元、2019 年企业净利润 2600 万元、2020 年企业净利润 3800 万元,业绩承诺以年报公告为依据。

估值承诺:金润和(831603)下一轮定增价格不低于 4.8 元。

如果企业未完成上述三项承诺中的任何一项,大股东承诺本次认购企业定向增发的客户,从认购之日起每年以年化率 12% 的投资收益回购投资人手中的股份。

为达成对赌协议条款,2016 年 10 月至 2017 年 2 月期间,金润和公司虚开增值税专用发票价税合计 2157.11 万元,税额 313.43 万元均被入账并抵扣税款。金润和涉及虚开增值税专用发票的部分采购业务并无真实交易,导致往后历年的财务数据不真实。

根据金润和公司公告披露,江苏镇江中院出具的(2021)苏 11 刑终 85 号刑事判决书认定李某林作为 ST 金润和时任董事长、总经理,未按照《非上市公众公司监督管理办法》(证监会令第 96 号)第 12 条的规定履行勤勉义务,对 ST 金润和上述违规行为负有主要责任。

5. 受贿罪和非国家工作人员受贿罪

受贿罪有两种构成情形,我国《刑法》第 385 条规定属于直接受贿的情形:"国家工作人员利用职务上的便利,索取他人财物的,或者非法收受他人财物,为他人谋取利益的,是受贿罪。国家工作人员在经济往来中,违反国家规定,收受各种名义的回扣、手续费,归个人所有的,以受贿论处。"

第 388 条规定了间接受贿的情形,又称斡旋受贿:"国家工作人员利用本人职权或者地位形成的便利条件,通过其他国家工作人员职务上的行为,为请托人谋取不正当利益,索取请托人财物或者收受请托人财物的,以受贿论处。"

此外,受贿罪并非仅处罚国家工作人员,对于参与受贿,具备共同故意的非国家工作人员,可能与国家工作人员构成受贿罪共同犯罪。第三人在国家工作人员不知情的前提下,利用其影响力进行受贿的,将构成利用影响力受贿罪,参见《刑法》第388条之一,利用影响力受贿罪是指国家工作人员的近亲属或者其他与该国家工作人员关系密切的人,通过该国家工作人员职务上的行为,或者利用该国家工作人员职权或者地位形成的便利条件,通过其他国家工作人员职务上的行为,为请托人谋取不正当利益,索取请托人财物或者收受请托人财物,数额较大或者有其他较重情节的犯罪。

随着社会经济发展,受贿行为也演变为多种形式,而且隐蔽性越来越强。针对这种情况,我国《刑法》逐渐完善,司法解释也逐步增多。以下梳理了几种常见的特殊受贿行为以及相关司法解释的规定。

(1)离职国家工作人员收受财物行为的认定

根据《全国法院审理经济犯罪案件工作座谈会纪要》(法发〔2003〕167号)的规定,参照《最高人民法院关于国家工作人员利用职务上的便利为他人谋取利益离退休后收受财物行为如何处理问题的批复》规定的精神,国家工作人员利用职务上的便利为请托人谋取利益,并与请托人事先约定,在其离职后收受请托人财物,构成犯罪的,以受贿罪定罪处罚。

国家工作人员利用职务上的便利为请托人谋取利益,离职前后连续收受请托人财物的,离职前后收受部分均应计入受贿数额。

对此,《最高人民法院、最高人民检察院关于办理受贿刑事案件适用法律若干问题的意见》(法发〔2007〕22号)也有类似的表述,国家工作人员利用职务上的便利为请托人谋取利益之前或者之后,约定在其离职后收受请托人财物,并在离职后收受的,以受贿论处。

(2)以借款为名索取或者非法收受财物行为的认定

根据《全国法院审理经济犯罪案件工作座谈会纪要》(法发〔2003〕167号)的规定,国家工作人员利用职务上的便利,以借为名向他人索取财物,或者非法收受财物为他人谋取利益的,应当认定为受贿。具体认定时,不能仅仅看是否有书面借款手续,应当根据以下因素综合判定:①有无正当、合理的借款事由;②款项的去向;③双方平时关系如何、有无经济往来;④出借方是否要求国家工作人员利用职务上的便利为其谋取利益;⑤借款后是否有归还的意思表示及行为;⑥是否有归还的能力;⑦未归还的原因;等等。

（3）涉及股票受贿案件的认定

根据《全国法院审理经济犯罪案件工作座谈会纪要》(法发〔2003〕167号)的规定,在办理涉及股票的受贿案件时,应当注意:

①国家工作人员利用职务上的便利,索取或非法收受股票,没有支付股本金,为他人谋取利益,构成受贿罪的,其受贿数额按照收受股票时的实际价格计算。

②行为人支付股本金而购买较有可能升值的股票,由于不是无偿收受请托人财物,不以受贿罪论处。

③股票已上市且已升值,行为人仅支付股本金,其"购买"股票时的实际价格与股本金的差价部分应认定为受贿。

以上第一点其实是一个收受干股的问题,根据《最高人民法院、最高人民检察院关于办理受贿刑事案件适用法律若干问题的意见》(法发〔2007〕22号)的规定,干股是指未出资而获得的股份。国家工作人员利用职务上的便利为请托人谋取利益,收受请托人提供的干股的,以受贿论处。进行了股权转让登记,或者相关证据证明股份发生了实际转让的,受贿数额按转让行为时股份价值计算,所分红利按受贿孳息处理。股份未实际转让,以股份分红名义获取利益的,实际获利数额应当认定为受贿数额。

（4）关于以交易形式收受贿赂问题

根据《最高人民法院、最高人民检察院关于办理受贿刑事案件适用法律若干问题的意见》(法发〔2007〕22号)的规定,国家工作人员利用职务上的便利为请托人谋取利益,以下列交易形式收受请托人财物的,以受贿论处:

①以明显低于市场的价格向请托人购买房屋、汽车等物品的;

②以明显高于市场的价格向请托人出售房屋、汽车等物品的;

③以其他交易形式非法收受请托人财物的。

受贿数额按照交易时当地市场价格与实际支付价格的差额计算。

前款所列市场价格包括商品经营者事先设定的不针对特定人的最低优惠价格。根据商品经营者事先设定的各种优惠交易条件，以优惠价格购买商品的，不属于受贿。

（5）关于以开办公司等合作投资名义收受贿赂问题

根据《最高人民法院、最高人民检察院关于办理受贿刑事案件适用法律若干问题的意见》（法发〔2007〕22号）的规定，国家工作人员利用职务上的便利为请托人谋取利益，由请托人出资，"合作"开办公司或者进行其他"合作"投资的，以受贿论处。受贿数额为请托人给国家工作人员的出资额。

国家工作人员利用职务上的便利为请托人谋取利益，以合作开办公司或者其他合作投资的名义获取"利润"，没有实际出资和参与管理、经营的，以受贿论处。

（6）关于以委托请托人投资证券、期货或者其他委托理财的名义收受贿赂问题

根据《最高人民法院、最高人民检察院关于办理受贿刑事案件适用法律若干问题的意见》（法发〔2007〕22号）的规定，国家工作人员利用职务上的便利为请托人谋取利益，以委托请托人投资证券、期货或者其他委托理财的名义，未实际出资而获取"收益"，或者虽然实际出资，但获取"收益"明显高于出资应得收益的，以受贿论处。受贿数额，前一情形，以"收益"额计算；后一情形，以"收益"额与出资应得收益额的差额计算。

（7）关于以赌博形式收受贿赂的认定问题

根据《最高人民法院、最高人民检察院关于办理赌博刑事案件具体应用法律若干问题的解释》（法释〔2005〕3号）的规定，通过赌博或者为国家工作人员赌博提供资金的形式实施行贿、受贿行为，构成犯罪的，依照刑法关于贿赂犯罪的规定定罪处罚。

根据《最高人民法院、最高人民检察院关于办理受贿刑事案件适用法律若干问题的意见》(法发〔2007〕22 号)和《最高人民法院、最高人民检察院关于办理赌博刑事案件具体应用法律若干问题的解释》(法释〔2005〕3 号)的规定,国家工作人员利用职务上的便利为请托人谋取利益,通过赌博方式收受请托人财物的,构成受贿。

实践中应注意区分贿赂与赌博活动、娱乐活动的界限。具体认定时,主要应当结合以下因素进行判断:①赌博的背景、场合、时间、次数;②赌资来源;③其他赌博参与者有无事先通谋;④输赢钱物的具体情况和金额大小。

(8)关于由特定关系人收受贿赂问题

根据《最高人民法院、最高人民检察院关于办理贪污贿赂刑事案件适用法律若干问题的解释》(法释〔2016〕9 号)的规定,特定关系人索取、收受他人财物,国家工作人员知道后未退还或者上交的,应当认定国家工作人员具有受贿故意。

根据《最高人民法院、最高人民检察院关于办理受贿刑事案件适用法律若干问题的意见》(法发〔2007〕22 号)的规定,国家工作人员利用职务上的便利为请托人谋取利益,授意请托人以本意见所列形式,将有关财物给予特定关系人的,以受贿论处。

特定关系人与国家工作人员通谋,共同实施前款行为的,对特定关系人以受贿罪的共犯论处。特定关系人以外的其他人与国家工作人员通谋,由国家工作人员利用职务上的便利为请托人谋取利益,收受请托人财物后双方共同占有的,以受贿罪的共犯论处。

这里所称"特定关系人",是指与国家工作人员有近亲属、情妇(夫)以及其他共同利益关系的人。

(9)关于特定关系人"挂名"领取薪酬问题

根据《最高人民法院、最高人民检察院关于办理受贿刑事案件适用法律若干问题的意见》(法发〔2007〕22 号)的规定,国家工作人员利用职务上的便利为请托人谋取利益,要求或者接受请托人以给特定关系人安排工作为名,使特定关系人不实际工作却获取所谓薪酬的,以受贿论处。

(10)关于收受贿赂物品未办理权属变更问题

根据《最高人民法院、最高人民检察院关于办理受贿刑事案件适用法律若干问题的意见》(法发〔2007〕22号)的规定,国家工作人员利用职务上的便利为请托人谋取利益,收受请托人房屋、汽车等物品,未变更权属登记或者借用他人名义办理权属变更登记的,不影响受贿的认定。

认定以房屋、汽车等物品为对象的受贿,应注意与借用的区分。具体认定时,除双方交代或者书面协议之外,主要应当结合以下因素进行判断:①有无借用的合理事由;②是否实际使用;③借用时间的长短;④有无归还的条件;⑤有无归还的意思表示及行为。

另外,《刑法》第163条对非国家工作人员受贿罪作出了规定:"公司、企业或者其他单位的工作人员,利用职务上的便利,索取他人财物或者非法收受他人财物,为他人谋取利益,数额较大的,处三年以下有期徒刑或者拘役,并处罚金;数额巨大或者有其他严重情节的,处三年以上十年以下有期徒刑,并处罚金;数额特别巨大或者有其他特别严重情节的,处十年以上有期徒刑或者无期徒刑,并处罚金。公司、企业或者其他单位的工作人员在经济往来中,利用职务上的便利,违反国家规定,收受各种名义的回扣、手续费,归个人所有的,依照前款的规定处罚。国有公司、企业或者其他国有单位中从事公务的人员和国有公司、企业或者其他国有单位委派到非国有公司、企业以及其他单位从事公务的人员有前两款行为的,依照本法第三百八十五条、第三百八十六条的规定定罪处罚。"

6. 提供虚假证明文件罪和出具证明文件重大失实罪

《刑法》第229条规定:"承担资产评估、验资、验证、会计、审计、法律服务、保荐、安全评价、环境影响评价、环境监测等职责的中介组织的人员故意提供虚假证明文件,情节严重的,处五年以下有期徒刑或者拘役,并处罚金;有下列情形之一的,处五年以上十年以下有期徒刑,并处罚金:(一)提供与证券发行相关的虚假的资产评估、会计、审计、法律服务、保荐等证明文件,情节特别严重的;(二)提供与重大资产交易相关的虚假的资产评估、会计、审计等证明文件,情节特别严重的;(三)在涉及公共安全的重大工程、项目中提供虚假的安全评价、环境影响评价等证明文件,致使公共财产、国家和人民利益遭受特别重大损失的。有前款行为,同时索取他人财物或者非法收受他人财物构成犯罪的,依照处罚较重的规定定罪处罚。第一款规定的人员,严重不负责任,出具的证明文件有重大失实,造成严重后果的,处三年以下有期徒刑或者拘役,并处或者单处罚金。"

2020 年《刑法修正案(十一)》修正了中介组织人员犯罪的相关条文,在原有资产评估、验资、会计、审计、法律服务等已明确的中介组织主体之外,新增了保荐、安全评价、环境影响评价、环境监测的中介组织人员作为犯罪主体;在原有一档量刑的基础上增加了"五年以上十年以下有期徒刑,并处罚金"的规定;将中介组织人员受贿与提供虚假证明文件的行为择一重处,体现了从严的立法精神。

本节两罪的客观行为要件相似,中介组织人员犯罪本质上是违反客观、专业、尽职的从业职责,因主观恶性程度不同可区分为故意犯罪与过失犯罪。对明知委托事项与客观事实不符,为营利仍然提供虚假证明文件的,以提供虚假证明文件罪论处;对怠于履职,放松要求,不负责任,因而出具重大失实的证明文件造成严重后果的,以出具证明文件重大失实罪论处。

如李某宁提供虚假证明文件案[(2021)新 2101 刑初 292 号],2014 年江苏青云置业发展有限公司以咨询公司土地价值为评估目的,让徐州市新天地不动产咨询评估有限公司估价师孙某、李某宁将建筑容积率 1.6 改为 3.0,出具评估报告。2016 年 8 月,因江苏青云置业发展有限公司用 20%股权给吐鲁番地区国投公司抵债,为了评高估值,张某1、王某又找孙某、李某宁对同一地块做评估。李某宁、孙某在对方没有提供评估资料且未实地勘查的情况下,以 2014 年的评估报告作为依据进行修改,并以徐州市邦开评估公司名义对同一评估对象出具了评估值为 30095.46 万元的评估报告,事后收取评估费 5 万元。该评估报告作为丁某(已判刑)在江苏青云置业发展有限公司 20% 的股权价值依据,抵偿吐鲁番地区国投公司代偿款 6019.09 万元。后经司法会计鉴定,截至评估基准日 2016 年 8 月 31 日,徐州青云置业发展有限公司股权全部权益评估值为 663.61 万元。最终造成国投公司损失 5886.37 万元。法院判处李某宁犯提供虚假证明文件罪,判处有期徒刑 2 年,缓刑 2 年 6 个月,并处罚金人民币 20000 元。

## 二、单位犯罪

### 1. 单罚制与双罚制

单位犯罪,是指公司、企业、事业单位、机关、团体实施的依法应当承担刑事责任的危害社会的行为。单位犯罪只有法律明文规定的,才负刑事责任。凡是法律未指明该罪的主体包括单位的,只有自然人可以构成该罪,单位不能构成该罪。

由于单位对于自己行为的辨认能力和控制能力来自单位的有关责任人员的辨认能力与控制能力,因此从这个意义上说,单位犯罪的主体由单位与自然人共同构成,对单位犯罪一般实行"双罚"原则,即同时对自然人和单位判处刑罚,除非《刑法》分则有特别规定只实行"单罚"的,则依照相关规定只单处罚自然人。

由于"法人"是法学理论拟制出来的"人",单位并不可能被执行生命刑、自由刑等类型的刑罚,因此"双罚"包括对单位判处罚金刑,对其直接负责的主管人员和其他直接责任人员判处刑罚。

### 2. 单位犯扰乱市场秩序罪的处罚规定

关于单位犯扰乱市场秩序罪的处罚规定于《刑法》第 231 条:单位犯本节前述介绍的合同诈骗罪、提供虚假证明文件罪的,适用"双罚",对单位判处罚金,并对其直接负责的主管人员和其他直接责任人员,依照各该条的规定处罚。

3. 违规披露、不披露重要信息罪

2021 年 3 月 1 日施行的《刑法修正案(十一)》,对欺诈发行证券罪和违规披露、不披露重要信息罪增加了控股股东、实际控制人承担刑事责任的规定,这无疑将《证券法》对主要责任人行政责任的追究,深化到刑事违法责任的制裁。虚假陈述的"首恶"不仅应当承担巨额的行政罚款,还要承担严厉的刑事制裁。

根据《刑法修正案(十一)》的规定,企业的控股股东、实际控制人实施或者组织、指使实施提供虚假的或者隐瞒重要事实的财务会计报告,或者对依法应当披露的其他重要信息不按照规定披露,严重损害股东或者其他人利益,或者有其他严重情节的,处 5 年以下有期徒刑或者拘役,并处或者单处罚金;情节特别严重的,处 5 年以上 10 年以下有期徒刑,并处罚金。

本罪实行双罚制:犯本罪的控股股东、实际控制人是单位的,对单位判处罚金,并对其直接负责的主管人员和其他直接责任人员,依照上述规定处罚。

本罪名的追诉标准如下:(1)造成股东、债权人或者其他人直接经济损失数额累计在 100 万元以上的;(2)虚增或者虚减资产达到当期披露的资产总额 30%以上的;(3)虚增或者虚减营业收入达到当期披露的营业收入总额 30%以上的;(4)虚增或者虚减利润达到当期披露的利润总额 30%以上的;(5)未按照规定披露的重大诉讼、仲裁、担保、关联交易或其他重大事项所涉及的数额或者连续 12 个月的累计数额达到最近一期披露的净资产 50%以上的;(6)致使不符合发行条件的公司、企业骗取发行核准或者注册并且上市交易的;(7)致使公司、企业发行的股票或者公司、企业债券、存托凭证或者国务院依法认定的其他证券被终止上市交易的;(8)在公司财务会计报告中将亏损披露为盈利,或者将盈利披露为亏损的;(9)多次提供虚假的或者隐瞒重要事实的财务会计报告,或者多次对依法应当披露的其他重要信息不按照规定披露的;(10)其他严重损害股东、债权人或者其他人利益,或者有其他严重情节的情形。

### 三、"当经侦来敲门,我该怎么办"

1. 侦查阶段

犯罪嫌疑人在侦查阶段享有的权利主要为:犯罪嫌疑人在被侦查机关第一次讯问后或者采取强制措施之日起,可以聘请律师为其提供法律咨询,代理申诉、控告。

事实上,犯罪嫌疑人的自我辩护是非常重要的,尤其是在侦查阶段。据统计,70%左右的情况,刑事律师是在犯罪嫌疑人被拘留后介入。那么在律师介入之前,犯罪嫌疑人实际上是孤军奋战,只能是自我辩护。20%左右的情况,刑事律师是在犯罪嫌疑人被拘传后介入,往往由于犯罪嫌疑人被拘传后没有重视,因此在1次或数次拘传期间,也是呈孤军奋战、自我辩护的状态。综合上述全部情况,在侦查阶段,实践中,至少90%的当事人在讯问过程中以自我辩护为主。而这些自我辩护的笔录部分,会随卷从侦查阶段、审查起诉阶段,走向审判阶段。自我辩护在整个刑事案件流程中的重要性可见一斑。对此,犯罪嫌疑人在自我辩护时需要注意必须掌握好"度"的问题,既不要急于辩护,说得过多,过分解释往往可能会导致延伸出新的问题;当然,更不要怠于辩护,说得过少,对办案结果听之任之丧失斗志,为公权力的滥用提供诱因。正确做法是在任何的询问、讯问场合,对任何问题的回答,限于"是""不是/否"。不要过分地解释,为什么是,为什么否。办案人员问什么就答什么,多判断,少描述,多定性,少形容,尤其是回答之前,要想一想对方问这个问题的目的是什么。

其实,虽然拘传不像拘留那样具有较强的人身控制属性,但也是刑事强制措施。大多数人对拘传抱有侥幸心理,认为问一问其实没什么,殊不知,很多的犯罪嫌疑人都是被拘传1次、拘传2次乃至拘传多次后在最后一次,猝不及防,直接被拘留。因此在被拘传后,犯罪嫌疑人就应当及时咨询律师。

此外,对于犯罪嫌疑人来说,在犯罪行为既成事实的情况下,一条合法且可行的从轻或者减轻处罚的路径是认罪认罚从宽制度。应当指出,认罪认罚从宽制度贯穿刑事诉讼全过程,适用于侦查、起诉、审判各个阶段,限于篇幅限制,本文重点讨论侦查阶段的认罪认罚。

根据《最高人民法院、最高人民检察院、公安部、国家安全部、司法部关于适用认罪认罚从宽制度的指导意见》(高检发〔2019〕13 号)的精神,所谓"认罪",是指犯罪嫌疑人、被告人自愿如实供述自己的罪行,对指控的犯罪事实没有异议。承认指控的主要犯罪事实,仅对个别事实情节提出异议,或者虽然对行为性质提出辩解但表示接受司法机关认定意见的,不影响"认罪"的认定。犯罪嫌疑人、被告人犯数罪,仅如实供述其中一罪或部分罪名事实的,全案不作"认罪"的认定,不适用认罪认罚从宽制度,但对如实供述的部分,人民检察院可以提出从宽处罚的建议,人民法院可以从宽处罚。

所谓"认罚",是指犯罪嫌疑人、被告人真诚悔罪,愿意接受处罚。"认罚",在侦查阶段表现为表示愿意接受处罚;在审查起诉阶段表现为接受人民检察院拟作出的起诉或不起诉决定,认可人民检察院的量刑建议,签署认罪认罚具结书;在审判阶段表现为当庭确认自愿签署具结书,愿意接受刑罚处罚。

所谓"从宽",从宽处理既包括实体上从宽处罚,也包括程序上从简处理。"可以从宽",是指一般应当体现法律规定和政策精神,予以从宽处理。但可以从宽不是一律从宽,对犯罪性质和危害后果特别严重、犯罪手段特别残忍、社会影响特别恶劣的犯罪犯罪嫌疑人、被告人,认罪认罚不足以从轻处罚的,依法不予从宽处罚。对于从宽幅度的把握,应当区别认罪认罚的不同诉讼阶段、对查明案件事实的价值和意义、是否确有悔罪表现,以及罪行严重程度等,综合考量确定从宽的限度和幅度。在刑罚评价上,主动认罪优于被动认罪,早认罪优于晚认罪,彻底认罪优于不彻底认罪,稳定认罪优于不稳定认罪。

2. 审查起诉阶段

在当事人涉嫌犯罪被刑事拘留后，当事人的家属无法见到当事人，只能委托律师到看守所进行会见。律师会见的作用和意义，除了告知当事人法律规定、解答法律咨询、了解案情之外，就是告知当事人享有什么诉讼权利，从而让当事人作出有利于自己的决策。犯罪嫌疑人在审查起诉阶段享有的权利较多，本书选取较具普适性的几个简要介绍：

委托辩护人的权利：公诉案件自案件移送审查起诉之日起，犯罪嫌疑人有权委托辩护人。人民检察院应当在收到移送审查起诉的案件材料之日起3日内，告知犯罪嫌疑人有权委托辩护人。这里委托辩护人主要是指委托律师。如果已经委托了辩护律师，则需要注意，犯罪嫌疑人及家属需要对选定的刑事辩护律师充分的坦诚、充分的信赖，以协助刑事辩护律师迅速重构案件事实。不要错误地认为即便隐瞒也不影响律师辩护的展开，这可能会导致后期建立的辩护模型不稳，进而导致前期全部工作功亏一篑，付诸东流。

申请回避的权利：若认为办案人员可能影响案件的公正审理，包括检察人员或者他的近亲属和本案有利害关系的，检察人员接受当事人及其委托的人的请客送礼，违反规定会见当事人及其委托的人的，犯罪嫌疑人有权要求其回避。

申请取保候审的权利：被羁押的犯罪嫌疑人及其法定代理人、近亲属和聘请的律师有权申请取保候审。

对与本案无关的问题的讯问，有拒绝回答的权利。

要求解除强制措施的权利：犯罪嫌疑人及其法定代理人、近亲属或者犯罪嫌疑人委托的律师及其他辩护人对于人民检察院采取强制措施超过法定期限的，有权要求解除强制措施。

申请补充鉴定或者重新鉴定的权利：对用作证据的鉴定结论，犯罪嫌疑人可以申请补充鉴定或重新鉴定。

核对笔录的权利：这项权利十分重要，笔录签字以后，就成为当事人的供述和辩解,属于法定的证据。因此,笔录里面记录了什么,对定罪量刑有重大影响。因此,犯罪嫌疑人应当仔细核对讯问笔录,如果记载有遗漏或者差错,犯罪嫌疑人可以提出补充或者纠正。

对侵权提出控告的权利:对于检察人员侵犯其诉讼权利和人身侮辱的行为,有提出控告的权利。

获得赔偿的权利:犯罪嫌疑人的人身权利、财产权利因人民检察院及其工作人员违法行使职权受到侵犯的,有取得赔偿的权利。

3. 审判阶段

被告人在审判阶段除继续享有前述审查起诉阶段委托辩护人、申请回避、适用本民族语言诉讼、拒绝回答与案件无关问题、对侵权提出控告的权利外,还享有以下权利:

有权参加法庭审理,申请审判长对证人、鉴定人发问,或者经审判长许可直接发问。(《刑事诉讼法》第 191 条、第 194 条)

有权辨认物证、书证;有权了解未到庭证人的证言、鉴定人的鉴定意见、勘验笔录和其他作为证据的文书的内容,并提出意见。(《刑事诉讼法》第 195 条)

有权阅读法庭审判笔录并请求补充、改正。(《刑事诉讼法》第 207 条)

有权申请通知新的证人到庭,调取新的物证,申请重新鉴定或勘验。(《刑事诉讼法》第 197 条)

有权参加法庭辩论,并在辩论终结后作最后陈述。(《刑事诉讼法》第 198 条)

有权对地方各级法院第一审的判决、裁定,提出上诉;对已经发生法律效力的判决、裁定,有权提出申诉。(《刑事诉讼法》第 227 条、第 252 条)

自诉案件的被告人有权对自诉人提起反诉。(《刑事诉讼法》第 213 条)

# 第三篇　对赌监管和财税问题

# 第九章 对赌的监管态度

## 第一节 原有IPO要求及实务案例

### 一、证监会关于对赌的要求

在IPO阶段,证监会在以往的实践中一如既往地持否定和限制态度,并要求保荐机构敦促发行人在上会之前对PE对赌条款进行清理。在历年多次的保荐代表人培训中,监管层一以贯之地明确要求对赌条款在上会前必须清理并终止执行。具体而言,上市时间对赌条款、股权对赌条款、业绩对赌条款、一票否决权、优先清算权等5类对赌条款之前一直是IPO审核的禁区,没有丝毫讨价还价的余地。

关于证监会在IPO阶段对待对赌的态度,业内并非没有争议。如果不承认对赌协议的合法性,则发行人和投资人可能就会选择隐瞒或表面上终止条款,但是实际上会通过终止之后再行签订恢复对赌协议、代持协议、抽屉协议等形式来变通,这不仅更容易导致潜在的更多的纠纷和不确定性,还涉及虚假陈述和欺诈等违法违规问题。

证监会在IPO阶段禁止对赌的理由主要有:

(1)不符合《公司法》等相关规定,包括优先受偿权、董事会一票否决等内容。

(2)履行对赌协议可能造成拟上市企业股权及经营的不稳定,甚至引起纠纷,不符合首发中的相关发行条件。

(3)双方权利义务明显不平等,特别是股息分配优先权、剩余财产分配优先权、超比例表决权等条款更是霸王条款,违反了公平原则,也违反了我国《公司法》对于股份公司曾经绝对的同股同权的立法精神（在优先股试点和科创板出台之后，股份公司同股同权已并非绝对）。

（4）对赌协议的对赌目标促使企业追求短期目标而非常规经营，因此无限增大了企业的风险，在一定程度上会损害社会公共利益。

（5）对赌协议的固定价格回购股权条款有变相借贷的嫌疑。

## 二、实务案例

实务中，对于拟上市企业存在对赌协议问题的处理，大致可以分成4种：

（1）对于申报前现存有效的对赌协议，比较保险且被广泛采用的处理方式为通过签署补充协议，约定各方一致同意终止对赌条款，并由发行人及其股东作出承诺，即该补充协议为最终协议，且各方不存在其他可能引起发行人股权发生变更的协议或安排，此为最常见的处理方式。此类经典案例包括金刚玻璃（300093）、东光微电（后被借壳，更名为弘高创意）（002504）、春秋电子（603890）等。

（2）如果申报前已经履行完毕对赌协议，则需要重点阐述履行对赌协议的过程合法合规，并且由发行人及其股东确认不存在其他可能引起发行人股权发生变更的协议或安排。此类案例包括维尔利（300190）、英科医疗（300677）、富耐克（831378）等。

（3）申报时中止对赌条款，对赌条款附条件恢复效力。如果拟上市公司向证监会提交了申报材料，则相关对赌条款效力中止，若发生撤回申请或未通过审核的情形，相关条款恢复效力，若标的公司取得证监会批文，则对赌条款永久失效。此类案例包括拓斯达（300607）、越博动力（300742）、伟测科技（688372）等。

（4）发行人虽签署对赌协议但不作为回购条款义务方，签订对赌协议时特别约定解除条款。典型案例如建科股份（301115）等。

下面对一些典型案例进行简要分析。

1. 金刚玻璃（300093）

2009 年 9 月 15 日，金刚玻璃、金刚实业分别与投资者重新签订《增资扩股协议之补充协议（一）》，各方一致同意终止原《增资扩股协议》及其《补充协议书》中关于无偿转让股份的相关条款。2010 年 4 月 8 日，金刚玻璃、金刚实业分别与 3 家投资者再次签订《增资扩股协议之补充协议（二）》，各方一致同意终止原协议关于董事一票否决权的条款，同时约定：3 家投资者推荐的董事、监事或高级管理人员不存在具有额外表决权的情况。保荐机构认为：发行人重新签订的《增资扩股协议之补充协议》的具体内容不存在其他影响发行人控制权稳定性的协议或安排。

2. 东光微电（002504）

据其招股书披露，2005 年 12 月 12 日，公司与中国－比利时股权投资基金签署《增资协议》，约定若 5 年内公司经营业绩不符合上市要求，或是仅由于政策原因而未能在上海、深圳等证券交易所上市，中比基金可要求原股东或公司以现金形式赎回所持全部股份。同时，如公司经营业绩连续 2 年净资产收益率（扣除非经常性损益）低于 10%，则中比基金有权要求原股东或公司以现金形式赎回所持股权。后为推进江苏东光的上市，双方清理了对赌条款——约定中比基金股权赎回条款无效，该等无效条款不能再恢复，且视为从来不曾约定过；确认反稀释条款不再执行，不再有任何法律约束力。

3. 维尔利（300190）

2008 年 12 月 10 日，维尔利与投资人签署《增资协议书》约定，若公司在 2009 年决议改制为股份有限公司，且自 2008 年 1 月 1 日至改制基准日期间，完成的累计经营性净利润合计高于 2000 万元，2008 年度完成的经营性净利润不低于 1000 万元，则股东中风投应向常州德泽无偿转让其所持维尔利总股本 2%的股权。若维尔利 2008 年实现净利润达到承诺保底利润 120%以上，则在进行 2008 年度利润分配时，常州德泽可单独定向分配利润 800 万元，剩余利润分配常州德泽和中风投按照股权比例共同享有，且中风投只享有股权比例 1/12 的现金分红权。经信永中和会计师事务所有限责任公司于 2009 年 9 月 30 日出具的 XYZH/2009SHA1004 号《审计报告》确认，上述《增资协议书》所约定的奖励条件已实现。鉴于此，中风投按约将其持有的维尔利 2% 股权（即 39.91 万元出资额）无偿转让给常州德泽。根据《增资协议书》之"合同变更、解除"条款的约定，在维尔利整体变更设立为股份有限公司时《增资协议书》自动解除，因而《增资协议书》中的其他特别约定已于 2009 年 11 月 12 日终止。上市前各方签署《声明与确认函》，声明各方未与任何主体签署或达成以维尔利经营业绩、发行上市等事项作为标准，以维尔利股权归属的变动、股东权利优先性的变动、股东权利内容的变动等作为实施内容的有效的或将生效的协议或类似的对赌安排。

4. 富耐克（831378）

2012 年 3 月 5 日，富耐克与投资人签订了《增资协议之补充协议》，约定了公司业绩考核未达标的公司及实际控制人补偿条款，以及若公司未能在 2015 年 6 月 30 日前完成上市的，公司及实际控制人对投资人的股权回购义务。2012 年度因公司业绩未达标触发了补偿条款，补偿义务已全部由实际控制人以货币资金承担，相应款项已全部支付完毕。相关方于 2022 年 4 月 21 日签署《投资人特殊权利条款之终止协议》，确认投资人特殊权利条款均已永久解除并永久失效，且无附条件恢复生效或恢复履行的安排；实控人在《承诺函》中作出的所有承诺事项均已被投资人豁免。

5. 建科股份（301115）

公司与投资人签订的含对赌条款的协议中，公司作为发行人并未作为协议义务承担一方，并非股份回购义务人，对赌协议未与发行人的盈利能力和业绩等与经营有关的条件挂钩，对赌协议责任的承担主体为公司实际控制人。且根据协议中"上市特别约定"条款约定,股份回购条款随着公司的上市申报终止执行,因此不会对发行人持续经营能力或投资者权益构成严重影响。

6. 伟测科技(688372)

伟测科技与投资人签订的对赌条款主要包括股权回购和业绩激励补偿:如出现伟测科技未能在规定时间内提交合格上市申报材料(以证监会或证券交易所材料受理函时间为准),未能在约定时间前上市;伟测科技的财务指标恶化到一定程度;伟测科技的净利润未达到预期目标等情况,对赌义务人承担全部或部分的回购义务。伟测科技就控股股东及实际控制人的回购义务承担连带责任保证义务。2021年6月23日,实际控制人、控股股东与其他投资人及发行人签署了带有恢复条款的清理对赌及特殊权利条款协议,主要条款包括:(1)各方签订的一系列协议中涉及伟测科技作为义务人的回购义务、赔偿责任、连带责任、保证条款终止执行,且自始无效,对各方均不具有法律约束力。(2)自伟测科技提交上市相关申报材料之日起,特殊权利、违约责任与赔偿责任等条款涉及的各方权利义务全部终止。但如果发生公司提交上市申请材料后未最终在证券交易所成功挂牌交易等情形的,且满足下列条件的情况下,相关条款可以自动恢复效力:伟测科技不作为对赌义务当事人;对赌协议不存在可能导致公司实际控制权变化的约定;对赌协议不与公司市值挂钩;对赌协议不存在影响公司持续经营能力或者其他影响投资者权益的情形。

另外,早些年涉及对赌处理的一些案例见表7。

表 7 对赌协议问题处理案例

| 序号 | 所属板块 | 公司名称 | 披露文件 | 披露内容 |
|---|---|---|---|---|
| 1 | 主板 | 金田铜业（601609） | 2020-04-09 首次公开发行股票招股说明书 | (五)存续的股权回购约定：……公司与红石创投未签署过涉及业绩对赌、优先权、股权回购、反稀释权等特殊条款的投资协议…… |
| 2 | 主板 | 塞力斯（603716） | 2016-10-17 首次公开发行股票招股说明书附录 | 落实问题14：……(2)在签订《补充协议》的同时和之后，前述新增股东与发行人是否就对赌等事项另外签订了协议、备忘录或者承诺函等，是否还存在其他安排……<br>回复：前述股东已分别于2013年3月28日与发行人签署《补充协议》，约定相关协议中约定的特别权利条款，包括但不限于最优待遇、根据业绩获得补偿的权利、股权转让优先购买权、跟售权、强制出售权、反稀释权、增资优先认购权、股权回售权(回购权)、IPO时间对赌、要求公司减资的权利、董事任免权、优先清算权等权利或类似于前述限制性权利的权利，自《补充协议》签署生效时立即失效 |

（续表）

| 序号 | 所属板块 | 公司名称 | 披露文件 | 披露内容 |
|---|---|---|---|---|
| 3 | 创业板 | 海特生物（300683） | 2017-07-26首次公开发行股票并在创业板上市招股说明书 | （十二）对赌协议及解除情况……2015年9月，混沌投资、建信康颖、湘特投资和德同新能分别与海特生物、陈某和三江源签署《增资合同的补充协议（二）》，约定解除根据《增资合同的补充协议》陈某和三江源对协议对方承诺的最优惠权利、根据业绩获得补偿的权利、股权转让优先购买权、跟售权、强制出售权、反稀释权、增资优先认购权、股权回售权（回购权）、IPO时间对赌、要求公司减资的权利、董事任免权、优先清算权等权利 |
| 4 | 创业板 | 艾德生物（300685） | 2017-07-20中信证券股份有限公司关于公司首次公开发行股票并在创业板上市发行保荐工作报告 | OrbiMed Asia等投资机构在投资时，约定其享有优先清算权、股份赎回权、反稀释权、共同出售权、信息获得权等对赌条款 |

（续表）

| 序号 | 所属板块 | 公司名称 | 披露文件 | 披露内容 |
|---|---|---|---|---|
| 5 | 科创板 | 赛诺医疗（688108） | 2019-10-10首次公开发行股票并在科创板上市招股意向书附录 | 本所律师认为,前述包含对赌条款的《股权投资协议》和《股权转让协议》虽尚未解除,但合同当事方通过签署补充协议的形式追溯确认对赌协议中优先购买权、共同出售权、优先认购权、反摊薄权、同等待遇、拖售权、合格上市、并购估值限制、特别分红权等投资方特殊股东权利或其他不符合股份公司股东同股同权设置或可能导致目标公司股权变动的优先股东权利在合格上市申报日终止执行,不再对包括发行人在内的合同当事方产生效力,不存在严重影响发行人持续经营能力或者其他严重影响投资者权益的情形 |
| 6 | 科创板 | 映翰通（688080） | 2020-01-04首次公开发行股票并在科创板上市招股意向书附录 | 经本所律师核查,2013年10月10日,各方已签署《股东协议之补充协议》,确认解除《股东协议》中涉及的赎回权(包含对赌约定)、反稀释权、优先受让权和共同出售权、优先认购权、优先清算权等特殊权利条款 |

（续表）

| 序号 | 所属板块 | 公司名称 | 披露文件 | 披露内容 |
|---|---|---|---|---|
| 7 | 科创板 | 德马科技（688360） | 2020-05-27首次公开发行股票并在科创板上市招股说明书 | （八）业绩对赌等特殊约定及终止情况<br>2014年8月6日，因发行人向北京基石发行股票，发行人（协议中为丙方）及德马投资、创德投资、湖州力固、卓序（协议中为乙方）与北京基石（协议中为甲方）签订《关于浙江德马科技股份有限公司的增资扩股协议》，其中第4.1条、4.2条、4.3条、4.4条、4.5条、4.6条、4.9条分别就发行人实际控制人股份处置限制、投资者的优先认购权、反稀释权、优先购买权、共同出售权、要求回购权、拖带权及优先清算权等特殊事项以及该等条款的效力中止与自动恢复条件进行了约定……自补充协议生效之日起，《关于浙江德马科技股份有限公司的增资扩股协议》第4.1条、4.2条、4.3条、4.4条、4.5条、4.6条、4.9条的约定自动失效，对各方不再具有法律约束力 |

## 第二节　《监管规则适用指引——发行类第 4 号》
透露监管的新态度

### 一、关于对赌协议处理的要求

2020 年 5 月 14 日，四会富仕首次公开发行并在创业板上市获证监会审核通过，之所以引起市场上极大关注，原因在于这是真正意义上带着对赌协议过会的首例。从四会富仕的公告看，首先，重新签署的补充协议仅保留了上市对赌，业绩对赌等特殊条款已全部删除；其次，公司结合《首发业务若干问题解答（一）》（已被《监管规则适用指引——发行类第 4 号》废止）关于对赌协议的规定逐条分析并认为保留后的条款符合相关规定。从上述内容可以看出，四会富仕完全按照《首发业务若干问题解答（一）》规定的可以不清理对赌协议的 4 项条件对对赌协议的相关条款进行修订并顺利过会。

从 2020 年 6 月起，证监会和交易所已经改变了以往对于 IPO 中对赌一概叫停的态度，在《上海证券交易所科创板股票发行上市审核问答（二）》（已被《上海证券交易所股票发行上市审核规则》废止）、《深圳证券交易所创业板股票首次公开发行上市审核问答》（已被《深圳证券交易所股票发行上市审核规则》废止）、《首发业务若干问题解答（2020 年 6 月修订）》（已被《监管规则适用指引——发行类第 4 号》废止）等后来的监管意见中，监管层在原则要求清理对赌之外，给出了同时满足 4 项条件的例外情况：一是发行人不作为对赌协议当事人；二是对赌协议不存在可能导致公司控制权变化的约定；三是对赌协议不与市值挂钩；四是对赌协议不存在严重影响发行人持续经营能力或者其他严重影响投资者权益的情形。

对于红筹企业的对赌协议中存在优先权利安排的，发行人和投资机构应当约定并承诺在申报和发行过程中不行使优先权利，并于上市前终止优先权利、转换为普通股。投资机构按照其取得优先股的时点适用相应的锁定期要求;发行人应当在招股说明书中披露优先股的入股和权利约定情况、转股安排及股东权利变化情况,转股对发行人股本结构、公司治理及财务报表等的影响,股份锁定安排和承诺等,并进行充分风险提示。

在对赌新规发布以后,截至目前,尽管有前述特别约定,但部分拟上市的公司在上市前仍然还是选择清理了相关对赌协议,如百奥泰(688177)、石头科技(688169)及前文提到的富耐克(831378)等在申报前已解除对赌协议。目前在排队的企业中大部分还是选择了设置效力恢复条款的清理方式,即约定在递交IPO申报材料之日起/股东大会审议通过关于本次发行上市的议案之日起对赌协议的相关条款暂停执行,并约定了附条件恢复生效的条款,但一般此类情形会收到交易所的《审核问询函》,要求对对赌协议的相关内容进行详细解释说明。

本书第七章中提及的硕世生物(699399)则属于隐瞒对赌协议的存在,过会上市后收到上交所监管警示函,并引发相应诉讼纠纷,但并未被退市的案例。类似的还有极米科技(688696),在IPO成功前曾收到证监会警示函,确认其在申请首次公开发行股票并上市过程中,存在未按监管要求清理并披露相关对赌协议事项的情况。

值得一提的是,虽然对于对赌条款的存在放宽了限制,但是在对赌新规发布后,交易所对于对赌情况的披露审查相较以往更为细致,一方面,对于未按要求披露对赌协议的进行通报批评;另一方面,要求详细说明对赌协议的条款、签订合理性等内容。从2022年过会情况看,交易所在首次公开发行股票申请文件反馈意见中提出的关于对赌协议情况的问题主要包括:签署对赌协议的原因,对赌协议及其签订主体、主要权利义务、对赌协议的签署情况、涉及的对赌条款情况、是否触发对赌条款,协议是否约定了发行人违约的情形,相关违约责任是否由发行人承担,相关条款是否属于应予以清理的对赌条款,若不清理是否可能构成本次发行障碍等。对于首发上市前要求清理对赌协议，要求发行人明确披露清理情况涉及的问题包括：对赌协议是否自始无效、是否附条件恢复、是否彻底终止，是否签订了审核未通过情况下恢复效力的协议，是否存在对赌协议转为"抽屉协议"的情况，终止对赌协议是否支付对价，是否存在其他特殊利益安排等。而这种披露要求和各中介机构对此的审查自全面实行注册制改革后只会愈发严格。

全面注册制以后，证监会将原来的《首发业务若干问题解答》编制成了监管规则适用指引。2023年2月17日，证监会发布《监管规则适用指引——发行类第4号》，从规则层面来看，《监管规则适用指引——发行类第4号》统一取代了此前《首发业务若干问题解答》问题5、《深圳证券交易所创业板股票首次公开发行上市审核问答》问题13、《上海证券交易所科创板股票发行上市审核问答（二）》问题10关于对赌协议清理的相关约定，对于对赌协议延续了此前的4个判断标准，即：（1）发行人是否为对赌协议当事人；（2）对赌协议是否存在可能导致公司控制权变化的约定；（3）对赌协议是否与市值挂钩；（4）对赌协议是否存在严重影响发行人持续经营能力或者其他严重影响投资者权益的情形。对于投资机构在投资发行人时约定对赌协议等类似安排的，明确要求保荐机构及发行人律师、申报会计师重点核查企业是否同时满足前文提到的可不清理对赌条款的4项条件，并要求审慎论证是否符合股权清晰稳定、会计处理规范等方面的要求，并发表明确核查意见。而对于不符合任一要求的对赌协议，原则上应在申报前清理。同时，发行人应当在招股说明书中披露对赌协议的具体内容、对发行人可能存在的影响等，并进行风险提示。显然，这是证监会将对赌新规施行以来以问询形式的要求转化为文件规定加以明确，实质是对2020年对赌新规中放宽限制的条件的强调，并强化了保荐机构、发行人律师、申报会计师的核查义务和论证责任。

《监管规则适用指引——发行类第4号》还提到，对于IPO对赌协议自始无效的问题,证监会要求解除对赌协议应关注:"(1)约定'自始无效',对回售责任'自始无效'相关协议签订日在财务报告出具日之前的,可视为发行人在报告期内对该笔对赌不存在股份回购义务,发行人收到的相关投资款在报告期内可确认为权益工具;对回售责任'自始无效'相关协议签订日在财务报告出具日之后的,需补充提供协议签订后最新一期经审计的财务报告。(2)未约定'自始无效'的,发行人收到的相关投资款在对赌安排终止前应作为金融工具核算。"

## 二、控股股东/实际控制人负对赌义务的处理方式

### 1. 彻底终止全部特殊权利条款

为满足上市审核的要求,部分公司控股股东/实际控制人采取与相关方约定特殊权利条款彻底、不可撤销地终止且不附任何恢复条款这一直截了当的方式,"一劳永逸"。例如华宇电子(预披露)在招股说明书中披露:发行人、实际控制人分别与参与对赌的股东签署《关于池州华宇电子科技(股份)有限公司投资协议之解除协议》,发行人历史上存在的对赌协议已彻底终止,发行人及其实际控制人未与相关股东签署审核未通过情况下恢复效力的协议,不存在对赌协议转为"抽屉协议"的情况,终止对赌协议未支付对价,不存在其他特殊利益安排。又如德和科技(预披露)在招股说明书中披露:发行人及其控股股东、实际控制人与股东湖州佳宁签署的特殊权利条款相关协议已在申报前清理,且约定自始无效,与其他股东不存在除投资协议以外的其他补充协议或对赌协议等特殊协议或安排,符合《监管规则适用指引——发行类第4号》之问题4-3的要求。

### 2. 中止/终止特殊权利条款,但附恢复条件

由于发行人不能有任何对赌条款,自动恢复条款也不允许,因此投资机构从保护自身投资利益角度出发,仍希望控股股东/实际控制人能作为对赌协议当事人,部分案例采取了中止/终止特殊权利条款,但附恢复条件的方式。实务中,控股股东存在带有自动恢复条款的对

赌协议是被允许的,有些案例采用了在审核过程中将发行人的对赌义务转移给了控股股东,或者是本来是发行人和控股股东一起承担的义务最后只保留了控股股东的做法。

具体而言,此类带恢复条件的对赌需要注意以下几个问题:

(1)中止/终止时间:通常约定在发行人向证券监管部门报送发行上市的申请材料或者发行人申报 IPO 材料获受理之日中止/终止。

(2)恢复时间:通常将发行人撤回上市申请、上市申请未获得证券监管部门批准/注册、上市公开发行未能最终完成、IPO 申请被证券监管部门否决、任何原因等导致上市终止等一项或多项作为对赌协议恢复的生效条款。

(3)彻底终止时间:一般表述为在发行人股份自交易所流通上市之日终止。

从预披露的案例来看,证券监管部门对此类情形会重点关注如下问题:发行人对赌协议的清理是否符合《监管规则适用指引——发行类第 4 号》的相关规定;在审期间是否存在可能触发恢复对赌条款的情形;发行人控股股东/实际控制人是否存在应履行而未履行的义务;针对附有恢复效力的条款,发行人是否需承担连带责任或潜在义务;自动恢复效力条款对本次发行上市的影响,是否构成本次发行上市实质障碍等。

此外,需要特别强调的是,对于对赌协议中一票否决权、重大事项决策权等跟公司治理有着明显冲突的条款,可能会引起监管机构的额外关注,需要谨慎处理。例如根据润本股份(预披露)的公告显示,上海证券交易所在审核问询函中就特别关注了一票否决权对控制权的影响。对此,发行人及相关中介机构认为,高瓴资本在公司股东大会及董事会享有的"一票否决权"目的在于防止被投资企业发生影响投资人权益的重大不良事件,防止实际控制人利用其控制地位损害中小股东的合法权益,并不是对公司的经营管理施加控制,不涉及谋求控制权。相关权利系较常见的外部投资人要求给予的保护性安排,不会导致公司控制权发生变化。不过,基于审慎原则,公司全体股东已于2023 年 4 月 1 日签署《新股东协议之补充协议》,彻底终止高瓴资本于《新股东协议》项下对董事会、股东大会部分决策事项的一票否决权,并不附加任何效力恢复条件,且视为自《原股东协议》签署之日起自始无效。至于其他特殊股东权利(包括实际控制人的回购义务、优先购买权、共同出售权、反摊薄保护、提名一名非独立董事等特殊股东权利)亦在发行人上市申请被受理之日起终止,仅在发行人未能成功上市等情况发生时恢复(包括发行人上市申请因任何原因被撤回、退回、撤销或不予批准,或公司因任何原因未能完成合格 IPO 的),在公司最终完成合格 IPO 时,《新股东协议》项下的投资人股东特殊权利应最终终止且不再恢复效力。

3. 以抽屉协议方式约定对赌协议条款

所谓"抽屉协议",是指当事人之间先约定并签署一个合同放在明面上来示人,用以满足监管要求及各方主体的利益要求,而部分股东和利害关系人则可能再签订一份协议放在"抽屉中",该协议仅是为了实现签订方的利益安排,只有在抽屉协议约定情况发生时才拿出来,主张协议中约定的权利。

与传统的"阴阳合同"的不同点在于,阴阳合同签订的双方都明白彼此不按照阳合同履行,因此阳合同往往因被认定为"双方虚假行为"而无效,阴合同则是看是否违反法律上的效力性强制规定来认定是否有效。而在"抽屉协议"中,明面上的合同通常也是各方真实意思表示,因此有效,只是放在抽屉中的协议另有利益安排,对于抽屉协议的有效性,则需要看是否违反法律强制性规定、是否侵害其他主体利益、是否侵害市场秩序等。

从诉讼的角度来看,此类对赌协议是否有效的问题原则上是看是否违反法律法规的规定,具体内容详见本书第七章第十一节,本处不再赘述。而从监管的角度来看,对刻意隐瞒应当披露并清理的对赌协议的,可能面临交易所对实际控制人予以通报批评,对发行人、保荐代表人、签字律师予以监管警示。

## 第三节 新三板对赌规则

相比IPO,监管部门对于新三板拟挂牌企业存在对赌的态度稍显宽容,相关案例包括杭州南广影视股份有限公司、深圳市一览网络股份有限公司、科顺防水科技股份有限公司等,限于篇幅,不再一一展开。

2016年8月8日,全国中小企业股份转让系统有限责任公司(简称股转公司)发布了《挂牌公司股票发行常见问题解答(三)——募集资金管理、认购协议中特殊条款、特殊类型挂牌公司融资》,明确了新三板挂牌公司股票发行中对赌行为的规范要求。

2023年2月17日,股转公司再次修订《全国中小企业股份转让系统股票定向发行业务规则适用指引第1号》,对特殊投资条款的相关规定进行了更新。具体而言,投资者参与挂牌公司股票发行时约定的特殊投资条款,不得存在以下情形:

(1)发行人作为特殊投资条款的义务承担主体或签署方,但在发行对象以非现金资产认购等情形中,发行人享有权益的除外;

(2)限制发行人未来股票发行融资的价格或发行对象;

(3)强制要求发行人进行权益分派,或者不能进行权益分派;

(4)发行人未来再融资时,如果新投资方与发行人约定了优于本次发行的条款,则相关条款自动适用于本次发行的发行对象;

(5)发行对象有权不经发行人内部决策程序直接向发行人派驻董事,或者派驻的董事对发行人经营决策享有一票否决权;

(6)不符合法律法规关于剩余财产分配、查阅、知情等相关权利的规定;

(7)触发条件与发行人市值挂钩;

(8)证监会或股转公司认定的其他情形。

## 第四节　重大资产重组中的对赌规则

与 IPO 和新三板挂牌不同,监管部门在重大资产重组等相关领域对于对赌不仅不禁止或者限制,反而要求成为特定情况下的必要条件,如《上市公司重大资产重组管理办法》(2023 年修订)第 35 条明确要求:"采取收益现值法、假设开发法等基于未来收益预期的方法对拟购买资产进行评估或者估值并作为定价参考依据的,上市公司应当在重大资产重组实施完毕后三年内的年度报告中单独披露相关资产的实际盈利数与利润预测数的差异情况,并由会计师事务所对此出具专项审核意见;交易对方应当与上市公司就相关资产实际盈利数不足利润预测数的情况签订明确可行的补偿协议。预计本次重大资产重组将摊薄上市公司当年每股收益的,上市公司应当提出填补每股收益的具体措施,并将相关议案提交董事会和股东大会进行表决。负责落实该等具体措施的相关责任主体应当公开承诺,保证切实履行其义务和责任。……"

监管部门连上述情况下补偿计算的方式都已经给出:

当期补偿金额=(截至当期期末累积承诺净利润数-截至当期期末累积实现净利润数)÷补偿期限内各年的预测净利润数总和×拟购买资产交易作价-累积已补偿金额;

当期应当补偿股份数量=当期补偿金额/本次股份的发行价格;

当期股份不足补偿的部分,应现金补偿。

证监会上市部在 2016 年 6 月 17 日发布的《关于上市公司业绩补偿承诺的相关问题与解答》中进一步明确:"上市公司重大资产重组中,重组方的业绩补偿承诺是基于其与上市公司签订的业绩补偿协议作出的,该承诺是重组方案的重要组成部分,因此,重组方应当严格按照业绩补偿协议履行承诺。重组方不得适用《上市公司监管指引第 4 号——上市公司实际控制人、股东、关联方、收购人以及上市公司承诺及履行》第五条的规定,变更其作出的业绩补偿承诺。"需注意的是,该文件已被 2020 年 7 月 31 日公布的《监管规则适用指引——上市类第 1 号》废止。该指引在"1-2 业绩补偿及奖励"中规定:"上市公司重大资产重组中,重组方业绩补偿承诺是基于其与上市公司签订的业绩补偿协议作出的,该承诺是重组方案重要组成部分。因此,重组方应当严格按照业绩补偿协议履行承诺。除我会明确的情形外,重组方不得适用《上市公司监管指引第 4 号——上市公司实际控制人、股东、关联方、收购人以及上市公司承诺及履行》第五条的规定,变更其作出的业绩补偿承诺。"

在 2023 年 2 月刚刚修订的《上市公司重大资产重组管理办法》中,针对重大资产重组领域对赌承诺履行中各种不诚信和问题,证监会在第 57 条第 2 款规定:"交易对方超期未履行或者违反业绩补偿协议、承诺的,由中国证监会责令改正,并可以采取监管谈话、出具警示函、责令公开说明等监管措施,将相关情况记入诚信档案;情节严重的,可以对有关责任人员采取证券市场禁入的措施。"

# 第十章 对赌相关财税问题

## 第一节 对赌相关的会计处理

### 一、业绩补偿相关

业绩补偿根据其经济实质一般认为属于会计上的"或有对价",即不确定的对价。根据《企业会计准则第2号——长期股权投资》《企业会计准则第22号——金融工具确认和计量》《企业会计准则第37号——金融工具列报》等相关准则的要求,对赌往往发生在非同一控制下的企业之间,即参与合并的各方在合并前后不在同一集团的最终控制下,因此购买方应当将合并协议、股权转让协议或类似协议中约定的或有对价作为合并对价的一部分,按照其在购买日的公允价值计入企业合并成本,并确认相应的资产、负债,后续变动应视其性质分别计入当期损益或其他综合收益。或有对价公允价值的计量应基于标的公司未来业绩预测情况、或有对价支付方信用风险及偿付能力、其他方连带担保责任、货币的时间价值等因素予以确定。实务中,交易对方的业绩补偿方式主要有现金补偿、股份补偿或两者相结合。

采取现金方式进行业绩补偿的,投资方或收购方对该或有对价应在满足资产定义时确认为一项金融资产,被投资方或被收购方相应确认为金融负债,根据2020年11月13日证监会发布的《监管规则适用指引——会计类第1号》的要求,非同一控制下企业合并中的或有对价构成金融资产或金融负债的,应当以公允价值计量并将其变动计入当期损益。

进一步讲,对于收购方来说,根据《企业会计准则第22号——金融工具确认和计量》第 19 条的规定,企业在非同一控制下的企业合并中确认的或有对价构成金融资产的,该金融资产应当分类为以公允价值计量且其变动计入当期损益的金融资产即"交易性金融资产",不得指定为以公允价值计量且其变动计入其他综合收益的金融资产即"其他债权投资"或"其他权益工具投资"。

此种情形下,购买方需要对购买日业绩承诺现金补偿的公允价值进行评估,以评估结果作为或有对价购买日的公允价值计入企业合并成本,后续计量购买方应当预估未来业绩承诺实现的可能性,评估或有对价公允价值的变化,作出合理调整,若业绩承诺现金补偿兑现,购买方应当结合其初始确认与后续计量情况进行相应的会计处理。在实务中并购交易一般都基于标的企业能够完成业绩承诺而发生,在预计不会出现业绩补偿情况下,对或有对价不进行初始确认,也即确认的金融资产为 0。在后续结算时将实际收到的业绩补偿直接计入当期损益,即计入"营业外收入"。

## 二、股份回购相关

### 1. 对投资方或收购方

根据《监管规则适用指引——会计类第 1 号》的要求,若购买方根据标的公司的业绩情况确定收回自身股份的数量,该或有对价在购买日不满足"固定换固定"的条件,不属于一项权益工具,而是属于一项金融资产。因此,购买方应当在购买日将该或有对价分类为以公允价值计量且其变动计入损益的金融资产。随着标的公司实际业绩的确定,购买方能够确定当期应收回的自身股份的具体数量,则在当期资产负债表日,该或有对价满足"固定换固定"的条件,应将其重分类为权益工具(其他权益工具),以重分类日相关股份的公允价值计量,并不再核算相关股份的后续公允价值变动。

所谓"固定换固定",是指能够以固定数量的自身权益工具交换固定现金或其他金融资产,其核心在于企业自身股份是否构成现金偿还的替代品。若业绩补偿对应的金额是固定的,由于股价是不断变化的,回购的自身股份数量会随着标的公司的实际盈利情况与业绩承诺的差异而变化,购买日无法确定其收回自身股份的数量,此时结算的股票构成现金的替代品,构成金融资产;而若收回的自身股份数量是固定的,由于股份价值不固定,因此作为权益工具。

此外,对于投资方是适用金融工具准则还是适用长期股权投资准则,应当遵循实质重于形式的原则,若投资方对被投资方的持股比例达到可以施加重大影响的程度,即其承担的风险和报酬与普通股股东实质相同,则应分类为长期股权投资,回售权应视为一项嵌入衍生工具,并进行分拆处理;持有附回售条款的股权投资期间所获得的股利,应按该股权投资的分类,适用具体会计准则规定进行处理。

2. 对被投资方或被收购方

根据《监管规则适用指引——会计类第 1 号》的要求,对赌回购条款在完全解除前,除非能够无条件地避免以交付现金或其他金融资产来履行分配义务,否则会计处理上应当作为金融负债而非权益工具。

所谓"无条件地避免交付现金或其他金融资产",具体到对赌中,可以理解为能够确定无须支付现金或现金替代品等任何形式的业绩补偿。由于签订对赌协议时,被投资方无法确定是否能够完成对赌业绩或其他对赌事项,因此是否触发股份回购是不确定的,因此,只要被投资方可能承担以现金或其他金融资产偿还业绩补偿的义务,就应当在初始确认时将该义务确认为一项金融负债。在最终能够确定无须向投资方支付补偿时,再将金融负债按照账面价值重分类为权益工具。

若企业作为权益工具核算,交易所在首发反馈时会要求公司及相关中介机构进一步说明。如深交所在常州长青科技股份有限公司首次公开发行股票申请文件反馈意见中要求公司及相关中介机构论证在对赌回购条款完全解除前,相关投资事项作为权益工具核算的合规性,是否符合会计准则中权益工具"无条件地避免以交付现金或其他金融资产来履行分配义务"的规定,是否符合《监管规则适用指引——会计类第1号》的要求,是否应当作为金融负债列报。

## 三、股份支付相关

在企业会计准则中,股份支付是"以股份为基础的支付"的简称,是指企业为获取职工和其他方提供服务而授予权益工具或者承担以权益工具为基础确定的负债的交易。因此,若在并购重组中,投资方对目标公司治理层或者管理层进行股权激励(包括授予限制性股票和股票期权),则适用该准则。但是,企业与股东之间、合并方与被合并方之间的股份支付不属于此列,而应当适用长期股权投资与合营安排相关准则。

## 四、商誉减值相关

关于商誉及商誉减值测试相关的基础理论及要求等已在本书第五章第一节"六、商誉及商誉减值测试"中进行了介绍,本处不再赘述。至于商誉是否减值、如何测试等问题,涉及会计专业领域,与本书主题关联较小,本书不再介绍。

近来证监会、交易所对商誉减值测试情况愈发关注,不仅关注是否按照准则规定对商誉减值是否测试,而且会关注减值原因及合理性、减值金额是否审慎合理等。近年来,因商誉减值测试而受到证监会关注和交易所问询的案例尤其多。

因未进行商誉减值测试并披露,航新科技(300424)被广东证监局采取了行政监管措施。航新科技于2021年12月31日发布《关于公司及部分董事、高管、原控股股东及其一致行动人收到监管关注函、警示函的公告》,公告称公司及相关人员在收到的广东证监局出具的《关于对广州航新航空科技股份有限公司的监管关注函》(广东证监函〔2021〕1382号)中,被指出存在政府补助款会计处理不准确和2018年度未进行商誉减值测试并披露等问题,公司被要求进行整改;在收到的广东证监局出具的《关于对广州航新航空科技股份有限公司、卜某胜、胡某、姚某华、胡某采取出具警示函措施的决定》（行政监管措施决定书〔2021〕185 号）中，被指出存在重大事项未披露、2020 年年报对关联方的披露不完整、多计业务收入、商誉初始确认不合理、未准确适用新收入准则、部分收入存在跨期等问题，公司、卜某胜、胡某、姚某华、胡某被采取出具警示函的行政监管措施。

近期最轰动的莫过于世纪华通（002602）于 2023 年 5 月 10 日收到深交所下发的《关于对浙江世纪华通集团股份有限公司 2022 年年报的问询函》（公司部年报问询函〔2023〕第 92 号）。深交所在问询函中关于资产减值计提相关问题提到：

（1）报告期内，你公司（世纪华通，下同）通过盛趣科技、点点开曼、上海天游、七酷网络、点点北京、ActozSoft 等子公司开展互联网游戏业务，构成公司主要收入及利润来源。以前年度，你公司未对游戏业务资产组计提商誉减值准备。报告期内，你公司对不含 ActozSoft 的游戏业务资产组计提商誉减值准备 54.28 亿元，未对 ActozSoft 资产组相关商誉计提减值准备，你公司商誉减值事项被列为关键审计事项。①请以表格形式罗列报告期内对盛趣科技、点点开曼、上海天游、七酷网络和点点北京等子公司计提的商誉减值准备金额，结合前述子公司被纳入合并报表范围以来的行业政策变化、业务模式、主要产品或服务、近三年主要财务数据、行业发展趋势、未来战略规划等，详细分析近三年（如适用）对其进行减值测试的测算过程，包括但不限于减值依据、评估方法和过程、关键假设及关键参数（如各预测期的营业收入增值率、净利率、折现率等）的选取依据及差异原因，进一步说明报告期内商誉减值准备计提金额是否审慎、合理。②请结合前述 5 家子公司近三年盈利情况变化、近三年导致商誉减值主要因素的变化情况等进一步说明相关商誉减值迹象的出现时点认定依据，在 2021 年度净利润下滑时未计提商誉减值准备，却在 2022 年前三季度盈利的情况下，第四季度一次性计提大额商誉减值准备的原因及合理性。③请结合

ActozSoft 资产组和不含 ActozSoft 的游戏业务资产组的游戏资产主要经营地及其监管政策、主营业务模式、主要用户 IP 属地、近三年业绩表现等差异,说明报告期内两个资产组商誉减值准备比例计提存在极大差异的原因及合理性。④请补充披露游戏业务资产组商誉减值评估报告。

(2)报告期内,你公司对长霈(上海)投资中心(有限合伙)、浙江游码网络科技有限公司、成都灵绘文化传播有限公司、上海白兔网络科技有限公司等联营企业的长期股权投资计提减值准备 7.10 亿元。请补充说明报告期内长期股权投资减值准备的测算过程,包括但不限于评估方式和过程、关键假设及参数选取、减值依据等,结合前述公司主营业务、业务模式、行业发展情况、近三年主要财务数据(如适用)及长期股权投资减值准备计提金额等说明以前年度减值迹象是否已实际出现,报告期内长期股权投资减值准备计提金额是否审慎、合理。

## 第二节 企业所得税的处理

### 一、各地政策

在企业所得税层面,目前全国尚未有统一的意见,四川省税务局关于答复政协四川省第十二届委员会第三次会议第 0427 号提案的函中曾提到:"对赌协议的所得税处理,一直是税法领域的理论与实践难题,即便在欧美等所得税制体系较为完善的国家,因其交易的复杂性,对价方式的多样性,也一直处于不断发展中。目前,我国企业所得税关于对赌协议的税务处理,并无直接明确的文件规范;个人所得税现行政策依据为《股权转让所得个人所得税管理办法(试行)》(国家税务总局公告 2014 年第 67 号),该办法从原则上明确了基本政策,具体操作仍需要进一步细化。"国家税务总局无文件规定,各地税务机关在对业绩补偿款是否征收企业所得税的问题上的处理也不尽相同。

例如,海南省税务局曾经针对海南航空《关于对赌协议利润补偿企业所得税相关问题的请示》作出回函(琼地税函〔2014〕198 号),明确表示:在该对赌协议中取得的利润补偿可以视为对最初受让股权的定价调整,即收到利润补偿当年调整相应长期股权投资的初始投资成本。

而荆州市地方税务局经请示湖北省地税局,作出了《市地方税务局关于斯太尔动力股份有限公司业绩补偿款征收企业所得税的批复》(荆地税〔2017〕38 号),认为:依据《企业所得税法》及其实施条例的立法精神,企业除接受股东投入资本金外,取得的其他收入均应并入企业收入总额,全面履行企业所得税纳税义务。

此外,在 12366 纳税服务平台中,宁波市税务局、厦门市税务局认为:根据《企业所得税法实施条例》第 56 条的规定,企业的各项资产,包括固定资产、生物资产、无形资产、长期待摊费用、投资资产、存货等,以历史成本为计税基础。前款所称历史成本,是指企业取得该项资产时实际发生的支出。企业持有各项资产期间资产增值或者减值,除国务院财政、税务主管部门规定可以确认损益外,不得调整该资产的计税基础。因此,认为对赌失败后企业所得税的初始计税基础不能调整。

## 二、相关案例

### 1. 斯太尔

英达钢构为斯太尔(000760)控股股东,其对斯太尔收购标的资产武汉梧桐硅谷天堂投资有限公司[现更名为"斯太尔(江苏)投资有限公司"]100%的股权作出业绩补偿承诺:标的资产 2014 年、2015 年、2016 年扣除非经常性损益后的净利润分别不低于 2.3 亿元、3.4 亿元和 6.1 亿元。后因未达到业绩承诺标准,英达钢构已经向斯太尔以现金形式对差额部分 155934308.25 元支付了 2014 年度的业绩补偿款。斯太尔于 2015 年将收到的 2014 年业绩补偿款全额计入"营业外收入",监管部门认为上述补偿款属于控股股东捐赠,不应确认为收入,故斯太尔依据监管部门指示将上述业绩补偿款调整贷记"资本公积",并延续处理至今。斯太尔认为控股股东业绩补偿款并非《企业所得税法》应纳税收入,故未进行纳税申报。2017年6月,当地税务局要求斯太尔就该2014年度业绩补偿款补缴2014年度企业所得税款18278476.61元及相应滞纳金。

2017年11月19日,荆州市地方税务局经请示湖北省地税局,作出了《市地方税务局关于斯太尔动力股份有限公司业绩补偿款征收企业所得税的批复》(荆地税〔2017〕38号),认为:依据《企业所得税法》及其实施条例的立法精神,企业除接受股东投入资本金外,取得的其他收入均应并入企业收入总额,全面履行企业所得税纳税义务。依此规定,若斯太尔取得的英达钢构支付的业绩补偿款不视为股东投入的资本金,则应依法履行企业所得税纳税义务。

同时,斯太尔取得的英达钢构支付的业绩补偿款,从经济实质上看,股东英达钢构对斯太尔支付业绩补偿款,不满足《公司法》关于投资的规定,不能视为投资行为。从法律形式上看,英达钢构并未就支付业绩补偿款与斯太尔及其他相关各方签订投资合同(协议),并遵循上市公司信息披露的相关规定,向社会公告接受投资信息,不具备投资的法律形式。

故斯太尔取得的英达钢构支付的业绩补偿款,不适用《国家税务总局关于企业所得税应纳税所得额若干问题的公告》(国家税务总局公告2014年第29号)第2条第1款"企业接收股东划入资产(包括股东赠予资产、上市公司在股权分置改革过程中接收原非流通股股东和新非流通股股东赠予的资产、股东放弃本企业的股权,下同),凡合同、协议约定作为资本金(包括资本公积)且在会计上已做实际处理的,不计入企业的收入总额,企业应按公允价值确定该项资产的计税基础"的规定,不作为收入处理;而应适用上述公告第2条第2款"企业接收股东划入资产,凡作为收入处理的,应按公允价值计入收入总额,计算缴纳企业所得税,同时按公允价值确定该项资产的计税基础"的规定,作为收入处理,并应依法履行企业所得税纳税义务。

2. 海南航空

海南航空拟以 61856.766 万元价格受让海航酒店集团持有的燕京饭店 45%股权;以 172834.792 万元价格受让扬子江集团持有的科航公司 65%股权和海航酒店集团持有的科航公司 30%股权。转让方海航酒店集团、扬子江集团的控股股东海航集团已作出承诺,2009 年、2010 年、2011 年,燕京饭店净利润如果无法达到预测的 9698 万元、12402 万元、12938 万元;科航公司净利润如果无法达到预测的 8169 万元、9452 万元、11630 万元,海航集团将按权益比例(燕京饭店 45%股权、科航公司 95%股权)以现金补偿方式补足净利润差额部分。后因科航公司 2009、2010 年实际净利润未达到海航集团承诺值,相关差额海航集团已向海南航空支付完毕。

为解决海南航空收到业绩补偿款的税务处理问题,海南省地方税务局专门作出了《关于对赌协议利润补偿企业所得税相关问题的复函》(琼地税函〔2014〕198 号),明确表示:"依据《中华人民共和国企业所得税法》及《中华人民共和国企业所得税法实施条例》关于投资资产的相关规定,你公司在该对赌协议中取得的利润补偿可以视为对最初受让股权的定价调整,即收到利润补偿当年调整相应长期股权投资的初始投资成本。"

3. 其他案例

(1)苏宁环球接受张某平、张某黎业绩补偿款

根据该公司公告的 2009 年财报信息,该公司将收到的业绩补偿款会计上计入资本公积——资本溢价。

(2)高科电瓷接受业绩补偿款

2009 年 12 月 10 日,创元科技与高科电瓷股东司某成、司某雪签订《股权转让及增资协议》约定了业绩补偿条款。2010 年因高科电瓷业绩不达标,触发业绩补偿条款。2011 年 5 月,司某成、司某雪将补偿

款 673.57 万元支付给高科电瓷。根据创元科技 2011 年半年年度报告,高科电瓷将收到的补偿款计入资本公积——其他资本公积科目处理。

（3）天康生物接受业绩补偿款

2008 年 10 月,天康生物通过定向增发股票收购河南弘展投资有限公司持有的河南宏展实业公司 100% 股权。河南宏展投资承诺如宏展实业利润不达标,给予天康生物业绩补偿。2010 年宏展实业实际盈利未达指标。2011 年 5 月,河南宏展投资将该补偿款支付给天康生物。根据天康生物 2011 年半年年度报告,该公司将收到的业绩补偿款 20383112.71 元计入资本公积处理。

（4）鑫茂科技接受业绩补偿款

根据鑫茂科技 2011 年半年年度报告,该公司将收到的业绩补偿款计入资本公积——其他资本公积处理。

（5）久其软件对赌被骗

2017 年 1 月 20 日,久其软件与香港移通、黄某骁、张某新签署收购协议书,共同受让上海移通 100% 股权,交易价格 14.4 亿元,久其软件需支付 7.344 亿元转让价款,在上海移通 2016 年度、2017 年度、2018 年度业绩承诺实现的前提下分三笔支付。在久其软件支付了前两笔转让价款 4.896 亿元并为香港移通代扣代缴所得税 24057965.65 元后,发现上海移通原实际控制人黄某骁、总经理宦某鸣涉嫌虚构业务,虚增业绩及利润,存在合同诈骗行为,随即向公安机关报案。2021 年 5 月 12 日,北京一中院作出（2020）京 01 刑初 65 号刑事判决书,判决上海移通员工叶某、杨某、林某、张某犯合同诈骗罪。

基于以上情况,久其软件于 2022 年 6 月 2 日向北京市海淀区税务局第一税务所递交了退税申请,申请退还公司分别于 2017 年 3 月 20 日、2018 年 5 月 3 日缴纳的合计 48146520.25 元税款。2022 年 6 月 29 日,北京市海淀区税务局向公司出具海税际通（2022）013 号《税务事项通知书》,称公司的退税申请不符合要求,不予审批。公司于 2022

年 8 月 11 日向北京市税务局申请行政复议。2022 年 11 月 9 日,北京市税务局作出(2022)37 号《行政复议决定书》,维持了北京市海淀区税务局海税际通(2022)013 号《税务事项通知书》。

根据久其软件 2023 年 2 月披露的公告,公司认为代替犯罪分子所缴纳至北京市海淀区税务局的税款需予以退回,税务机关认定不予退税没有事实及法律依据,应当予以纠正,遂向北京市海淀区人民法院起诉国家税务总局北京市海淀区税务局、国家税务总局北京市税务局,要求撤销前述《税务事项通知书》及《行政复议决定书》,并判令税务机关退还公司因代扣代缴而缴纳的 48146520.25 元税款。

截至本书成稿日,该案尚无最新进展。但该案的特殊之处在于:一是久其软件并非纳税人而是代扣代缴义务人,如果可以退税,应当由香港移通申请退税,最后将税款及股权对价一同偿还给久其软件,但由于相关人员逃匿未归案,因此代扣代缴义务人能否申请退税是一个问题;二是虽然根据《税收征收管理法》第 51 条之规定久其软件申请退税已超过法定退税时限,但因存在合同诈骗情形,纳税的基础法律原因被法院判决所否定,此种情况下是否仍负有纳税义务。

## 三、税务处理分歧

对赌协议业绩补偿,出现税务处理上的分歧,关键点是:对赌协议和失败后业绩补偿应该视为"一次交易"还是"两次交易"? 若视为"一次交易",例如海南省的琼地税函〔2014〕198 号文件,将股权转让协议和对赌协议合并处理,则纳税人可在企业所得税纳税申报时将计入损益的补偿收入做纳税调整,追溯调整当年转让方股权转让协议对应的所得,转让方涉及退税的,按照规定的程序办理退税。若视为"两次交易",例如宁波、厦门等地税务局在 12366 纳税服务平台的回复,初始投资和业绩补偿在所得税上应作为互不相关的两个交易分别处理,即:原企业股东在取得股权转让款时,需要全额确认为投资收益,原企业股东于转让协议生效且完成股权变更手续时确认收入的实现,并依法计算缴纳企业所得税;原企业股东在支付补偿款时,可作为发生的股权投资损失,在不超过当年实现的应纳税所得的范围内税前扣除,超过部分向以后纳税年度结转扣除。

在现行实践中,对赌失败后业绩补偿环节的企业所得税处理视为"两次交易"已成为目前实务中的通常做法。因此,实践中纳税人退税成功的难度较大。为避免该损失,在设计对赌协议时,尽量采用分期付款的方式,对赌失败后剩余的款项就可以不再支付,也就不会产生纳税争议问题;而如果选择一次性支付转让价款,对赌失败后再退还部分款项的方式设计对赌,在初始对价确立时就会被要求就全部价款缴纳税款,对赌失败后又涉及复杂的退税问题。

## 第三节 个人所得税的处理

### 一、现行规定

《股权转让所得个人所得税管理办法(试行)》(国家税务总局公告 2014 年第 67 号)第 9 条规定:"纳税人按照合同约定,在满足约定条件后取得的后续收入,应当作为股权转让收入。"该条在某种程度上解决了含有价格调整机制的股权转让协议的一个方面即(正溢价对赌)。但是对于负溢价对赌协议,即需要原股东赔偿的部分,能否扣减交易价格,办理已交税金退税,67 号公告没有说,各地理解和操作也均不一致。

一种观点认为:不能退税。理由是股权转让办理过户手续登记后,已经完成交易,并且已经行使股东权益。因为满足条件而发生的退股或补偿是另一次交易或行为。另外,会计核算也是不调整原股权价格,而是将价格调整机制视为一项期权,单独核算和计价。因此在并购交易中,原自然人股东在取得股权转让款时,应全额确认为财产转让收入;在支付补偿款时,只能作为投资损失由个人承担,不能申请退税。另一种观点认为:因为含有价格调整机制,在该机制条件没有实现前,股权的价格处于未定状态,只有等到条件实现后,本次股权转让行为才最终结束。因此,先期预缴的税款应该根据最终的价格进行补或退。

2019年6月25日,国家税务总局12366纳税平台发布了一则问答,提问者咨询福建省税务局:"企业股权转让签订对赌协议,协议要求三年净利润不低于3亿,达不到要求按规定进行现金补偿,个人所得税已缴纳。现三年已过,因净利润达不到要求,要现金补偿,那么之前缴纳个人所得税部分能否申请退还?"福建省税务局答复称:"根据您提供的信息,您所述的情形没有退还个人所得税的相关政策。"

**二、相关案例及说明**

关于业绩补偿的个人所得税问题,目前各地尚未有统一意见,仍需个案沟通和进一步观察,以下列举两个公开的案例供参考。

1. 银禧科技(300221)收购兴科电子案

《广东银禧科技股份有限公司关于收到兴科电子科技原股东部分业绩补偿款的公告》(公告编号:2019-76)显示:2016年6月,银禧科技收购许某明、高某义持有的兴科电子科技有限公司(兴科电子科技)的股权并签订了《业绩承诺补偿协议》。由于承诺业绩未完成,许某明和高某义应向公司支付补偿款。2019年6月,公司回购注销了许某明、高某义的股份共计20740872股,许某明、高某义其股份补偿义务已完成;另外,许某明、高某义已向公司支付了部分现金补偿款。2019年7月,公司向东莞市税务局提交了个人所得税退税申请,根据兴科电子科技原股东许某明、高某义补偿的股票申请退税44675838.29元,若上述个人所得税得以退回,兴科电子科技原股东许某明、高某义的该部分退税可冲抵其业绩补偿款现金补偿部分金额。2019年12月4日银禧科技公开的《关于收到兴科电子科技原股东部分业绩补偿款的公告》进一步显示,公司已收到胡某赐、许某明、高某义现金补偿款合计 112550462.76 元，其中胡某赐的现金补偿款金额为 67874624.87 元，许某明的现金补偿款金额为 24802239.26 元，高某义的现金补偿款金额为 19873598.63 元。结合以上公告信息，东莞市税务局已就银禧科技于 2019 年 7 月提交的个人所得税退税申请办理了多缴税款退税。

本案中，东莞市税务局对股份补偿义务对应的已缴纳个人所得税进行了退税处理。但在实务中，在对赌协议特别是自然人参与对赌的涉税处理问题中，各地税务机关的处理方式和思路略有不同。部分税务机关坚持此种情况个人已缴税款没有退税政策。

2. 华闻传媒（000793）收购广州邦富软件案

广州市税务局第三稽查局发布的 2020 年第 91 号《税务文书送达公告（李某莲税务处理决定书）》显示：2014 年 5 月，华闻传媒收购李某莲等三人持有的广州邦富软件 100% 的股权，交易总价包括现金 2.016 亿元和股票 5.184 亿元。同时约定了业绩补偿条款。后因广州邦富软件未完成业绩承诺，李某莲等三人需作出业绩补偿，其中李某莲补偿公司股票 1038644.00 股。由于李某莲未就上述股权转让事项足额申报缴纳个人所得税，稽查局要求李某莲补缴个人所得税，稽查局在计算李某莲应补税款时，减除了其补偿华闻传媒的股票 1038644.00 股对应的价值（按当初增发价计算）。

本案例引发了各方讨论，最具争议的问题是，如果当初李某莲足额申报缴纳了个税，那么后续发生的业绩补偿向税务机关申请退税，能否成功？虽然本案中，稽查局在计算纳税人应补缴税款时允许减除其支付的补偿金额，但本案是在后期的税务稽查中稽查局的一种个案处理方式，其不具有普遍适用性，不能理解为原股东支付的补偿款可以申请退税。

# 第十一章　Earn-out,我的名字不叫业绩补偿

## 一、Earn-out 介绍

本书第二章第一节已经对 Earn-out 的概念及其与对赌的区别作了基本介绍,这里我们先进行个简单回顾和总结。

与对赌先支付收购对价不同,Earn-out 作为一种定价和支付的机制,在达成某种条件时买方才对卖方支付特定金额的价款,最终交易价款与目标公司设置的财务性或非财务性指标完成情况挂钩,通过这种分期付款安排,估值调整机制贯穿于整个股权交易期间,买方无须承担目标公司估值过高的风险;并且,由于可以灵活地设置各种付款的衡量指标,可以很好地转嫁存在不确定性的未知风险。

但 Earn-out 也不是万能的,至少仍存在以下缺点:

(1)投资方享有主动权。如投资方违约,延迟甚至中断付款,将严重影响融资方的本次融资目标达成和后续融资。

投资方拒绝继续支付投资款的行为可能发生在任一投资阶段,甚至在使用对赌交易模式时,签订投融资协议后,也会发生投资方终止投资的行为。所以,投资者的诚信保障问题不是由 Earn-out 交易模式导致的,而是整个投融资领域中普遍存在的问题。

在对赌交易模式中,由于投资方通常需要一次性支付投资款,其履约意愿和能力会较早为融资方所获悉,便于融资方提前安排经营活动计划;而在 Earn-out 交易中,如投资方的履行意愿和能力在其需要支付或有对价时出现问题,融资方及/或目标公司很可能会因准备不足而遭受损失。

所以,为了应对该风险,建议:第一,在初期谈判的过程中,作为融资方一定要做好投资方的背景调查,从多个维度了解投资方投资的项

目及各个项目的进程，在签订投融资协议时，约定好风险防范及违约条款，将自身风险降到最低；第二，融资方应认真履职，努力提升目标公司的业绩表现，让投资方有获取投资收益的心理预期，增加投资方对目标公司的认可度，从根本上打消投资方的顾虑。

（2）融资方无法立刻获得全部股权转让款。对于资金需求迫切的融资方来说，很可能因此导致项目运营因缺钱而陷入困境。

Earn-out 这一交易模式的特点在于或有对价和延迟支付，这能有效缓解投资方的资金压力，但资金压力就转到了融资方这边。在约定 Earn-out 条款之前，融资方就应当明确这种支付方式对自身业务实际发展的影响。如果融资方急需资金去拓展业务、购买设备等，延期支付投资款就可能造成经营停滞、前期投入的资源废置等不利后果。

相比之前所说的"硅谷无对赌"，美国资本市场是 Earn-out 概念的来源地，特别是在生物医药市场，应用相对广泛。一个药品从研发、审批到最终的上市耗时长达几年，对于投资者来说，需要最大化地降低这其中可能涉及的各类风险。实践中常见根据药品的种类、开发流程（IND）、审批程序（NDA/ANDA/BLA）及上市销售等多个非财务性指标设置了里程碑付款时点，将首次付款比例控制在总收购价格的50%以内，降低了投资者的资金压力，同时也分散了投资者的投资风险。

依据美国律师协会（American Bar Association，简称 ABA）所做的私人目标并购交易点研究（Private Target Mergers and Acquisitions Deal Point Studies），在 2017 年所报道的交易中有 28% 的私人并购交易采取了 Earn-out。

根据美国律师协会（ABA）最近的几份相关调研报告，笔者绘制了一个收购非上市公司交易中出现 Earn-out 协议的比例的简图供参考。

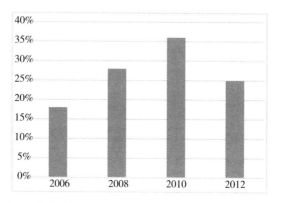

图 1 收购非上市公司交易中出现 Earn-out 协议的比例

## 二、相关案例

1. 洛阳钼业并购海外矿产资源案

洛阳钼业以 15 亿美元和 26.5 亿美元分别从英美资源集团和 Freeport-McMoRan Inc 购买矿产资源。根据 Freeport-McMoRan Inc 和洛阳钼业之间的协议,除了支付 26.5 亿美元之外,如果在 2018 年到 2019 年之间的 24 个月内,铜的月均市场价格超过 3.5 美元/磅,则洛阳钼业将向 Freeport-McMoRan Inc 再行支付 6000 万美元;如果在上述时间内,钴的月均市场价格超过了 20 美元/磅,则洛阳钼业也将向 Freeport-McMoRan Inc 再行支付 6000 万美元。

表 8 洛阳钼业并购海外矿产资源的条件

| 时间 | 付款条件 | 付款额(万美元) |
|---|---|---|
| 交割时 | | 265000 |
| 2018 年至 2019 年 | 铜月均市场价超过 3.5 美元/磅 | 6000 |
| | 钴月均市场价超过 20 美元/磅 | 6000 |

2. 神开股份收购案

2014 年，神开股份为了产业延伸，收购杭州丰禾 60% 的股权，约定股权对价最高不得超过 2.16 亿元，其中固定对价为 6000 万元，或有对价为 1.56 亿元。根据相关方签署的《股权转让协议》，固定价款 6000 万元分三期预先支付，或有对价则根据杭州丰禾 2014 年度至 2017 年度累计实现的净利润（简称约定年度累计净利润）确定，具体为：若杭州丰禾约定年度累计净利润达到 14000 万元以上（含本数）且 2017 年度净利润达到 4000 万元以上（含本数），本次股权转让价格按约定的最高股权对价确定为 21600 万元；若杭州丰禾约定年度累计净利润未达到 14000 万元或 2017 年度净利润未达到 4000 万元，但约定年度累计净利润达到 10736 万元以上（含本数）且 2017 年度净利润达到 2684 万元以上（含本数），本次股权转让价格 = 2014 年度—2017 年度累计实现的净利润 ÷4×9.3×60%；除前述情形外，本次股权转让价格 = 约定年度累计净利润 ÷4×9×60%。

除约定或有对价支付外，神开股份与杭州丰禾也签署了对赌条款，约定杭州丰禾的净利润未达标时，神开股份有权要求交易对手按约定价格回购股权，并且股权回购条款的履行优先于股权价款支付条款。

根据神开股份 2017 年年度报告（更新后），2017 年 4 月，神开股份与杭州丰禾转让方股东达成《关于杭州丰禾石油科技有限公司股权转让相关事宜之提前履行协议》，约定股权最终转让价格为 11639.24 万元。至此，神开股份收购杭州丰禾 60% 股权转让款金额确认，或有对价事项结束，相关款项已经全额支付完毕。

3. 梅泰诺并购 BBHI 案

梅泰诺作价 60 亿元收购实际控制人旗下上海诺牧子公司宁波诺信的 100% 股权，间接取得 BBHI 集团 99.998% 股权。上海诺牧在购买 BBHI 时设计了分期支付的方案，总作价 58.67 亿元，首期仅为 28.16 亿元，剩余 30.51 亿元对价将根据 BBHI 业绩承诺实现情况，在未来 4

年内分期支付,具体见表9:

表9　上海诺牧购买 BBHI 分期支付方案

| 时间 | 承诺净利润(万元) | 付款比例 | 付款额(万元) |
|------|------------------|----------|--------------|
| 交割时 |  | 48% | 281600 |
| 2016 年度 | 39373 | 12% | 70400 |
| 2017 年度 | 47247 | 13% | 76300 |
| 2018 年度 | 56697 | 10% | 58700 |
| 2019 年度 | 58076 | 17% | 99700 |

此外,上海诺牧还与交易对方 Starbuster 签订了"Yahoo 补偿机制":在交割完成后的 12 个月以内,一旦发生 Yahoo 合同终止,且在 Yahoo 合同终止发生或持续的任一对赌年份中,Yahoo 调整额大于当期承诺应付款额,则激活 Yahoo 补偿机制,补偿金额不超过 2 亿美元。如果 Starbuster 及其关联方在 Yahoo 合同正式终止前找到与 Yahoo 同等级别的合作方并签署替代合同,则 Yahoo 合同终止被视为没有发生或不再持续。

# 第四篇　对赌的实务操作及建议

# 第十二章 对赌交易的设计

## 第一节 交易的整体架构

### 一、融资估值

1. 估值定义

业内有"不估值无对赌"的说法,即不对目标公司进行估值,就无法确定股权投资的交易价格,就无法进行股权投融资对赌,而不了解公司估值知识也很难深入理解对赌机制。因此,在深入了解对赌协议之前,有必要先了解一些公司估值的基本知识。

公司估值,是指企业的公平市场价值(Fair Market Value),是融资交易的前提和基础。投资人将资金注入公司,可以占有多大比例的权益直接取决于公司的内在价值。而投资人承认的估值,决定了投资人为得到标的公司一定股份所愿意支付的价格,是其主观上对公司价值的认可。

2. 估值方法

公司估值是股权投融资交易的前提,因为需要根据"估值"计算交易"价格"。一家投资机构将一笔资金注入公司,应该占有的权益首先取决于公司的估值。通常非上市公司与上市公司采用的估值方法有所不同。

(1)非上市公司估值

首先需要明确一点,不要把"公司估值"当作"公司价值"或是"市值",尤其是对非上市公司的估值。2018年,中国证券投资基金业协会发布了《私募投资基金非上市股权投资估值指引(试行)》。非上市公司估值方法可分为市场法、收益法之现金流折现法、资产法三类。

市场法又可分为可比公司法和可比交易法两种。可比公司法：挑选与非上市公司同行业可比或可参照的上市公司，以同类公司的股价与财务数据为依据，计算出主要财务比率，比如市盈率、市净率、市销率等，然后用这些比率作为市场价格乘数来推断目标公司的价值。可比交易法：挑选与初创公司同行业，在估值前一段合适时期被投资、并购的公司，基于中小企业融资或并购交易的定价依据作为参考，从中获取有用的财务或非财务数据，求出一些相应的中小企业融资价格乘数，据此评估目标公司。在国内的风险投资（VC）市场，一般比较偏好采用市盈率（P/E）进行公司估值。而投资人投资一个公司，是投资它的未来，因此估值采用的利润是预测或承诺未来 12 个月的利润。他们用 P/E 法对公司的估值就是：公司价值＝公司未来 12 个月利润×预测市盈率。

收益法之现金流折现法，是一种较为成熟的估值方法，通过预测公司未来自由现金流、资本成本，对公司未来自由现金流进行贴现，公司价值即为未来现金流的现值。这种方法比较适用于成长期后期及成熟期的有限公司或上市公司，比如凯雷收购徐工集团就是采用这种估值方法。

资产法是假设一个谨慎的投资者不会支付超过与目标公司同样效用资产的收购成本。这个方法给出了最现实的数据，通常以公司发展所支出的资金为基础。

（2）上市公司估值

上市公司的估值方法通常分为相对估值方法、绝对估值方法两类。

相对估值方法是挖掘那些具有扎实基础但是市场价值相对比较低的公司的一种简单的方法，使用相对数作为衡量指标，即各种比率指标，常见的如市盈率（P/E，每股价格/每股收益，包括历史市盈率和预测市盈率，一般来说，预测市盈率是历史市盈率的一个折扣）、市净率(P/B,每股价格/每股净资产)、EV/EBITDA 倍数(企业价值/息税、折旧、摊销前利润)等。

绝对估值方法主要采用的是现金流贴现和红利贴现的方法,股利折现模型和自由现金流折现模型采用了收入的资本化定价方法,通过预测公司未来的股利或者未来的自由现金流,然后将其折现得到公司股票现在的内在价值。与相对估值法相比,绝对估值法的优点在于估值精确,但正确选择参数较为困难。

(3)不同类型和行业公司的估值方法

对公司估值时,除了一般估值方法外,还要注意公司行业和类型之间的差异。因为每个行业最正确的估值方法都不一样,企业的商业模式决定了估值模式,例如:

①对于重资产型企业(如传统制造业),以净资产估值方式为主,盈利估值方式为辅。

②对于轻资产型企业(如服务业),以盈利估值方式为主,净资产估值方式为辅。

③对于互联网企业,以用户数、点击数和市场份额为远景考量,以市销率(P/S,每股股价/每股销售收入)为主。

④对于新兴行业和高科技企业,以市场份额为远景考量,以市销率为主。

不同估值模型得到的估值可能不尽相同,因为没有一个放之四海而皆准的估值工具。为了减少估值偏差,当对企业进行估值时,一般会采用主要估值模式与辅助估值模式进行综合评估,最终得出估值结论。不管采用何种估值方法,业绩都是估值的重要直接依据。对赌协议的目标公司若想要获得高估值,就必须以高业绩作为保障,特别是轻资产企业、互联网企业、新兴行业和高科技企业。

3. 估值风险

一般在投融资交易中,投资的一方都会较为谨慎地对待估值,要加强尽调,尽力减小估值偏差,不要轻信融资方的承诺,这点很好理解。

其实对融资的一方来说,若盲目追求高估值,也会存在一定风险。第一,高估值意味着高业绩要求,公司创始人团队往往会因此而感到压力很大,为了完成短期的业绩目标,可能会影响公司的长期安排。第二,融资协议一般都设有反稀释条款,如果过分抬高企业估值,容易使公司在后期出现融资僵局。第三,在公司存在期权激励的情况下,如果公司前期估值增长过快,会透支后期的增长空间,而后期估值增速一旦减缓或停滞,将会降低后期期权激励效果,造成公司后期战斗力不足。第四,公司被不切实际地高估值,会造成公司后期的利益想象空间变小,很难再引进新的战略合伙人。

## 二、对赌主体的选择

### 1. 与原股东对赌

目标公司股东是投资方选择的最常见、最广泛、最主要的对赌主体。通常投资方与目标公司原股东对赌不涉及违反资本维持原则的问题,不侵害公司债权人的利益。目标公司的经营管理权通常由原股东控制,各项对赌指标与股东挂钩更加合理。投资方与原股东都是目标公司股东,具有同等法律地位。

对于不同股东,在对赌设计上应存在差异。一般来说,目标公司的控股股东、实际控制人是投资方首选的最重要限制约束人员。而对于不参与公司日常经营管理的中小股东,以及因股权激励获得股权的非管理层员工股东,其参与对赌一般不但起不到降低投资风险的作用,反而还可能增加对赌谈判的难度,因此一般不建议将其纳入对赌主体。此外,对于专业顾问、技术骨干股东,如果相关技术关乎公司的核心竞争力和盈利能力,或者对对赌业绩目标的实现起到至关重要的作用时,也应当考虑将其纳入对赌主体。

### 2. 与目标公司对赌

因"对赌第一案"中最高院否定了案中该类型对赌协议的效力,所以相当长一段时间内此类型的对赌变得比较少见。直到《九民纪要》对此作出规定。

对于投资方与目标公司订立的对赌协议是否有效,一方面,《九民纪要》肯定了投资方与目标公司的股东或者实际控制人订立的对赌协议原则上有效的裁判共识;另一方面,对于实践中争议较大的投资方与目标公司订立的对赌协议的效力问题,《九民纪要》正式确认,在不存在法定无效事由的情况下,人民法院不得仅以目标公司存在股权回购或者金钱补偿约定为由主张对赌协议无效,即投资方与目标公司订立的对赌协议同样应以认定有效为原则。

对于投资方与目标公司订立的对赌协议的履行问题,《九民纪要》指出,投资方诉请目标公司的股东或者实际控制人履行股权回购义务或者现金补偿义务,应"支持实际履行",司法实践中对此并无争议。即目标公司的股东或者实际控制人履行股权回购义务或者现金补偿义务,可获支持。而对于目标公司作为义务主体履行上述股权回购或现金补偿义务,《九民纪要》提出了"应当审查是否符合公司法关于'股东不得抽逃出资'以及股份回购和利润分配的强制性规定"的处理思路。

目标公司履行上述对赌义务需满足的前置性审查条件主要体现在:

一方面,投资方请求目标公司回购股权的,人民法院应当依据《公司法》第35条关于"股东不得抽逃出资"或者第142条关于股份回购的强制性规定进行审查。经审查,目标公司未完成减资程序的,人民法院应当驳回其诉讼请求。由此可见,目标公司无论是有限责任公司还是股份有限公司,其股权回购义务的可实际履行性均应建立在届时公司完成《公司法》规定的减资程序基础上。

另一方面,投资方请求目标公司履行业绩对赌金钱补偿义务的,人民法院应当依据《公司法》第35条关于"股东不得抽逃出资"和第166条关于利润分配的强制性规定进行审查。经审查,目标公司没有利润或者虽有利润但不足以补偿投资方的,人民法院应当驳回或者部分支持其诉讼请求;今后目标公司有利润时,投资方还可以依据该事实另行提起诉讼。由此可见,投资方作为目标公司的股东,其请求目标公司履行金钱补偿义务的,公司只能从其可分配利润中支付,否则投资方可能构成抽逃出资。此外,目标公司须依法作出了向投资方分配利润的决议。纪要设置如此严苛的审查标准,目的是平衡投资方、公司债权人、公司之间的利益,避免目标公司在进行金钱补偿后对公司的经营和债权人利益造成重大减损。

通过"对赌第一案"和《九民纪要》关于对赌协议的审判思路,我们认识到目标公司参与对赌的困境。若投资方选择与目标公司对赌,不仅将受限于目标公司的经营和资产状况,更受限于届时目标公司是否能完成纪要规定的法定公司内部决策程序(定向减资、利润分配),同时也受目标公司外部债权人的制约(主要是目标公司履行减资程序时涉及的通知债权人和债权人担保问题),实现的难度不言而喻。尤其是对拟上市的目标企业,发行人不能作为对赌协议的任何主体,跟发行人相关的对赌协议必须全部无条件终止,且确认自始无效。因此,在投资主体的选择上建议投资方优先选择与目标公司的股东和/或实际控制人对赌。

其实,与目标公司对赌亦有积极作用,目标公司是对赌机制的核心承载平台,其承接投资方的投资款,承载着投融资双方的创业投资预期,体现着投资对赌的执行情况、业绩目标的实现情况等。将目标公司设定为对赌主体,一方面有利于全方位激发调动目标公司相关要素的积极性,促使对赌目标的高效执行和实现;另一方面在触发对赌条款的情况下,使得投资方股权回购、现金补偿的诉求更加有物质保障。因此,对于不以上市为目标的标的企业投融资,仍可以考虑与目标公司对赌,但需注意不要违反资本维持原则,不要侵害公司债权人的利益。

还需强调的一点是,若确需与目标公司对赌,仍可以选择目标公司及其股东、实际控制人为共同对赌义务人,并约定公司股东、实际控制人等主体与目标公司就对赌义务承担无限连带责任。

3. 与目标公司管理层对赌

对赌业绩目标及相关指标能否实现的关键因素之一是公司管理能力和执行能力的良好发挥。对于所有权和经营权分离的公司管理层,以及原股东出让股权后仍负责目标公司经营管理的管理层,建议作为参与对赌的主体之一。一方面,将其利益与对赌业绩目标及相关指标挂钩,能对管理层起到很强的激励作用,有助于对赌协议的履行和对赌目标的实现;另一方面,有利于稳定公司核心管理人员和专业技术人员,并促使他们忠实勤勉地工作。

但也并非所有管理层都需要参与对赌,比如:当目标公司的创始人、控股股东等对赌主体信心十足,管理层积极性很高的情况下,就可以不必将管理层列为对赌主体对其进行激励,以免公司团队出现过激心态,彻底失去理性。

此外,对于不同身份和履行不同职责的管理层,所设计的对赌条款也应当有所区分,例如:对既具有大股东身份又具有总经理身份的管理者,可以对其设置股权回购、现金补偿等对赌;而对单纯的普通管理者,可以考虑设置职位、岗位的调整,某些利益的适当延迟发放或扣除等对赌。

## 三、对赌标的的确定

1. 盈利预测指标

(1)指标设计

在对赌标的的选择上,通常首要考虑的是反映公司经营成果和盈利能力的指标,比如净利润、营业收入等项目,以及基于该等项目计算出的利润增长率、销售增长率等财务性指标。对此需要提示以下几点:

第一,净利润均应当以标的公司扣除非经常性损益后的利润数确定;在考察公司的净利润指标时还要关注净利润的构成情况。

第二,对处于初创期的企业,营业收入是其重要考察指标。这是因为,一方面,创业初期要求承诺利润不现实;另一方面,前期拓展市场比短期获利更重要。

第三,除了前述两个利润表项目外,还可以考虑相关项目衍生的财务性指标,比如计算营业净利率(等于净利润÷营业收入)、销售净利率(等于净利润÷主营业务收入)等,即测算主营业务的利润是否占据较高的比例,以便对目标公司的主营业务有个客观评价。

（2）会计政策和会计估计

由于企业适用不同会计政策时以及选用不同的会计估计方法时,所计算出的净利润往往相去甚远,且会计政策、会计估计的调整也会影响到净利润及各项指标的确定。因此,在确认盈利指标时建议一并明确标的公司会计政策、会计估计,并且最好保持与上市公司一致,未经上市公司同意不得变更。

2. 非财务性指标

非财务性指标是无法用财务数据计算的,常见的非财务性指标有门店数量、客户数、产量、市场份额、研发成果进展或技术目标、取得某项重要资质等。将非财务性指标设为对赌标的,有助于对目标公司的经营节点过程进行把握。

3. 上市时间指标

目标公司上市是风险投资理想的退出方式,因此上市时间也是对赌常用的指标。目前在大部分私募股权投资过程中,投资方签订的对赌协议往往会直接要求以刚性上市时间作为对赌的指标。但在注册制全面落地的背景下,上市的时间和可能性难以预测,且对于不同时期的企业如何适用该指标也不宜一概而论。

总结:

从有效地执行对赌协议并获得双方共赢的角度出发,最好能根据企业的具体发展阶段相应确定合理的对赌指标。如企业存续时间较长,业务与市场发展已较为成熟,可侧重以盈利水平与营业收入增长相结合的方式进行考核;而对于企业创业尚在初期,有待开拓市场的企业,建议除财务指标外,适当附加非财务业绩指标,如新市场进入、网点建设、财务规范程度、团队建设、管理层绩效考核等。财务指标与非财务指标共同作用,可以有效避免管理层为了单纯实现盈利承诺而作出一些短视行为,导致企业业绩恶性循环。而对于上市时间,在目前的注册制背景下,一方面要合理预计 IPO 的辅导期、提交申报材料、拿到上市批文与正式发行的时间,必要时签订补充协议调整上市时限条款;另一方面如出现非因融资企业的 IPO 申报暂停,可以考虑将挂牌"新三板"作为补充考核指标,毕竟挂牌成功后,投资者亦有机会通过全国股转公司平台的股权交易实现投资退出。

## 四、对赌工具的选择

### 1. 现金补偿

现金补偿是最为直接的对赌工具,在适用时通常需要考虑对赌主体的支付能力。尤其是若原股东支付能力不足,约定目标公司承担连带责任时,还需要注意对依据《公司法》第 35 条关于"股东不得抽逃出资"和第 166 条关于利润分配的强制性规定进行审查,即不能违反资本维持原则,而要与目标公司未分配利润挂钩,预设相关手续,尽量避免拖入诉讼战争。如在北京中厚财富投资中心(有限合伙)与王某昌等股权转让纠纷案[(2016)京 03 民初 24 号]中,该案受理法院(北京三中院)即认为,本案性质本质上是公司为股东内部股权转让提供担保的行为,实际上是以公司资产担保股权转让的实现,一旦需要公司承担担保责任,其后果实质导致公司向受让股权的一方股东退还出资。《公司法》第 35 条规定:"公司成立后,股东不得抽逃出资。"本案中,如果目标公司为其股东在公司资产范围内承担连带清偿责任,虽然并非直接抽逃出资,但实际上造成了公司资本的不当减少,显然将以牺牲目标公司广大债权人的利益和社会交易安全为代价,违背了公司法资本维持与不变原则,应当给予否定评价。

此外,根据《九民纪要》的规定,目标公司没有利润或者虽有利润但不足以补偿投资方的,则需要等今后目标公司有利润时,投资方再要求补偿。因此,建议现金补偿工具不要单独使用,而是与股份补偿等其他工具搭配使用。

2. 股份补偿

在上市公司重大资产重组中,股份补偿方式最为普遍,因为根据《监管规则适用指引——上市类第 1 号》的规定,交易对方为上市公司控股股东、实际控制人或者其控制的关联人,应当以其获得的股份和现金进行业绩补偿。构成重组上市的,应当以拟购买资产的价格进行业绩补偿计算,且股份补偿不低于本次交易发行股份数量的 90%。业绩补偿应当先以股份补偿,不足部分以现金补偿。

关于股份补偿的变更,上市公司重大资产重组中,重组方业绩补偿承诺是基于其与上市公司签订的业绩补偿协议作出的,该承诺是重组方案重要组成部分。因此,重组方应当严格按照业绩补偿协议履行承诺。除证监会明确的情形外,重组方不得适用《上市公司监管指引第 4 号——上市公司实际控制人、股东、关联方、收购人以及上市公司承诺及履行》第 5 条[①]的规定,变更其作出的业绩补偿承诺。

关于股份补偿的保障措施,监管规则规定:上市公司重大资产重组中,交易对方拟就业绩承诺作出股份补偿安排的,应当确保相关股份能够切实用于履行补偿义务。如业绩承诺方拟在承诺期内质押重组中获得的、约定用于承担业绩补偿义务的股份(简称对价股份),重组报告书应当载明业绩承诺方保障业绩补偿实现的具体安排,包括但不限于就以下事项作出承诺:业绩承诺方保证对价股份优先用于履行业绩补偿承诺,不通过质押股份等方式逃废补偿义务;未来质押对价

---

① 该指引已被《上市公司监管指引第 4 号——上市公司及其相关方承诺》(证监会公告〔2022〕16 号)废止。相应规定可见新指引第 13 条、第 14 条、第 15 条。

股份时,将书面告知质权人根据业绩补偿协议上述股份具有潜在业绩承诺补偿义务情况,并在质押协议中就相关股份用于支付业绩补偿事项等与质权人作出明确约定。

然而股票登记在业绩承诺方名下,如未要求其就本次业绩补偿承诺事项提供股票质押担保,业绩承诺方其后以其取得的对价股份进行股票质押融资的,是否履行了承诺事项包括书面告知质权人该等质押股票存在潜在补偿义务等情况,上市公司难以控制,甚至难以知悉。

如在东方精工收购普莱德项目中,业绩承诺方就存在后续将取得的对价股份进行质押融资的情况。而对交易所的问询,东方精工反馈,上市公司已发函询相关承诺方,但未得到反馈,因此上市公司无法得知业绩承诺方是否与质权人在质押协议中就相关股份用于支付业绩补偿事项作出明确约定。

在出现业绩承诺方将股票质押融资时,是否可以主张该等质押融资违反相关监管规定而无效?在银江股份有限公司与浙江浙商证券资产管理有限公司确认合同无效纠纷案[(2019)浙民终580号]中,上市公司主张业绩承诺方将对价股份用于质押融资行为无效并未得到法院支持,法院认为相关股票质押合同不存在合同法规定的合同无效的情形。

### 3. 股权回购

股权回购方式通常是指以投资方的投资款加固定回报的价格回购投资方的全部或部分股权,包括原股东回购和目标公司回购两种。要特别注意的是目标公司回购股权的情况,不要违反资本维持原则、不要侵害公司债权人的利益。无论目标公司是采用未分配利润回购还是减资回购,都要预设好相关程序和文件,以免产生纠纷后融资方不配合。实践中目标公司回购股权退出的方式也是产生纠纷的重灾区。

### (1)抽逃出资问题

在对目标公司履行回购义务的审查方面,《九民纪要》要求人民法院应当依据《公司法》第 35 条关于"股东不得抽逃出资"或者第 142 条关于股份回购的强制性规定进行审查。经审查,目标公司未完成减资程序的,人民法院应当驳回其诉讼请求。

根据《公司法解释三》第 12 条规定的四种抽逃出资的情形,以及结合相关省高院关于审理公司纠纷案件若干问题的意见,抽逃出资是指股东在公司成立后非法或未经法定程序将其缴纳的出资全部或者部分抽回的行为。

我们知道,在私募股权投融资领域,投资人溢价认购增资的情形比较普遍,即投资人的投资款一部分计入注册资本(即股本),一部分计入资本公积。那么"股东不得抽逃出资"是否也包括"不得抽逃资本公积金"呢?

关于这个问题,在银基烯碳新材料集团股份有限公司与连云港市丽港稀土实业有限公司公司增资纠纷案[(2018)最高法民终 393 号]中,对于在溢价增资的情形下,出资股东抽回资本公积金的行为是否属于抽逃出资这一问题,一审法院(江苏高院)认为:"公司法虽然未直接规定股东不得在无合法正当理由情况下取回作为资本公积金投入公司的款项,但基于资本公积金属于公司资产的性质,股东在无合法正当理由情形下不得占有公司资产是公司对其财产享有法人独立财产权的应有之意……丽港公司主张银基公司在无合法正当理由情形下取回已投入资本公积金行为属于公司法规定的抽逃出资行为,具有法律依据,一审法院予以支持。"而后,二审法院(最高院)支持了一审法院的判决。

(2)定向减资问题

对于投资人要求目标公司回购股权的,都需要目标公司首先履行减资程序。而如果投资人要求目标公司通过减资的方式返还投资款,就会涉及"定向减资"的问题。而关于"定向减资",有两个问题值得关注:一是投资人要求定向减资需满足什么程度的内部决策要求;二是投资人能否通过定向减资直接要求返还投资款。就第一个问题,本书第六章第二节"二、定向减资的表决要求"中已进行了详细分析,本处不再赘述。就第二个问题,在华某伟与上海圣甲虫电子商务有限公司公司决议纠纷案[(2018)沪01民终11780号]中,上海一中院认为,《公司法》第22条规定:公司股东会或者股东大会、董事会的决议内容违反法律、行政法规的无效。由于公司是企业法人,具有独立的法人财产。股东向公司投入资金,成为公司的股东并由此享有权利和承担义务。股东将投资款注入公司之后,其出资已经转化成为公司的资产,必须通过股权方式来行使权利而不能直接请求将投资款予以返还。随着股东投入到公司的资金用于公司经营行为,股东持有的公司股权对应的价值将会发生变化,因此在股东减资时不能直接主张减资部分股权对应的原始投资款归自己所有。根据公司资本维持原则的要求,公司在存续过程中,应维持与其资本额相当的实有资产,为使得公司的资本与公司资产基本相当,切实维护交易安全和保护债权人利益,公司成立后,股东不得随意抽回出资。尤其在公司亏损的情况下,如果允许公司向股东返还减资部分股权对应的原始投资款,实际是未经清算程序通过定向减资的方式变相向个别股东分配公司剩余资产,不仅有损公司其他股东的利益和公司的财产权,还严重损害公司债权人的利益,应属无效。

(3)连带责任问题

如果要求实际控制人回购,目标公司承担连带责任的,那么也需要考虑两个问题:一是"目标公司承担连带责任"是债务加入还是连带责任保证? 二是"目标公司承担连带责任"承担的是"股权回购责任"还是"金钱补偿义务"?

①"目标公司承担连带责任"是债务加入还是连带责任保证

《九民纪要》第23条规定:"【债务加入准用担保规则】法定代表人以公司名义与债务人约定加入债务并通知债权人或者向债权人表示愿意加入债务,该约定的效力问题,参照本纪要关于公司为他人提供担保的有关规则处理。"

②"目标公司承担连带责任"承担的是"股权回购责任"还是"金钱补偿义务"

对于"目标公司承担连带责任"认定为"股权回购责任"或"金钱补偿义务"的不同,将适用《九民纪要》中不同的规定,这部分详见本章第一节"二、对赌主体的选择"中的"2. 与目标公司对赌"部分。此处以案例继续说明。

如在上海立鸿投资合伙企业(普通合伙)与浙江中宙光电股份有限公司等股权转让纠纷案[(2014)沪一中民四(商)终字第1334号]中,一审法院即认为"目标公司承担连带责任"承担的是"股权回购责任"。在该案中,一审法院(上海松江法院)认为,目标公司对控股股东和实际控制人收购投资人股东所持目标公司股份的违约事项承担连带责任的约定,显然包含履行回购股份的内容,而此不属于股份有限公司可回购本公司股份的法定情形,因而为公司法所禁止。二审法院(上海一中院)也认为,该约定内容实际会产生公司代其控股股东或其实际控制人承担债务责任的后果,亦即由公司承担投资人股东的投资补偿义务,故该约定有违公司法相关资本维持原则的强制性规定,同时亦会损害公司其他股东及债权人的权益,故不应承认其效力。

而在通联资本管理有限公司与成都新方向科技发展有限公司与公司有关的纠纷案[(2017)最高法民再258号]中,最高院则认为"目标公司承担连带责任"承担的是"金钱补偿义务"。在该案中,再审法院(最高院)认为:二审法院在双方当事人将《增资扩股协议》第6.2.1条约定的"连带责任"条款解释为"连带担保责任"基础上,并适用《公司法》第16条第2款的规定裁判本案。本院认为,连带担保责任属于连带责任的情形之一,但连带担保责任有主从债务之分,担保责任系从债务。双方当事人将"连带责任"理解为"连带担保责任",并未加重目标公司的责任负担,且从投资人诉请目标公司的责任后果看,是对控股股东承担的股权回购价款本息承担连带责任,仍然属于金钱债务范畴,也与目标公司实际承担的法律责任后果一致,本院予以确认。

4. 其他权利

（1）优先权

优先权是一类权利，一般是指当目标公司未能实现特定的对赌目标（如未实现业绩目标）时，投资方将获得特定的权利。比如股权优先分红权、增资优先认购权、优先清算权等。使用此工具的案例如"乾照光电对赌案"。

（2）控制权

对赌中的公司控制权调整工具通常是指，当目标公司未能实现对赌协议中约定的预定目标时，投资方有权进一步介入公司的经营管理当中，扩大己方的相关权利。该工具一般适用于并购基金、具有战略投资性质的企业风险投资（Corporate Venture Capital，简称CVC），另外我国一些具有国资背景的私募投资机构，对控制权工具有偏好，主要是基于国资监管的需要，而独立风险投资（Independent Venture Capital，简称IVC）一般不太要求公司控制权。公司控制权调整工具主要有股东会控制权调整工具、董事会控制权调整工具、经营权控制工具三种。

对于增加股东会的控制权一般有两种方式，一种是通过股权调整方式变更投融资当事人之间的股权比例，从而影响股东会表决权；另一种是通过股东会表决机制进行设定，如对特定事项投资方享有一票否决权，或股东会的表决权不按持股比例行使等。

对于董事会控制权调整工具的使用，通常要注意以下几点：首先，在设定董事会控制权调整工具时，都明确约定投资方在一定条件下有权决定增补董事席位，扩大董事会规模，其目的在于防止融资方届时不予配合召开股东会履行相关手续。其次，可约定投资方在一定条件下对某些特定事项具有一票否决权，或规定某些投资经营事项交由投资方控制的专门委员会负责。关于一票否决权，本章第三节再详细展开。

对于经营权控制工具一般有两种方式，一种是投资方采取督导监管的方式,另一种是投资方安排特定岗位人员直接负责经营管理的方式。

## 五、股权占比

设计股权占比通常基于是财务性投资还是战略性投资等因素的考虑,不同的股权占比涉及对目标公司是控制(一般需占比 50% 以上股权),还是可施加重大影响(一般需占比 20% 以上股权,且还要进一步区分是联营企业还是合营企业),抑或只是作为一项金融资产,由此将适用不同的会计准则(长期股权投资或金融工具)和不同的会计规定(权益法或成本法等)。

## 第二节 一般性对赌条款的设计

### 一、核心商务条款

1. 估值条款的设计

融资估值条款规定了公司估值、融资金额、占股比例等内容。

在确定创业企业的估值计算出让股权比例时,需要明确是投前估值还是投后估值。它们之间的关系公式为:投前估值+募集资金额 = 投后估值。估值条款中通常会讲明:公司投后估值,投资方投资金额,投资方投资占股,投前投后有哪些股东,各股东在注册资本出资额多少,股权比例多少。

实践中,基于不过度稀释创始人团队股权比例的要求,大多数投资款以溢价资本公积的形式投入公司,只有少部分进入实收资本/股本。而这部分溢价资本公积,从会计处理上原则视为投资方对公司和全体股东的"大礼包"。

所谓资本公积定向转增,是指资本公积不按照各股东实缴比例或持股比例进行转增,造成转增后原有的股权结构和持股比例发生变化的情况。以下举例说明：

赣锋锂业(002460)：根据赣锋锂业2001年4月30日股东会决议，赣锋锂业注册资本由90万元增加至300万元，其中李某彬以货币出资169万元，以资本公积金转增资本26万元，李某彪以货币新增出资15万元。

根据李某彬与李某彪于2001年3月31日签订的《协议》，双方同意赣锋锂业截至2001年3月31日的资本公积金265271.14元在用于转增资本时由李某彬单独享有。

发行人律师认为：李某彬与李某彪签订的上述协议之内容和行使是合法、有效的，不存在潜在纠纷，本次增资中资本公积金经全体股东认可由李某彬单独享有的情形不违反有关法律、法规和规范性文件的规定。

金风科技(002202)：1999年10月26日，新风科工贸股东会第四次会议决议，同意新疆风能研究所将其所持公司38.20万元的股权分别转让给胡某8.00万元、转让给郭某12.00万元、转让给陶某12.00万元、转让给王某明6.20万元；同意用159.46万元资本公积金向8名自然人股东转增32.76万元、向风能公司转增126.70万元；同意风能公司将所获转增的126.70万元股权转让给新疆风能公司工会委员会。

1999年10月26日，新疆风能研究所与胡某等4位自然人签订《股本转让协议书》，约定：新疆风能研究所愿将所持新风科工贸38.20万元股权分别转让给胡某8.00万元、转让给陶某12.00万元、转让给郭某12.00万元、转让给王某明6.20万元。以上股权以1元/单位注册资本的价格转让。

2000年3月8日，风能公司与风能公司工会委员会签订《股本转让协议书》，约定：风能公司愿将所获转增的126.70万元股权转让给风能公司工会委员会。

2000年3月20日，新疆恒远有限责任会计师事务所为本次股权转让及资本公积金转增出具新恒会验字(2000)第 034 号《验资报告》,验证:截至 1999 年 12 月 31 日,新风科工贸新增资本 159.46 万元,变更后的资本总额为 1722.74 万元。新风科工贸于 2000 年 3 月 22 日依法在乌鲁木齐市工商局办理了该次股权变动的工商变更登记手续。

迪康药业(600466):《四川迪康科技药业股份有限公司资本公积金定向转增股本暨解决控股股东非经营性资金占用问题方案实施公告》写明:公司以截至 2006 年 12 月 12 日总股本 127400000 万股为基数,以截至 2006 年 10 月 31 日经审计的公司资本公积金向除迪康集团以外的其他股东按 10∶2.806 的比例定向转增股本。全体股东同意核销并免除迪康集团因对公司的非经营性占用形成的债务 73331479.63 元。

《四川迪康科技药业股份有限公司关于股权分置改革暨以资本公积金定向转增股本解决资金占用问题的补充公告》写明:(1)关于股权分置改革方案实施:公司以 2007 年 1 月 17 日为股权登记日向流通股股东定向转增股份,流通股股东每 10 股获得 6.694 股转增股份,相当于向全体股东每股转增 0.2627 股。(2)关于资本公积金定向转增股本暨解决控股股东非经营性资金占用问题方案实施:公司以资本公积金每 10 股定向转增 2.806 股分别向成都达美科技开发有限公司转增 281442 股、中国科学院成都有机化学研究所转增 280600 股、四川省中药研究所转增 140300 股,合计转增 702342 股;另外,公司以资本公积金向全体流通股股东(股改后)每 10 股定向转增 1.68084 股,合计转增 14030000 股。以上转增的股份,相当于向全体股东(股改后)每股转增 0.091579 股。

类似的还有高争民爆(002827)、新三板黔昌农林(834030)等开展过资本公积不按照持股比例转增资本的先例。

公司法仅规定在全体股东一致同意的情况下,可以不按实缴比例分取红利,但没有规定资本公积等其他来源的股东权益可以不按照实缴资本比例享有,但亦有观点认为有限责任公司因具备"人合性",可以在全体股东一致同意的前提下将资本公积金非同比例转增注册资本,但该等非同比例转增应当取得全体股东的同意或者确认。而股份公司作为"资合性"公司应当遵守《公司法》第126条的规定,同股同权,在资本公积金转增股本时股东只能按照持股比例进行转增。

目前,基于对公司法理解的不同,尚无对资本公积能否定向转增的明确的禁止规定,此类操作往往发生在资本市场,也往往会招致监管审核的重点关注,还涉及会计和税务处理的具体问题,相关内容详见本书第六章第二节中的"四、分配资本公积、盈余公积"。

一个典型的示范条款如下:

目标公司本次交易前的估值("投前估值")为【　】万元。

在满足本协议约定的全部先决条件后,增资方同意按照本协议的条款和条件,以本条约定的投前估值,认购目标公司新增注册资本,总增资金额("增资款")为【　】万元。增资款中【　】万元作为目标公司新增注册资本,溢价部分【　】万元作为目标公司资本公积。本次交易完成后,目标公司注册资本为【　】万美元/人民币,其中增资方持有目标公司注册资本为【　】万元,占目标公司总股本的比例约为【　】%。

交割日(定义见下文)后,目标公司各股东在注册资本中的认缴出资额及在目标公司中的持股比例变更如下:

| 序号 | 股东 | 认缴出资<br>(万人民币) | 实缴出资<br>(万人民币) | 持股比例 |
|------|------|------------------------|------------------------|----------|
| 1 |  |  |  |  |
| 2 |  |  |  |  |
| 3 |  |  |  |  |
| 合计 |  |  |  | 100% |

2. 股权回购条款的设计

（1）目标公司的股东或实际控制人作为回购主体的

依据《九民纪要》的规定，若投资方选择与公司的股东和/实际控制人对赌，要求其承担股权回购义务，可获得法院的支持。据此，在对赌协议中设置股权回购条款，建议投资方可优先选择目标公司的股东和/或实际控制人作为回购义务人，相应的股权回购条款设计可考虑以下几点：

第一，明确约定股权回购的适用条件及股权回购价格计算公式，增加股权回购的实际可操作性。如可约定："投资方与目标公司股东及实际控制人一致同意，若目标公司未按照本协议约定在股权交割日后××月内实现合格上市或投资方认可之借壳上市的预期，则投资方可以书面形式选择要求目标公司的股东和/或实际控制人回购/收购该投资方持有的全部或部分公司股份，回购/收购价格按如下计算公式确定：$P = M \times (1 + X\% \times T) - S$。其中：P 为投资人就其持有的公司全部股权有权获得的对应回购价格；M 为投资人于本次交易的实际投资额；X 为回购年化利率；T 为自本次交易交割日至投资人书面要求行使回购权之日的自然天数除以 365；S 为投资人已经从公司获得的股息红利。"

第二，在条款中细化"合格上市"的范围，进一步明确股权回购的触发条件。如可约定："为本协议之目的，'合格上市'指满足下列条件或根据章程经有效决议通过的符合下列条件的公开上市：公司在境内外股票交易所（包括上海证券交易所、深圳证券交易所、香港联交所、美国纳斯达克及纽交所，及投资方认可的其他交易所）公开发行股票，或借壳上市或上市公司收购（以上以公司获得证监会注册发行的批准文件为准），且公司首次发行股票上市时的估值不低于人民币××××元。"

第三，若在某轮融资中存在多个投资方，对于在交易中占据主导地位的投资方可在股权回购条款中做特殊回购安排，进一步享有优先回购权，即除上述股权回购触发条件外另行约定"特别回购触发条件"

（具体触发条件可按照投资方的实际关注利益点灵活安排），如可约定："在下述任意一项事件（'特别回购触发条件'）发生时，仅投资方×××有权按照协议的约定行使其回购权，即上述特殊回购触发条件的'回购权人'应仅包括投资方×××：（1）公司的创始股东和控股股东实质性地违反了除本协议、章程以外的其他交易文件中的任何约定；或者（2）给予任何融资轮投资方的股权回购安排或者回购溢价等待遇优于给予投资方×××的待遇的……"

第四，若目标公司存在多轮融资安排的，可在股权回购条款中对回购义务人履行回购义务的顺位和回购比例做明确约定，如可约定："回购义务人承诺不得违背本协议及其他股权回购安排的约定，对部分回购权人优先履行回购义务。若有多个回购权人要求共同行使回购权而回购义务人的资金不足以向所有要求行权的回购权人支付回购价格，回购义务人应按照下列顺序履行回购义务：（1）优先回购第××轮投资方股东的回购股权；（2）回购天使轮投资方股东的回购股权……同一次序的回购权人应按照各自回购价格的比例进行分配，在次序靠前的回购权人的回购要求未获满足前，不得对次序较后的回购权人履行回购义务。"

（2）目标公司作为回购主体的

依据《九民纪要》的要求，目标公司履行股权回购义务的前提是按照《公司法》和公司章程的规定完成公司减资程序，依据《公司法》第43条和第177条的规定，在内部程序方面，公司减资必须经代表2/3以上表决权的股东决议通过，且对外公司应通知债权人，债权人有权要求公司清偿债务或者提供相应的担保。实践中，"股权回购"的触发条件多是目标公司未按照对赌协议约定完成合格上市或其他对赌目标，基于此，目标公司股东届时对于减资能否形成有效决议难以预期，这便将"对赌协议"条款的设计重点转为如何顺利实现目标公司的减资程序。

据此，若投资方确需选择目标公司作为回购义务人，则建议选择目标公司及其股东、实际控制人为共同对赌义务人的模式。在对赌约定实质上不违反"股东不得抽逃出资"和股权回购的强制性规定的前提下,为减少减资程序实现的阻碍方面,建议投资方在对赌条款的设计上考虑补充如下安排:

首先,在条款约定中设置投资方回购主体选择权,即在触发股权回购条件时,投资人可结合回购义务人的实际回购能力,有权在目标公司及其股东、实际控制人等回购义务主体中选择回购义务人,在上述优先选择主体不能履行或未完全履行回购义务时,再选择其他义务人继续履行,如可约定:"目标公司及其股东、实际控制人共同承诺为协议约定的回购义务人,就协议约定的回购义务承担共同连带责任。在本协议约定的股权回购条件触发时,投资人有权优先选择公司的实际控制人和股东先履行回购义务,若上述主体不能或未完全履行回购义务的,投资人有权要求目标公司就上述主体未履行的回购义务继续履行。"

其次,除要求回购义务人自身回购股权外,还可设置其他可行的方式实现投资方的股权回购,如要求回购义务人采取措施促成任意第三方受让投资方的股权等,即可约定:"在本协议约定的股权回购条件触发时,目标公司的部分股东或实际控制人承诺,将按照本协议约定确定地股权回购,上述回购义务人应按照法律规定签订必要的法律文件以及采取所有必要的行动予以实现,包括但不限于通过必要的股东会决议,并促使其委派或推荐的董事投票支持该项交易。目标公司的部分股东或实际控制人不能按协议约定履行回购义务的,目标公司的其他有回购能力的股东(包括创始股东、员工持股平台等)应与回购义务人成为一致行动人,应在××日内促成任何第三方受让投资人的股权,或在上述期限内促使公司通过变卖资产、分红、清算……或其他适用法律允许的方式筹集资金以履行回购义务。"

再次,可考虑要求回购义务人先行履行部分股权回购义务,并设置履行回购义务的合理期限,在期限内回购义务人仍无法履行回购义务的,则投资方有权按照公司章程的规定解散公司。如可约定:"如果回购义务人持有的资金不足以向投资方××支付回购价格,投资方××有权要求其按照本协议约定的股权回购计划先行购买一部分回购股权,就尚不能支付的回购价格,回购义务人应向投资方发出一年到期年利率为百分之××的票据。若(1)回购义务人持有足够的资金能够履行本协议约定的回购义务而拒不履行;(2)自投资方发出回购通知后30日内既未完全履行协议约定的回购义务也未按照协议约定开具票据;或(3)自任何投资方发出回购通知后满一年未能完成支付回购价格,该等回购权人有权要求解散公司,并按公司章程的规定和本协议约定对公司予以清算。"

最后,在目标公司股东不能或怠于形成减资决议时,或者在其他阻碍减资程序履行的情形下,可增设回购义务人不及时履行回购义务的违约条款,以此促使股东达成减资的决议。如可约定:"本协议约定的股权回购条件触发时,目标公司及其控股股东、实际控制人等回购义务人承诺,将按照本协议第×条的回购条款约定采取一切措施促成股权回购,若届时因目标公司不能就公司减资达成决议而阻碍投资人股权回购的,公司的股东及实际控制人就目标公司延迟履行回购义务承担连带责任,上述责任的范围包括但不限于迟延履行滞纳金(以投资人出资款总额日万分之×计算,且滞纳金无上限限制),投资方因目标公司迟延回购造成的损失,若上述迟延履行满××日的,除上述赔偿外,还应向投资方支付协议约定的股权回购溢价款总额30%的违约金。"

3. 业绩补偿条款的设计

(1)目标公司的股东或实际控制人作为业务补偿主体的

业绩补偿条款是实务中常见的对赌方式,对赌双方通常约定,当目标公司未能实现约定的业绩指标或其他财务指标时,业绩补偿义务人应依约向投资方给予货币补偿和股权调整。依据《九民纪要》的规定,若投资方选择与公司的股东和/或实际控制人对赌,要求其履行业绩补偿义务,可获得法院的支持。据此,在对赌协议中设置业绩对赌

条款,建议投资方可优先选择目标公司的股东和/或实际控制人作为业绩补偿义务人,相应的业绩对赌条款设计可考虑以下几点:

第一,在业绩补偿条款中明确业绩补偿义务人范围、业绩承诺指标及选择的补偿方式。如可约定:"在本次增资完成后,目标公司股东及其实际控制人共同承诺:经目标公司与投资方共同指定的具有证券从业资格的会计师事务所依据财政部颁布的通行且适用的企业会计准则审计,此次的业绩承诺指标为公司的××××年度实际税后合并净利润应当不低于人民币×××万元。协议各方一致同意并确认,若××××年度净利润低于业绩承诺指标的××%,则投资方有权启动以下补偿条款,由公司股东及其实际控制人对投资方承担连带补偿责任。具体补偿形式由投资方在下述现金补偿和股权调整补偿两种方式中自主选择⋯⋯"

第二,若约定现金补偿的,投资方可在条款中精细设计业绩补偿公式;亦可结合目标公司实际经营情况,在公司经营业绩同比出现下降时,可在协议中约定投资方有权调整为分期补偿机制,并明确分期补偿的公式设计。如可约定:"在目标公司未按照本协议约定完成业绩对赌目标时,投资方有权要求目标公司股东及其实际控制人承担现金补偿义务,协议各方一致同意现金补偿计算公式为:$P = M(1 - N1/N0)$。其中:P 为现金补偿金额,M 为该投资方的投资款,N1 为××××年度净利润,N0 为业绩承诺指标。"亦可约定:"依据本协议的约定,若目标公司的经营业绩较上一年度下滑达××%,则投资方有权将业绩承诺指标调整为分期补偿,具体补偿金额参照如下公式计算:××××年补偿金额为:(1-同年公司净利润/××××年业绩目标)×截至××××年12月31日止投资方实际股权投资总额⋯⋯协议各方一致承诺,若目标公司××××年至××××年年度的净利润均达到调整后的分期业绩目标的,则不触发上述对公司利润对赌的现金补偿。"

第三,若约定股权调整予以补偿的,可明确投资方获得股权补偿份额的计算方法,并细化股权交割等程序性约定。如可约定:"在目标公司未按照本协议约定完成业绩对赌目标时,投资方有权要求目标公司股东及其实际控制人承担股权补偿义务,投资方应获得的股权补偿份额计算公式为:$S = P/C(N1/N0)$。其中:S 为代补偿股权比例,P 为协议约定的投资方应获得的业绩补偿金额,C 为投资人本次投资获得目标公司每 1% 股权而支付的价格,N1 为××××年度净利润,N0 为业绩承诺指标。在投资方向目标公司股东和/或实际控制人发出股权补偿所涉的无偿转让股权的通知后,上述各方应于收到投资方要求后××日内作出书面回复,并在××日内完成股权交割程序,并完成相应工商变更登记。该等股权转让产生的费用,包括但不限于股权转让对价、相关税费及专业人员服务费等,由公司股东和/或实际控制人承担。”

第四,若在条款中同时设定现金补偿和股权调整补偿,在目标公司未完成协议约定的业绩目标时,投资方可自行选择现金补偿或股权调整,亦可选择在业绩补偿义务人现金补偿无法全部达成时,剩余部分以股权调整补足。如可约定:“若目标公司××××年度净利润未达到本协议所约定的公司对赌净利润的××%,投资方×××有权自行选择上述业绩补偿义务人以现金补偿优先履行补偿义务,在上述义务人现金补偿无法全部达成时,则公司的股东和/或实际控制人应以无偿转让股权的方式补偿给投资方×××:补偿股权比例 = 投资人持有公司的股权比例(××××年度对赌公司净利润/××××年度公司实际净利润−1)。在投资方向公司股东和/或实际控制人提出上述无偿转让股权的要求时,上述主体应于××个工作日内作出响应,并于××日内完成股权交割程序。目标公司的股东承诺并保证签署、出具包括但不限于股东会决议、股权转让协议等,并积极配合投资方办理相关工商变更手续,以保证投资方无偿获得上述补偿股权。”

（2）目标公司作为业务补偿主体的

结合《九民纪要》确定的审判指导意见,若目标公司为业绩补偿义务人,投资方关于现金补偿的诉求能否得到人民法院的支持,应当依据《公司法》第 35 条关于“股东不得抽逃出资”和第 166 条关于利润分配的强制性规定进行审查。换言之,投资方能否在业绩对赌条件触发时从目标公司获得业绩补偿,在对赌约定实质上不违反"股东不得抽逃出资"的前提下,一方面要看目标公司届时有没有利润或者利润是否足以补偿投资方;另一方面要看分配利润是否经股东会决议等公司内部决策程序。据此,若投资方确需选择目标公司作为业绩补偿义务人,则建议选择目标公司及其股东、实际控制人为共同对赌义务人的模式。据此,建议投资方在对赌条款的设计上考虑补充如下安排:

一方面,明确触发业绩补偿条款时,投资方可优先选择公司股东及其实际控制人承担现金补偿义务,且上述各主体之间就补偿义务互相担保,不足以补偿部分由目标公司补足。如可约定:"在本协议约定的业绩补偿条件触发时,投资方有权先行选择公司股东及实际控制人按照持股比例履行现金补偿义务,公司各股东和实际控制人就向投资方支付现金补偿义务互相担保,当公司的某一股东或实际控制人不能实际履行的,投资方有权要求其他有履行能力的股东先行代为履行,待公司有利润分配时再优先向代为履行补偿义务的股东分配;若按照上述分配仍无法完全履行现金补偿时,投资方有权要求目标公司补足。"

另一方面,可要求目标公司的股东及其实际控制人为公司履行业绩补偿义务承担担保责任,并设置高额的违约金条款,促使公司的股东及其实际控制人履行补偿义务。如可约定:"目标公司及其股东、实际控制人共同承诺,在本协议约定的业绩补偿条件触发时,目标公司应按照协议约定履行现金补偿义务,在目标公司没有利润或利润实际不足以补偿投资方时,公司的股东及其实际控制人对公司的补偿义务承担无限连带担保责任,公司股东及其实际控制人应采取一切方式筹措自有资金承担补偿责任,上述主体自有资金不足的,应以其在公司的分红所得予以补足。目标公司及其股东、实际控制人各方承诺,应当在××××年度审计报告作出且经协议各方书面确认后的××日内完成上述业绩补偿义务,但最迟不晚于××××年××月××日。如逾期支付,还应每日按未支付现金补偿额(或未补偿股权的价值)的××%支付滞纳金,直至付清全部现金补偿款或完成股权补偿。"

## 二、程序性条款

### 1. 效力调整条款(抽屉协议)

对赌协议效力调整条款俗称抽屉协议,其基本意思是指,对赌条款及相关保障条款自目标公司向证监会递交首次公开发行股票申请材料之日起中止效力或终止效力(对赌协议已经履行完毕或解除),若上市成功,则中止效力的各条款自动终止;若上市失败,则自动中止效力的各条款自本次上市失败之日起立即自动恢复效力,并且视同该条款所约定的权利或安排从未失效或被放弃。

效力调整条款的设置目的主要是解决对赌及相关条款可能因违反关于对赌协议的规定而造成上市失败的问题。当然,并非所有对赌条款在上市时都需要清理,在《监管规则适用指引——发行类第4号》中,监管层在原则要求清理对赌之外,给出了同时满足4项条件的例外情况。相关规定详见本书第九章。

注册制下的示范条款:"为使目标公司顺利实现首次公开发行股票之目的,本协议涉及的回购或补偿对赌条款、投资方退出、优先购买权、同等优惠权、跟售权等规定,自目标公司向交易所递交首次公开发行股票申请材料之日起中止效力,自目标公司公开发行股票并在境内证券交易所上市之日起终止效力。若发生下列情形之一,前述自动中止、终止效力的各条款立即自动恢复效力,并且视同该条款所约定的权利或安排从未中止、终止或被放弃:(1)中国证监会未通过目标公司注册申请或目标公司主动撤回公开发行股票申请;(2)目标公司未能通过交易所审核;(3)目标公司在其股票公开发行申请获得中国证监会发行注册之日起6个月内,无投资方认可的原因,未完成在交易所的上市交易。"

2. 违约金条款

《九民纪要》第 50 条关于"违约金过高标准及举证责任"指出："认定约定违约金是否过高,一般应当以《合同法》第 113 条规定的损失为基础进行判断,这里的损失包括合同履行后可以获得的利益。……而应当兼顾合同履行情况、当事人过错程度以及预期利益等因素综合确定。主张违约金过高的违约方应当对违约金是否过高承担举证责任。"因投资方和融资方在签订对赌协议时均有投资预期,若在协议中各方明确约定了高额的违约金,且考虑到对赌协议从法律性质上属于估值调整方式,即使对赌义务人事后不愿依据协议约定履行高额违约金,其在诉讼中的举证责任较高,且协议约定的高额违约金也存在被法院支持的可能性。据此,建议投资方基于投资预期及双方达成的合意,在对赌协议中约定较高额的违约金条款,促使目标公司及股东完成相关"减资程序"或"利润分配程序",即在对赌协议中明确约定若"股权回购或现金补偿条件成就时",目标公司应当在合理期限内完成相关"减资程序"或"利润分配程序",否则应向投资方承担高额违约金。

3. 争议管辖条款

对比《九民纪要》发布前仲裁机构和法院关于对赌协议纠纷的裁判导向,在业绩补偿条款和股权回购条款不存在法定无效事由时,仲裁机构更倾向于尊重商业投资活动中当事人的意思自治和契约精神,如在北京二中院作出的 (2016) 京 02 民特 78 号判决中涉及的中国国际经济贸易仲裁委员会第 1155 号仲裁裁决认为"目标公司施瑞福应承担'股权回购'责任";在福建福州中院作出的 (2014) 榕执监字第 51 号裁定中涉及的香港国际仲裁中心作出的 HKICA/A11030 及 HKICA/A11098 裁决书认为对赌协议约定的目标公司及其下属公司、股东等回购股权条款有效。基于此,若因交易的客观需要,可在对赌协议的争议管辖中选择适用商事仲裁条款,并在争议解决条款中明确约定仲裁机构、仲裁地点、仲裁规则和仲裁员的选择等内容。

4. 其他条款

投资方在股权投资方式的选择上,可通过受让目标公司"老股"和认购目标公司发行"新股"等方式,涉及股权回购或业绩补偿等对赌安排通常会在《股东协议》《增资协议之补充协议》或《承诺函》中约定,且目标公司可能存在多轮融资的需要,因此建议投资方在涉及对赌安排的文件签订时,保证约定对赌安排的协议文件与同一轮次投融资项目的其他多份交易文件主体的一致性,对权利、义务约定的一致性,争议解决条款的一致性,且建议明确各轮次股东的优先权利等事项。

此外,投资方也可依据目标公司的发展和交易需要,增设"引进特定战略投资者"等特殊的对赌安排,即投资方可要求目标公司在限定的期限内完成新引进对公司经营发展有促进作用或资金力量雄厚的战略投资者作为二轮或其他后续投资的对赌条件(甚至会要求某一个或多个指定的战略投资方),反之,则投资方届时有权对协议约定的投资条件加以调整。

## 第三节 对赌辅助保障条款的选择及其法律适用

投融资业务中,交易结构可以千变万化,协议条款可以错综复杂,但始终是围绕着商业安排和目的。围绕交易目的,没有不能设计的交易结构,也没有不能安排的协议条款。过于完备的条款,虽然在法律技术上没有问题,但放在整体商业计划中,显然也会导致谈判难度和交易成本的上升。因此,在不同类别,不同时期,不同情况下追求不同尺度的效率和风险的平衡,而不是拘泥于条框文本的限制,是商业律师们永恒的主题。

**一、董事会席位**

1. 示范条款

目标公司应当,且实际控制人和管理团队应促使目标公司在交割日后 1 个月内召开本次交易交割后的首次新一届目标公司股东会,并于该次股东会上完成董事会的建立和董事的委派。

目标公司董事会由 5 名董事组成,其中增资方有权委派 3 名,实际控制人有权委派 1 名,【 】有权委派 1 名。

如【 】行使本协议约定的回购权或共同出售权,或其他方式导致其在目标公司的持股比例低于 5%,则【 】无权继续委派董事。

增资方依上述约定委派的董事辞任或增资方解除委派时,由增资方继续提名继任董事人选。实际控制人、管理团队及目标公司应确保增资方委派人员顺利当选。

目标公司设立观察员,观察员有权列席董事会,但无表决权,其中,【 】有权委派【 】名观察员。

2. 运用说明

从合并财务报表的角度来看,董事会席位异常重要,在股权结构相对分散的情况下,其重要性可能还超过持股比例,属于投资条款中的核心条款。从实践角度,未上市创业公司不宜过多设置,否则在日常管理中沟通成本非常高。董事会席位通常为奇数,常见范围为 3~7 名。

数据显示,有 85% 的公司董事会席位总数是奇数个,3 位和 5 位的公司数各占公司总数的 35%。投资人只委派 1 名董事的公司比例占到 87%,极个别项目 4 名董事会席位中,投资人占了 3 名。

如果有多个投资方参与投资的话,最好与投资方进行仔细磋商,尽量少给机构董事席位。通常是股权占比 10% 以上的投资人才考虑给予一个席位。如果每个投资方都拿席位的话,在满足创始团队绝对控制的条件情况下,董事会将变得异常臃肿,决策效率低下。

针对跟投的小股东投资人,可以设置"观察员"角色,让这些小股东投资人可以列席旁听公司董事会,对公司日常经营情况进行了解,但"观察员"没有表决权。"观察员"不是中国法下的一个概念,在国外一般是一个参与共同倾听、共同发言的权利机制,可作为小股东投资人退而求其次的选择,有知情权而无表决权。

另外,公司可以考虑使用席位"退出"的机制,即在后继融资而前轮投资人未完全按照比例跟投而导致其股权比例被稀释的情况下,设定退出机制,如一旦低于5%,则不再有权提名或委派董事,相应的提名或委派董事也应当被更换。

## 二、一票否决权

### 1. 基本理论

获得董事席位的投资人,通常会在 TS 中要求公司重大经营决策事项的否决权(Veto Rights)。如果没有投资者的同意,那么有一些决议是不能通过的。否决权的行使可能是在公司董事会的层面,也可能会在公司股东会的层面。

投资人要否决权是为了保障投资安全,避免创始团队出现极端损害公司、投资人利益的情况。但投资人过多的否决权可能会影响到创业公司的灵活决策,因此创始团队与投资方可以在保障投资安全的情况下,商量出一个灵活的决策机制安排。在有多个投资人的时候,尽量避免给每个投资人一样的否决权,影响决策效率。

需要注意的是,第一,一票否决权不宜广撒网,如果多个投资人均有,那实际上就是都没有,未来大概率会导致公司决策僵局出现,甚至极端情况下导致公司强制解散;第二,从合并财务报表的要求看,通常情况下,一票否决权内容不宜过广,尤其是涉及公司日常经营的内容,否则可能超出保护性权利的范畴,导致合并财务报表的困难和问题,这点后面还将继续阐述。

另外,带有一票否决权的案例,涉及上市公司控制权和股权结构稳定,在 IPO 过程中属于被重点关注的对象,一般情况下需要清理后申报。因此为了 IPO 申报,大多投资人会同意在申报前进行清理,主动终止原协议条款的履行,但也往往会要求一旦标的公司未能按期IPO 或者 IPO 被否,则相应的清理自动失效,仍回复原有一票否决权条款的履行。在此过程中,不免存在"抽屉协议"等灰色地带,面临一定的法律风险和监管压力。

关于一票否决权的法律效力和诉讼适用,请参见本书第七章第十七节,简单结论是在有限公司框架下,法院倾向于认可股东会和董事会两个层面的一票否决权,当然亦有相反意见,限于篇幅,本处不再具体展开。

2. 示范条款

(1)股东会

交割后,目标公司的以下重大事项须提交股东会审议,且应经过代表 2/3 以上表决权的股东同意:

①修改公司章程;

②公司增加或减少注册资本;

③公司年度分红计划;

④修改公司章程;

⑤公司破产、清算、合并、分立、重大重组;

⑥聘请或解聘公司的会计师事务所;

⑦改变公司会计政策;

⑧其他《公司法》规定的股东会权限。

其中,增资方对上述①③④事项具有一票否决权。

(2)董事会

交割后,目标公司的以下重大事项应征得 1/2 以上董事同意:

①批准、修改目标公司的年度预算;

②处置目标公司的重要资产,包括房产、土地使用权、知识产权及其他对目标公司业务持续运作产生重大影响的资产;

③在目标公司年度预算之外的、单次或与同一交易对手(包括其关联方或指定的第三方)连续 12 个月内累计超过【　】万元的对外投资(包括目标公司子公司的对外投资)、合资、合作等;

④任何目标公司针对第三方的贷款、借款、抵押或设定其他负担;

⑤决定目标公司公开上市的方案,包括但不限于上市时间、地点的选择、重组方案及有关安排的决策;

⑥任何在目标公司的全部或者部分业务、资产或权利上创设、发行或者发生任何补偿、债券、担保、抵押、质押、留置权或者其他权利负担;

⑦启动结束目标公司运作的程序,包括任何清算事件;

⑧任何单次或与同一交易对手连续12个月内金额超过【　】万元的关联交易;

⑨任命和解聘副总裁及更高职位的高级管理人员,决定其薪酬条件;

⑩中止、终止或解除、撤销任何与××产品相关的研发、申报、知识产权、商业化等行为;

⑪其他《公司法》规定的董事会权限。

其中,增资方对上述②③④⑥事项具有一票否决权。

3. 使用说明

需要特别提醒的是,实践中,部分法律从业人员往往在以一票否决权为代表的保护性权利相关条款上用力过猛,本着保护企业和客户的出发点,但却给最后合并财务报表带来了不必要的困扰。

根据《企业会计准则第33号——合并财务报表》的规定,合并财务报表应当以控制为基础予以确定。控制的定义通常包括:一是投资方拥有对被投资方的权力;二是因参与被投资方的相关活动而享有可变回报;三是有能力运用对被投资方的权力影响其回报金额。

而通常情况下,一票否决权应当作为保护性权利而不是实质性权利存在,从而不至于影响被投资方的权力。所谓实质性权利,是指:"持有人在对相关活动进行决策时有实际能力行使的可执行权利。……某些情况下,其他方享有的实质性权利有可能会阻止投资方对被投资方的控制。这种实质性权利既包括提出议案以供决策的主动性权利,也包括对已提出议案作出决策的被动性权利。"

所谓保护性权利,是指:"仅为了保护权利持有人利益却没有赋予持有人对相关活动决策权的一项权利。保护性权利通常只能在被投资方发生根本性改变或某些例外情况发生时才能够行使,它既没有赋予其持有人对被投资方拥有权力,也不能阻止其他方对被投资方拥有权力。"仅享有保护性权利的投资方不拥有对被投资方的权力。

因此,过于强势或范围广泛的一票否决权,可能会导致构成实质性权利而不是保护性权利(当然,交易目的相反的除外),所以法律从业人员在相关条款的起草和订立方面应当与会计师充分做好沟通衔接工作。炫技也好,用力过猛也罢,弄巧成拙,好心办坏事的情况,在实践中并不少见,值得引起注意。

### 三、反稀释权

1. 理论介绍

作为 TS 中的标准条款之一,反稀释条款也称"反股权摊薄条款"或"价格保护机制",是指公司在后续融资时,如果新股发行价格低于投资人注资时的投资价格,投资人有权将所持有的股票数量按照约定的方式进行调整,也就是说,只要投资者持有的股权价值(往往以公司新一轮增发价格来确定)没有低于其投资时的价值,就不会触发该条款。反稀释条款可分为结构性反稀释条款、降价融资中的反稀释条款两个类别。

(1)转换权(Conversion)

这个条款是指在公司股份发生送股、股份分拆、合并等股份重组情况时,转换价格作相应调整。这个条款是很普通而且是很合理的条款,也完全公平,通常企业家都能够接受。

(2)优先购买权(Right of First Refusal)

这个条款要求公司在进行 B 轮融资时,目前的 A 轮投资人有权选择继续投资获得至少与其当前股权比例相应数量的新股,以使 A 轮投资人在公司中的股权比例不会因为 B 轮融资的新股发行而降低。另外,优先购买权也可能包括当前股东的股份转让,投资人拥有按比例优先受让的权利。

（3）完全棘轮条款(Full-ratchet Anti-dilution Protection)

完全棘轮条款就是说如果公司后续发行的股份价格低于 A 轮投资人当时适用的转换价格,那么 A 轮的投资人的实际转化价格也要降低到新的发行价格。这种方式仅仅考虑低价发行股份时的价格,而不考虑发行股份的规模。在完全棘轮条款下,哪怕公司以低于 A 系列优先股的转换价格只发行了一股股份,所有的 A 系列优先股的转化价格也都要调整跟新的发行价一致。

完全棘轮条款是对优先股投资人最有利的方式,使得公司经营不利的风险很大程度上完全由企业家来承担了,对普通股股东有重大的稀释影响,相对来说目前适用较少。

（4）加权平均条款(Weighted Average Anti-dilution Protection)

尽管完全棘轮条款曾经很流行,现在也常常出现在投资人的 Term Sheet 里,但最常见的防稀释条款还是基于加权平均的条款。

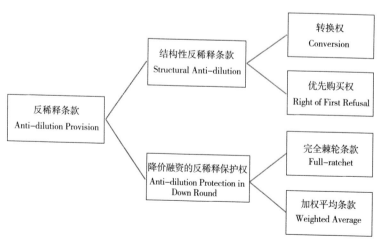

**图 2　反稀释条款类别**

在加权平均条款下,如果后续发行的股份价格低于 A 轮的转换价格,那么新的转换价格就会降低为 A 轮转换价格和后续融资发行价格的加权平均值,即:给 A 系列优先股重新确定转换价格时不仅要考虑低价发行的股份价格,还要考虑其权重(发行的股份数量),这种转换价格调整方式相对而言较为公平。

加权平均条款有两种细分形式:广义加权平均(Broad - based Weighted Average)和狭义加权平均(Narrow-based Weighted Average)。两者的区别在于对后轮融资时的已发行股份及其数量的定义。广义加权平均条款是按完全稀释方式(Full-diluted)定义,即包括已发行的普通股,优先股可转换成的普通股,可以通过执行期权、认股权、有价证券等获得的普通股数量,计算时将后续融资前所有发行在外的普通股(完全稀释时)认为是按当时转换价格发行;狭义加权平均只计算已发行的可转换优先股能够转换的普通股数量,不计算普通股和其他可转换证券。

需要指出的是,在国内的司法环境中,为履行反稀释条款而需要以零对价或者名义对价转让股权作为补偿的时候,往往存在法律和税收上的隐患。以低于公允价值的对价转让股权,可能存在被税务部门核定征收的隐患,尤其在新的《个人所得税法》修订后,完税凭证是法定的,涉及个人的股权变更登记的前提条件。

至于公允价值的计量,《股权转让所得个人所得税管理办法(试行)》(国家税务总局公告 2014 年第 67 号)等相关文件有较为明确的规定,限于侧重点关系,本书不再具体展开。

而随着金税四期工程和共同申报准则(CRS)的进一步推进,即便是多重、复杂、间接的税筹或者跨境的交易,也很难绕开税务部门的掌控。

即便没有被核定征收,受让方这部分股权初始成本过低,再次转让时从而可能面临过高的税收成本。同时此时还面临商业博弈的选择,原股东和投资人、投资人和新的投资人之间实际上在股权转让税负方面形成了零和博弈，"羊毛出在羊身上"，击鼓传花总有最后一棒。

基于此，常见的处理方式，一般是要求履行反稀释条款的时候，在实际履行对价和零对价之间的差额及相关成本，由创始人、目标公司承担。

2. 示范条款

增资方下列情况下受到反稀释保护：在本轮融资之后，如目标公司以低于本轮投资后估值（即目标公司本轮融资前估值与本轮投资人投资额之和）作为目标公司融资前估值发行任何权益类证券的，则按广义加权平均的方式调整增资方在目标公司的权益比例。

调整公式如下：

$N = A \times (B+C) \div (B+D) - A$。其中：

N 为增资方股东获得的额外股权/注册资本；

A 为增资方股东因相应的过往投资而持有的注册资本；

B 为目标公司向新投资人发行新股前的注册资本总额；

C 为目标公司向新投资人发行新股所对应的注册资本数额；

D 为新投资人以相应轮次的过往投资中的认购价格认购目标公司新增注册资本的情况下，所能认购的注册资本金额（即新投资人支付的总认购价款除以相应轮次的过往投资中的认购价格的数额）。

对于上述调整，原股东、实际控制人应当以零对价或法律法规允许的最低名义对价向增资方转让目标公司股权的方式或增资方及其他各方另行达成一致的方式实施。如存在前述法律法规允许的最低名义对价与零对价之间的差额，以及相关税费成本（"交易费用"），则前述交易费用均由目标公司和原股东、实际控制人向增资方承担连带的现金补足义务。

原股东、实际控制人同意为增资方行使反稀释权提供必要的配合，包括但不限于在各类股东会与董事会上就此事项投赞成票，签署各类必要决议与文件，放弃任何形式的优先认购权、优先购买权等。

3. 使用说明

为避免疑义,上述反稀释条款不适用于:

(1)目标公司为经股东会(包括增资方的同意)批准的员工期权计划或股权激励计划而增发的股权;

(2)经股东会(包括增资方)同意的目标公司组织形式变更成为股份有限目标公司、股份拆分、股息分配过程中发行的股份;

(3)目标公司 IPO;

(4)经股东会批准(包括大多数增资方的同意)的利润或资本公积转增注册资本而增发的股权;

(5)经增资方同意的目标公司以换股方式并购其他商业主体,或其他经增资方书面同意的股份重组或类似交易相关的增发。

## 四、领售权/强卖权

1. 商业逻辑

领售权(Drag-along Right),是指投资人强制公司原有股东参与投资人发起的公司出售行为的权利,投资人有权强制公司的原有股东和自己一起向第三方转让股份,原有股东必须依投资人与第三方达成的转让价格和条件,参与到投资人与第三方的股权交易中来。通常是在有人愿意收购,而某些原有股东不愿意出售时运用。

(1)基金存续期限

对于创始人而言,其对于公司负有极深的感情,通常希望不论在何种形式下,都能与公司一起成长,风雨同舟。但是,基金有存续期,这一特性就决定了 PE/VC 必须在限定的期限内完成有效退出,及时返还基金投资人的投资和收益。所以,投资人的根本理念是追求最短时间获得最大投资回报,没有过多时间与公司一起成长,因此,如果没有这个条款,很多时候会影响到基金的退出。通常情况下,国内的股权投资 PE 存续期为 7~10 年,其中投资期为 5~7 年居多,因此限于时间关系,"恋爱"固然美好,"蜜月"也有期限。

（2）战略考虑

对于战略投资人来说，投资目的是业务、资源整合，为自身产业链服务，也很希望未来如果有机会可以通过整体出售直接购买公司全部股权，更好地实现资源整合。

（3）股东地位

PE/VC 一般是财务投资者，不是控股股东，因此处于小股东地位。小股东地位代表 PE/VC 在公司的话语权无法得到充分有效的保障，因此 PE/VC 的退出，往往受到大股东和公司法制度的限制，导致无法实现随意出让。

（4）整体估值

投资人退出时，如果上市预期不明朗，一般会找第三方收购，第三方很多时候是竞争对手、行业老大、上市公司，他们对收购少量股权没有兴趣，多数时候会要求整体收购，实现控股。所以如果没有领售权，投资人少数股权卖给竞争对手，对方不感兴趣，所以会要求领售权。

2. 谈判角度

（1）领售权启动

建议半数以上投资人和创始股东同意才能发起领售权，而不是所有股东都能单独发起。很多时候投资人、创始股东内部也会不一致。

（2）领售启动时间

投资人有退出权，但不应该投资一两年就退出。比如，可以约定交割 5 年后启动领售权。

（3）领售最低价格

如果大家没有谈好价格，尤其是存在优先清算权的情况下，很可能公司卖 2 亿元，但是投资方的本金和回报已达 2.5 亿元，投资方通常优先分钱，导致公司卖了很多钱，创始人却净身出户。所以，有些股东就需要在谈判时要求一个最低的价格之上适用领售权。

（4）受让方限制

为了防止利益冲突，创始人最好能够预先确定哪些方面的收购方不在领售权的有效范围之内,比如竞争对手、本轮投资人投资过的其他公司、投资人的关联方等。

(5)替代措施

如果有创始人不愿意出售公司,而投资人一定要出售的话,那么还有一条解决办法就是由创始人以同样的价格和条件将投资人的股份买下,以作为领售权的替代性措施。

3. 示范条款

在本轮融资交割结束4年后,如果超过2/3表决权的股东同意出售全部或部分股份给第三方,并且每股收购价格不低于本轮融资股价的3倍,则该等股东有权要求其他股东,其他股东也有义务按照相同的条款和条件出售他们的股份(全部或按相同比例),如果有股东不愿意出售,那么这些股东应该以不低于第三方的价格和条款购买其他股东的股份。

4. 司法实践

虽然在域外已经有不少关于领售权的案例,但领售权条款在风投协议中的广泛应用是在美国特拉华州最高法院2003年作出Omnicare, Inc. vs. NCS Healthcare, Inc 的判决后。而2006年的 Minnersota Invco of RSA #7, Inc. v. Midwest Wireless Holdings LLC 案一直被视为领售权条款的里程碑式的案件。美国特拉华州法院在这一案件中正式承认了领售权条款的效力。在其他国家,如英国、澳大利亚等,领售权也在法院判决中得到了不同程度的认可。因此,在多以英美法系为适用法律的红筹结构投资中,领售权执行的司法保障更充分。

相比之下,基于有限公司人合性的考量,合同上"人身无法强制"的原则以及执行的实际难度,在涉及领售权的违约责任的处理方式上,国内的司法实践可能更倾向于采取赔偿损失而不是继续履行的方式,当然这点并不绝对。限于国内案例并不公开,鲜有关于领售权执行上的案例,因此在境内人民币投资中,领售权的最终执行是否能得到充分的司法支持还存在一定的不确定性。

根据《公司法》相关规定,有限公司老股东对外转让股权,需征得过半数股东同意;修改公司章程、增加或减少注册资本必须经过代表2/3表决权的股东通过,而领售股东有可能达不到前述比例。在实践中,不少地方的市场监督管理部门为避免将来股权纠纷的潜在风险,对于转老股或者公司出售等重大事项的工商变更登记,要求全体原股东必须共同签字后方可办理,也加大了执行领售权的登记难度。

此外,关于领售权条款还需要特别注意的是,如果被拖售的少数股东中有国资背景,那么该股东出售股权时必须符合国有资产交易的相关规定,也可能会对于领售权的实施造成实质性障碍。

实践中,如领售权人寻找的收购人与受领人达不成一致,即会转向其他退出途径,主要原因在于:第一,领售权尚未得到法律明确的支持,领售权人首先会选择其他确定的权利退出方式,比如股权回购;第二,我国商业诚信环境欠佳,受领人缺乏契约精神,导致领售权形同虚设,并不能对受领人形成实际约束;第三,除非特殊原因,收购人并无意愿参与到约定不明确,甚至存在争议的交易之中。因此,领售权作为舶来品,在我国真正发挥其效用还有待进一步观察。

## 五、员工期权

### 1. 运行机制

员工期权,标准说法为员工持股计划"ESOP"(Employee Shares Ownership Program)。TS中双方约定预留一定比例的公司股权作为期权池,在公司发展过程中,不断颁发给有突出表现的员工或用来吸引高质量新员工入伙。员工期权越大,在公司成功后员工的利益越大,公司也越有潜力在发展过程中吸引更多人才和资源。随着公司融资轮次增加,期权池的预留比例也会被稀释。

但这里要注意的是,如果在早期融资轮次中,员工期权预留比例过高,则后续融资时再次预留期权的余地越小,因为要求后续投资人和自己一起预留员工期权的概率是极小的。

对于公司预留的员工期权比例,VC 机构常见要求是 10%～20%,据 FA 机构对过往 TS 条款数据统计,员工期权预留比例平均值为 6.90%,中位值为 7.70%,最大值为 20.00%,最小值为 0%。这只是一个参考值,在实际操作中,最终期权比例的确定与 CEO 以及公司的实力直接相关,体现的是你对公司实力的自信程度和实际谈判能力。

兑现机制,常见的有 4 种:

(1)分 4 年,每年成熟 1/4;

(2)第一年成熟 10%,第二年 20%,第三年 30%,第四年 40%,逐年递增;

(3)全职满 2 年成熟 50%,第 3 年 75%,第 4 年 100%;

(4)国外常见的:4 年成熟,干满 1 年成熟 1/4,剩下的在 3 年内每月成熟 1/48。

实践中,受限于目前国内公司法的规定,ESOP 常见由创始人代持或者员工/高管持股平台代持。

2. 示范文本

经各方同意,在本次增资完成后,创始人所持有的 15% 到 20% 公司股权系为未来实施公司员工持股计划("ESOP")预留股权,由创始人代持/员工持股平台代持,具体行权方式和授予方式另行约定。

从理论上而言,持股平台可能为公司制、合伙制、契约制(含资管、信托)等,但在实践中,公司制往往受限于税负和控制权的灵活性,契约制则受限于 IPO"三类股东"特别要求,而在《财政部、税务总局关于创业投资企业和天使投资个人有关税收政策的通知》(财税〔2018〕55号)、《财政部、税务总局、发展改革委、证监会关于创业投资企业个人合伙人所得税政策问题的通知》(财税〔2019〕8号)等文件相继出台后,关于创业投资企业所得税的优惠政策已经全面推开,有限合伙企业的税收政策进一步明确,考虑灵活性等方面因素,代持平台目前的主流是有限合伙企业。

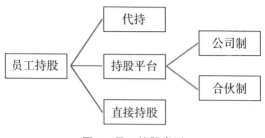

图 3　员工持股类型

## 六、优先清算权

1. 基本理论

优先清算权（Liquidation Preference）是 TS 基本条款，几乎所有项目都会要求。

优先清算权解决的是在公司发生清算事件时剩余资产的分配问题。投资人如享有优先清算权，则剩余资产须向投资人作优先分配后，再按照约定进行二次分配。该条款所定义的"清算"并不仅限于公司法意义上的清算，往往还包括以下情况：

（1）公司被并购、重组以及公司实际控制权改变；

（2）公司超过 50% 的主要资产或业务发生转移；

（3）出售或转移公司超过 50% 的股权，从而导致现有股东占有续存公司已发行股份的比例不高于 50%。

清算事件的具体范围需在 TS 中进行明确约定。

优先清算权分为不参与型、完全参与型和附上限参与型三个类别。

（1）在不参与型优先清算权的条件下，投资人仅获得一定倍数于投资金额的优先分配。在完成上述分配后，不再参与剩余资产的后续分配。

（2）在参与型优先清算权的条件下，获得优先分配后，对于超过优先清算回报部分，投资人和普通股股东按股权比例分配。

（3）在附上限参与型优先清算权的条件下，投资人首先根据其对创业公司投资金额的一定倍数获得优先分配，然后按转换后股份比例与普通股股东分配剩余清算资金，直到获得约定的回报上限。

当公司退出价值低于优先清算回报时，上述三种类型的清算权均保证投资人优先获得全部清算资金。其中，约定的优先回报倍数是优先清算权条款谈判中的核心要点，随着融资轮次的增加，投资人要求的优先回报倍数呈现越来越高的趋势，早期融资轮的回报倍数一般在1.2~1.5之间。另外，在某些情况下，投资人还会要求创始股东对投资方可分配的清算财产数额承担连带责任。

举例说明：假设投资人投资2000万元，占股比例20%，公司可分配净资产6000万元，按1.5倍回报倍数优先分配，则优先回报收益为2000×1.5=3000万元，剩余分配收益为（6000-3000）×20%=600万元，那么累计收益为3000+600=3600万元。

实践中，根据《公司法》第186条第2款的规定，公司财产在分别支付清算费用、职工的工资、社会保险费用和法定补偿金，缴纳所欠税款，清偿公司债务后的剩余财产，有限责任公司按照股东的出资比例分配，股份有限公司按照股东持有的股份比例分配。

从文义上看，《公司法》相关规定并未给出可以通过股东一致同意或者章程另有约定的形式，对公司剩余财产在股东之间分配优先级进行调整的空间。

那么，该等投资人优先清算权条款是否违反了《公司法》第186条的规定呢？后文还将结合案例继续展开。常见的处理方式和前述反稀释条款类似，由创始人和目标公司承担补足责任作为替代性措施，避免条款过于刚性而缺乏变通空间。

2. 示范条款

清算事件指：

（1）发生《公司法》《企业破产法》规定的清算事件；

（2）公司被出售、合并、公司重组、红筹或VIE结构的解除或者实际控制人的改变；

（3）任何使公司50%以上的资产或者业务被转移或出售；

（4）出售或者转移公司50%以上股权；

（5）其他重大改变公司原有正常经营的事件。

在目标公司发生清算事件、投资人行使赎回权（回购权）或其他权利后需要进行资产、资金和权利分配时，增资方有权在目标公司向增资方之外的其他股东进行清算财产分配之前，优先获得清算资金，其金额相当于增资方的增资款及自实际缴纳增资款日至收到全部清算资金之日按年利率8%（单利）计算的本息之和。

若根据届时适用法律的要求，可分配资产必须按照各股东的届时的出资比例进行分配，则原股东应按其之间的相对出资比例对相应增资方进行补偿，以保证相应增资方可以获得根据本条约定取得的应得款项。

目标公司、原股东、实际控制人有义务促使目标公司投资人同意本条所述的增资方权利。

3. 司法判例

北京三中院在林某与北京北科创新投资中心（有限合伙）股权转让纠纷案[（2019）京03民终6335号]中认为："本案二审期间的争议焦点包括……原股东主张的案涉《增资协议》因包含股权同售权、反稀释、优先清算权等条款而无效是否成立。"

就其中的优先清算权问题，法院认为，根据《公司法》第186条的规定，公司清算时，清算费用、职工的工资、社会保险费用和法定补偿金、所欠税款、公司债务优先于股东分配。本案中，案涉《增资协议》中第15条"优先清算权"条款约定，目标公司在分别支付清算费用、职工的工资、社会保险费用和法定补偿金，缴纳所欠税款，清偿公司债务后，投资人在股东分配中优先于其他股东进行分配。该协议约定在支付了法定优于股东之间分配的款项后，股东内部对于分配顺序进行约定并不违反《公司法》第186条的规定。因此，《增资协议》中对优先清算权的约定并不违反法律法规。

　　法院进一步认为,《合同法解释一》第 4 条规定:"合同法实施以后,人民法院确认合同无效,应当以全国人大及其常委会制定的法律和国务院制定的行政法规为依据,不得以地方性法规、行政规章为依据。"《合同法解释二》第 14 条规定:"合同法第五十二条第(五)项规定的'强制性规定',是指效力性强制性规定。"根据上述规定,只有违反法律、行政法规的效力性强制性规定才导致合同必然无效。由上,案涉《增资协议》中所约定的内容均并不违反法律法规的强制性规定。因此,原股东主张的案涉《增资协议》因包含股权同售权、反稀释、优先清算权等条款而无效,缺乏法律依据,本院不予支持。

# 第十三章 对赌协议/条款履行及风险防范

## 第一节 对赌协议履行中的提示建议

### 一、对赌业绩完成情况的认定

对于目标公司在承诺期限内是否完成预期利润情况,通常投资方会指定会计师事务所进行审计。对此,通常发生的争议是标的公司原股东方对上市公司指定的会计师出具的审计报告不予认可。如在银江股份有限公司与李某上市公司收购纠纷案[(2016)浙民初6号],以及东方精工(002611)收购北京普莱德新能源电池科技有限公司(简称普莱德)之业绩补偿争议中,原股东均不认可上市公司指定的会计师就标的公司完成利润情况作出的专项审核报告。

对于前述纠纷,通常情况下,投资与融资双方在协议中明确约定以上市公司指定的会计师事务所出具的相关审计报告为准的,则原股东不认可的相关抗辩一般不会得到支持。如在银江股份有限公司与李某上市公司收购纠纷案[(2016)浙民初6号]中,标的公司原股东主张"审计机构由上市公司单方委托,审计报告不客观、不真实""标的公司净利润应高于审计结果",法院认为协议明确约定了上市公司指定审计机构且原股东未提供相反证据,因此对原股东的主张不予支持。

值得注意的是,东方精工收购普莱德之业绩补偿争议中,标的公司原股东也提出对审计机构审计结果不认可的抗辩。东方精工公告显示,各方的主要分歧在于:

(1)关联交易定价不公允;

(2)产品质量保证金计提不充分;

（3）部分收入缺乏真实性和商业实质。

标的公司对审计机构就上述情况调整报表不予确认,但未提供合理解释。虽然东方精工收购普莱德的相关盈利预测补偿协议约定了以上市公司指定的具有证券业务资格的会计师事务所对标的公司出具的标准无保留意见的专项审计报告为准,但由于标的公司未在财务报表中签字,会计师事务所未能出具标准无保留意见的专项审计报告。虽然协议还约定了交易各方可共同协商指定四大会计师事务所,但最终东方精工与原股东选择采取协商的方式解决补偿争议,最终协商原股东向其补偿16.76亿元,相较于东方精工根据专项审核报告计算的26亿元而言,东方精工可以说是作出了妥协。

## 二、对目标公司的利润分配

对于约定目标公司承担业绩补偿责任的,由于《九民纪要》规定了目标公司仅能以其利润补偿投资人(详见本书第十二章第一节"四、对赌工具的选择"中的"1. 现金补偿"部分),而对于目标公司是否有可以分配利润的举证责任的问题,最高院民二庭认为投资方应当承担举证责任,证明目标公司有可以分配的利润,[1]否则人民法院将驳回投资方要求目标公司履行现金补偿的诉讼请求。

为化解以上履约困境,可以考虑以下几方面:

（1）签订投资协议时,明确投资方对目标公司经营情况、财务状况的知情权,对于目标公司董事、财务总监、法务总监等关键岗位明确派驻人员,便于投资方及时提出主张并举证。

（2）选择对赌主体时,尽量不要只选择目标公司一个主体承担货币补偿义务,可以同时多选几个主体承担连带责任。

（3）设计对赌工具时,尽量不要只选择现金补偿,而是要与股份补

---

① 参见最高人民法院民事审判第二庭编著:《〈全国法院民商事审判工作会议纪要〉理解与适用》,人民法院出版社2019年版,第119~120页。

偿等其他工具搭配适用。

### 三、对赌中的关联担保

1. 实践中的不同观点及案例

关于目标公司为对赌协议下股东回购义务、业绩补偿义务提供担保的效力，过往实践中存在不同裁判观点。相关案例详见本书第七章第五节。本处仅做简单回顾和总结。

观点一：未履行《公司法》第16条的程序，履约连带责任约定无效，但过错方要承担1/2的责任。如"通联案"〔(2017)最高法民再258号〕。

观点二：经目标公司内部决策程序通过的对赌担保有效。如"瀚霖案"〔(2016)最高法民再128号〕。

观点三：即便股东会决议同意目标公司提供关联担保，但若被认为是变相抽逃出资的行为，损害目标公司、其他股东及债权人利益，故担保无效。如"邦奥案"〔(2017)最高法民申3671号〕等。

从诸多案例来看，公司担保股东间股权转让并非当然有效。《九民纪要》最终未保留公司为股东之间转让股权提供担保效力的内容，此处司法留白可能还需要更多的司法实践进一步检验。

对于目标公司为原股东对赌(现金补偿及股权回购)义务提供担保的效力，目前大部分倾向于肯定有效说。理由在于：

第一，不应将目标公司为对赌提供担保这一事实本身作为无效因素。首先，诚如最高院在"瀚霖案"中所述，对赌义务人并非将投资方的投资用于自用或消费，而是投入目标公司供经营使用，目标公司为此提供担保并未损害公司及公司中小股东权益。其次，法律并不禁止公司为股东提供担保，如目标公司合法作出公司决议同意担保，自然应承担担保责任。而且，由目标公司承担担保责任并不当然损害公司或其他债权人利益。最后，参照《九民纪要》将投资方与目标公司对赌的协议效力及履行进行两分的处理方式，对于目标公司提供担保可能违反资本维持原则导致的争议,不应通过否定担保效力加以解决,而应判断是否因此导致履行不能,也即在担保可能违反资本维持原则的情况下,目标公司应否承担担保责任。但在效力认定上,只要符合公司对外担保的法定要求,目标公司为对赌提供的担保应为有效。

第二,目标公司为对赌提供担保与一般的公司对外担保无异,应适用《公司法》第 16 条的规定进行规制。特别是实践中,投资方与目标公司法定代表人对赌较为常见,容易出现法定代表人越权担保、损害公司利益的情况,更应严格适用《九民纪要》第 17 条、第 18 条以及《民法典担保制度解释》第 7 条①。

具体来说,一方面,如对赌方为目标公司股东或实际控制人,投资方应当在订立合同时对股东(大)会决议进行审查,对关联担保的表决应由出席会议的其他股东所持表决权的过半数通过,签字人员也应符合公司章程的规定;如对赌方为其他非关联方,投资方应审查目标公司的董事会决议或者股东会决议,审查同意决议的人数及签字人员是否符合公司章程的规定。另一方面,如投资方未尽审查义务,则在目标公司为对赌提供担保事实上属于越权代表或无权代理之时,投资方无权请求公司承担担保责任。如投资方已对公司决议进行了必要的形式审查,即使股东(大)会或董事会决议系法定代表人伪造或者变造,或者存在决议程序违法、签章(名)不实、担保金额超过法定限额等

---

① 《民法典担保制度解释》第 7 条规定:"公司的法定代表人违反公司法关于公司对外担保决议程序的规定,超越权限代表公司与相对人订立担保合同,人民法院应当依照民法典第六十一条和第五百零四条等规定处理:(一)相对人善意的,担保合同对公司发生效力;相对人请求公司承担担保责任的,人民法院应予支持。(二)相对人非善意的,担保合同对公司不发生效力;相对人请求公司承担赔偿责任的,参照适用本解释第十七条的有关规定。法定代表人超越权限提供担保造成公司损失,公司请求法定代表人承担赔偿责任的,人民法院应予支持。第一款所称善意,是指相对人在订立担保合同时不知道且不应当知道法定代表人超越权限。相对人有证据证明已对公司决议进行了合理审查,人民法院应当认定其构成善意,但是公司有证据证明相对人知道或者应当知道决议系伪造、变造的除外。"

情形,目标公司亦不得对抗投资方,除非有证据证明投资方明知决议系伪造或者变造。①

2. 启示与对策

通过对《九民纪要》相关规定及最高院相关案例的裁判思路进行归纳,就目标公司为对赌的股东、实际控制人提供关联担保问题,笔者提炼出如下 5 条观点:

(1)目标公司为对赌的股东、实际控制人提供关联担保的特别之处在于,债权人同时也是担保人的股东,因此需要特别注意,避免违反资本维持原则、禁止变相抽逃出资。

(2)目标公司提供担保时,务必要按《公司法》第 16 条第 2 款、第 3 款及《九民纪要》的规定通过股东(大)会决议履行相关手续,不违反公司章程的相关规定,债权人要注意尽到相应的审查义务。目标公司为上市公司的,还应审查经上市公司披露的对外担保公告,避免因目标公司法定代表人越权代表行为导致担保无效。

(3)提前预设当目标公司承担责任时,债权人的行权路径方式,如利润补偿时的具体方案、方法等。

(4)不能仅仅停留在对担保效力的判断上,担保无效后,目标公司的责任承担问题,更值得注意和应对。

(5)《民法典担保制度解释》第 7 条、第 17 条关于担保无效的责任承担问题要特别注意,尤其是第 17 条的 1/2 比例、1/3 比例是上限,不是必需标准。值得注意的是,实践中以往有关判决常常倾向于直接适用比例的上限。此外,涉及一人有限责任公司、上市公司的特殊担保规定也应注意。

## 四、家庭财产隔离

投资者往往通过对赌协议将目标公司发展的成败与创业者个人

---

① 参见朱华芳等:《私募基金行业纠纷研究报告》,载微信公众号"威科先行"2022 年 5 月 25 日。

及夫妻财产绑定在一起,在激励创业者的同时,也使得创业成为一个高危行业,一旦对赌失败,创业者常常会倾家荡产。相关案例详见本书第七章第十节。

1. 法律规定

对于夫妻共同债务问题,常常涉及如下法律规定:

(1)《民法典》婚姻家庭编第 1064 条①、第 1065 条②;

(2)《民法典婚姻家庭编解释一》第 33 条③、第 34 条④、第 35 条⑤、第 36 条⑥。

2. 保护措施

(1)夫妻协议事前隔离家庭财产

---

①　《民法典》第 1064 条规定:"夫妻双方共同签名或者夫妻一方事后追认等共同意思表示所负的债务,以及夫妻一方在婚姻关系存续期间以个人名义为家庭日常生活需要所负的债务,属于夫妻共同债务。夫妻一方在婚姻关系存续期间以个人名义超出家庭日常生活需要所负的债务,不属于夫妻共同债务;但是,债权人能够证明该债务用于夫妻共同生活、共同生产经营或者基于夫妻双方共同意思表示的除外。"

②　《民法典》第 1065 条规定:"男女双方可以约定婚姻关系存续期间所得的财产以及婚前财产归各自所有、共同所有或者部分各自所有、部分共同所有。约定应当采用书面形式。没有约定或者约定不明确的,适用本法第一千零六十二条、第一千零六十三条的规定。夫妻对婚姻关系存续期间所得的财产以及婚前财产的约定,对双方具有法律约束力。夫妻对婚姻关系存续期间所得的财产约定归各自所有,夫或者妻一方对外所负的债务,相对人知道该约定的,以夫或者妻一方的个人财产清偿。"

③　《民法典婚姻家庭编解释一》第 33 条规定:"债权人就一方婚前所负个人债务向债务人的配偶主张权利的,人民法院不予支持。但债权人能够证明所负债务用于婚后家庭共同生活的除外。"

④　《民法典婚姻家庭编解释一》第 34 条规定:"夫妻一方与第三人串通,虚构债务,第三人主张该债务为夫妻共同债务的,人民法院不予支持。夫妻一方在从事赌博、吸毒等违法犯罪活动中所负债务,第三人主张该债务为夫妻共同债务的,人民法院不予支持。"

⑤　《民法典婚姻家庭编解释一》第 35 条规定:"当事人的离婚协议或者人民法院生效判决、裁定、调解书已经对夫妻财产分割问题作出处理的,债权人仍有权就夫妻共同债务向男女双方主张权利。一方就夫妻共同债务承担清偿责任后,主张由另一方按照离婚协议或者人民法院的法律文书承担相应债务的,人民法院应予支持。"

⑥　《民法典婚姻家庭编解释一》第 36 条规定:"夫或者妻一方死亡的,生存一方应当对婚姻关系存续期间的夫妻共同债务承担清偿责任。"

①操作方法

创业者对赌失败,其对赌债务被认定成了夫妻共同债务,是导致家庭财产风险的重要因素,因此,若阻断此因素,阻止将此债务认定成夫妻共同债务,即实现了风险隔离。此方案的法律依据参照《民法典》第1064条、第1065条,《民法典婚姻家庭编解释一》第34条中的相关内容。根据以上规定,我们可以做如下操作:

在引进PE/VC投资者之前,创业者夫妻之间可以签订书面协议,约定隔离夫妻财产及夫妻连带债务。创业者在签署对赌协议时一定要向投资者披露,若投资者未提出异议,则可以起到一定的风险隔离作用。创业者要注意保留已经向投资者披露协议,且投资者未提出异议的证据。

②创业者注意事项

创业者要注意避免《民法典》第1064条中列举的两种情况:其一,夫妻双方共同签名或者夫妻一方事后追认等共同意思表示所负的债务;其二,该债务用于夫妻共同生活、共同生产经营或者基于夫妻双方共同意思表示。

③创业者的法律风险

在对赌实务中,部分创业者或主动或被动地离婚并"净身出户",成为单身"无产者",丧失偿债能力。投资者为了避免此类风险,通常会要求创业者的配偶签署知情同意函或类似文件,明确说明自己知晓创业者的对赌安排,认可该债务是创业者夫妻共同债务,若创业者对赌失败,愿意与创业者共同偿还债务,同意以家庭财产及个人财产用于清偿债务。

(2)设立公司作为防火墙,隔离目标公司与创业者之间的风险

①操作方法

因创业者直接持股对赌带来的家族财产风险较大,故化解方法之一就是改变创业者的持股模式,改变目标公司股权架构设计,即创业者先设立或控制一个持股公司,再以此公司的名义持有目标公司的股

权。此种方式,使得创业者成为目标公司的间接股东,持股公司成为目标公司的直接股东。持股公司独立承担有限责任,因此成为目标公司与创业者之间的"防火墙"。即使持股公司以股东身份与投资者对赌,但在创业者个人不参与的情况下,持股公司对赌失败的债务也不应由创业者个人及其家庭承担。

②创业者注意事项

有人可能会问,创业者是否可以成立有限合伙企业,作为持股主体隔离对赌风险呢?因为运营中有限合伙比公司更有税务优势。仅从隔离对赌风险的角度讲,笔者不建议使用此持股方式,因为创业者要抓住控制权,就要做有限合伙企业的普通合伙人,而普通合伙人对债务承担无限连带责任,完全起不到隔离风险的作用。

实践中也有创业者采用了多层嵌套持股方式,甚至设立海外持股控制结构,模糊隐藏目标公司的实际控制人。复杂的嵌套持股方式能够多层次隔离、缓冲、减小因对赌失败带给创业者及其家庭的风险。当然,这种方式在运营成本和效率上也有一定的弊端。

③创业者的法律风险

投资者"锁定"创业者即实际控制人承担对赌责任,无论创业者是否为目标公司的股东、董事、高管等,投资者都在所不论。

持股公司的法人人格否认致使风险隔离失败。持股公司具有法律上的独立人格,其与创业者个人应该是两个具有不同主体资格的独立"人"。实践中经常会有创业者个人与持股公司的财产、财务相混同,这很容易使持股公司的法人资格被否认,将创业者与持股公司认定为一个主体,从而使得持股公司失去了隔离对赌风险的作用。

(3)购买商业人寿保险进行财产隔离

选择人寿保险,并合理设计保险结构之后其可以具有财产隔离功能,因为人寿保险的投保人有权指定受益人(可以是投保人及其配偶以外的人),保险金是受益人的财产,从而可以通过设计实现保险金与创业者投保人及夫妻共同财产的隔离。国内的其他保险一般不具有财产隔离效果。

①操作方法

创业者应选择人寿保险而非健康保险、人身意外伤害保险,更不是财产保险,否则不具有相应功能。

创业者购买人寿保险时要避免指定本人及其配偶成为受益人,否则起不到财产隔离效果。因此,创业者购买人寿保险时可以指定配偶之外的其他亲人为受益人。

避免被定性为恶意投保,创业者投保最好选择在签订对赌协议之前。

《民法典》第 146 条、第 153 条、第 154 条规定,"以合法形式掩盖非法目的"的合同无效,因此,为了避免所投人寿保险被认定为无效合同,创业者最好在签订对赌协议之前购买人寿保险。

②创业者注意事项

重视人寿保险的结构设计。避免负债可能性比较高的创业者或其配偶作为投保人;保险受益人重点考虑指定为创业者的父母或子女。

要注意中国大陆地区的人寿保险与中国大陆地区以外的人寿保险之间的差别,作出合适的选择。中国大陆地区人寿保险的现金价值在某些省市仍有被执行的风险。

③创业者的法律风险

人寿保险的保险金归受益人所有,但与之不同的是保单的现金价值归属于投保人。保单的现金价值,是指带有储蓄性质的人身保险单(如终身寿险、万能保险等)所具有的价值,可被视为某一时点投保人退保时可领取的退保金。因此若创业者投保,其保单的现金价值是具有被执行风险的,实践中也有相关的案例或地方法院文件持此观点。如浙江高院于 2015 年发布的《关于加强和规范对被执行人拥有的人身保险产品财产利益执行的通知》规定,"退保后保单的现金价值"属于人民法院可以执行的财产;山东高院在(2015)鲁执复字第 108 号执行异议复议案中认为,保单的现金价值属于投保人的责任财产,且在法律性质上不具有人身依附性和专属性,也不是被执行人及其所扶养家属所必需的生活物品和生活费用,因此可被执行。

关于能否强制执行人身保险产品的现金价值问题,最高院(2020)最高法执复71号执行裁定书认为,商业人身保险合同可以被强制解除,保单现金价值可被冻结与强制划扣。该裁定书认为,《最高人民法院关于人民法院民事执行中查封、扣押、冻结财产的规定》第2条第1款规定,人民法院可以查封、扣押、冻结登记在被执行人名下的不动产、特定动产及其他财产权。商业保险产品属于前述司法解释规定的其他财产权利的范围。意外伤害、残疾保障类人身保险产品虽然具有一定的人身保障功能,但其根本目的和功能是经济补偿,其本质上属于一项财产性权益,具有一定的储蓄性和有价性,除《民事诉讼法》(2017年修正)第244条[现为《民事诉讼法》(2023年修正)第255条]及《最高人民法院关于人民法院民事执行中查封、扣押、冻结财产的规定》第5条规定的被执行人及其所扶养家属的生活必需品等豁免财产外,人民法院有权对该项财产利益进行强制执行。人身保险的保单现金价值系投保人交纳的,为了支付后年度风险之用的费用,与保险事项发生后,保险公司应当支付的保险金不同,并不具有人身依附性的专属性,也不是被执行人及其所扶养家属所必需的生活物品和生活费用。根据保险合同的内容,以及《保险法》第15条的规定,在保险金给付之前,投保人许某某对该保险现金价值享有确定的物权所有权。江西高院对该保单的现金价值及利息等财产性权益予以冻结并强制扣划并无不当。

(4)设立家族信托隔离家庭财产

并不是所有的信托都可以起到隔离家庭财产的作用,比如常见的集合信托理财产品就不具有此作用,"家族信托"才具有财产隔离效果。家族信托是指信托公司接受单一个人或者家庭的委托,以家庭财富的保护、传承和管理为主要信托目的,提供财产规划、风险隔离、资产配置、子女教育、家族治理、公益(慈善)事业等定制化事务管理和金融服务的信托业务。家族信托可以有效财产隔离的原因在于:信托财产的独立性;信托受益人对信托财产享有受益权,且受益人不以委托人为限;信托文件可约定债务清偿范围。

①操作方法

在操作上,要注意找专业人士合理设计信托结构和信托文件,同时要注意中国大陆地区的信托与中国大陆地区以外的信托之间的差别,作出合适的选择。

②创业者注意事项

创业者选择信托受益人要特别注意,如果选择不当,比如选择配偶为受益人,一旦创业者对赌债务被认定为夫妻共同债务,受益人的信托受益权仍需要清偿债务。

③创业者的法律风险

虽说信托具有一定的隔离财产作用,但是在我国适用信托制度仍需注意相关风险,如信托财产所有权转移的障碍可能导致信托未生效的风险,不合理设立信托可能导致信托无效或被撤销的风险等。

鉴于以上法律风险的存在,创业者在预防和规避法律风险时,要注意相关方案的事先设计。

**五、特殊行业及特殊发展阶段的特别提示**

1. 医疗行业

医疗行业可以简单分为医用药品和医疗器械两大行业。两大行业关注的共同点包括:

(1)销售模式问题

自在医疗机构药品采购中推行"两票制"以来,医药企业的销售模式发生了一些变化。在以前的经销模式下,医药企业可以低价将产品销售给经销商,经销商负责后续的市场开拓、售后服务等工作,这样就进行了风险的彻底隔离。而在"两票制"下,经销商只能开一次票,那么销售环节的价格也就透明了,以前通过各种票据方式进行费用处理的空间就没有了,即医药企业通过经销模式进行风险隔离的目的也就达不到了。因此,"两票制"对直营模式的医药企业没有任何影响,而对于经销模式的企业则有重大的影响。而现实情况是,对医药企业来说,除非是一些特殊的产品,基本上都会采取经销模式,在"两票制"影响下,经销模式的变化需重点关注。

此外,经销商也是一个关注的重点,核心要点比如:经销商销售融资人产品是否需要具备相关经营资质,是否存在可以规避资质的情形;经销商家数以及历次变动情况,如果经销商每年变化很大,关注与融资人的合作是否稳定;融资人与经销商的合作模式、合作条件是否发生重大变化,尤其是信用期、回款账期、销售价格等核心条款;关注经销商的最终销售问题。

(2)专利技术问题

商标、专利、非专利技术等无形资产往往实践中估值难以确定,因此需要与融资方重点沟通。此外,关于估值还需要注意融资方研发费用与其技术先进性的匹配问题,如果其历年投入的研发费用金额都较低且没有合理的理由,那么对于其技术先进性和产品的技术含量方面,投资方应当审慎考量。

而对于融资方的核心专利和技术,则需要关注其技术来源,有无与其他企业的技术或专利纠纷,以及相关专利技术人员的稳定性、竞业禁止,有无潜在的技术已经转让的风险等。

2. 软件行业

软件行业有一些较为典型的特点,比如:基本上都是轻资产运营,都有一定的技术含量,存在一定的客户依赖或者行业依赖,税收优惠金额比较高,软件销售占比较高,财务核查方面存在较大困难,收入确认有时候存在比较大的争议,等等。因此在融资并购过程中就需要重点关注收入确认的标准,成本结转的内部控制,收入结构差异,收入与利润的变动趋势,以及资金流、物流与证据流的相互印证等问题。

具体而言,比如收入的问题,软件行业典型的收入结构就是软件销售收入、配套硬件收入以及技术运维服务收入。一般情况下,企业的收入结构都不会发生重大的变化,这样才说明企业的生产经营是稳定的、持续的。鉴于软件企业产品单一、客户稳定、新产品研发难度高、研发投入巨大等经营特性,如果一个软件企业产品结构发生了重大变化,则需要关注合理性和经营风险。此外,如果技术服务费在收入中占比很高或增长较快,则需要格外关注。这部分内容由于具体服务内容不明确、收费标准不统一、成本不完整,具有毛利率奇高等特点,因而存在很大的业绩调整的空间。

再比如成本核算的问题,软件企业是轻资产运营,因此生产成本主要集中在人工成本,而人工费用的真实性、完整性又非常依赖企业内部控制运行的有效性,如差旅审批、奖金评定和发放标准、不同项目的预决算程序等。又由于软件企业本身收入规模通常不大,成本不高,一些轻微的成本结转差异都有可能造成毛利率的差异,因此对于相关财务数据的分析更应当谨慎。

### 3. 环保行业

环保一直是国家的重要政策,很多环保企业因为政策、行业、竞争关系等原因存在很大的依附性,没有足够的市场竞争地位和竞争优势,尤其是对一些打着节能减排、响应国家号召的招牌强调各种概念的融资方,往往说明对自己的业务技术缺乏信心,具体业务也确实没有太多的技术含量和竞争力,持续稳定的盈利能力更是存在不确定性。总的来说,环保企业在融资和并购中重点关注的问题集中在业务模式、业务的持续性、政策影响等。

绝大多数环保企业的主营业务不是研发技术和销售产品,而是以工程施工或提供配套服务为主,尤以污水处理、节能减排、能源管理等模式为典型。环保企业的业务模式往往是与政府部门或者相关单位进行各种环保业务的合作,而合作的内容、形式多种多样,不同业务模式的关注点是不同的,需要透过形式看业务合作的本质,进而发现其中的风险。例如,曾经很热门的合同能源管理模式,企业与高耗能企业合作,将其浪费掉的能源收集起来发电,然后一起实现收益分成,然而这种模式的持续合作和盈利存在很大的不确定性。因为其下游客户作为高耗能企业是国家限制和淘汰的重点对象,而下游客户的发展必然也会影响融资方业务的发展。

环保企业的另一个典型特点是区域依赖较为明显。比如做污水处理,业务起步以及发展主要就在某个区域与当地水厂合作,这种情况则需要关注融资方业务异地扩张的可能性以及应对风险的能力。

4. 新能源行业

新能源行业绝对算是近年来的新兴热门行业,在国家巨额投入的背景下大量民间资本涌入,越是这样的热门行业,在投资时越应当识别融资人的核心技术、知识产权、研发费用、竞争优势等相关情况,审慎决策。

新能源行业的发展主要依靠公司研发的核心技术和核心产品,但技术和产品都同样面临着更新换代的风险。目前,能源类的技术研发尚处于早期粗放式生长阶段,一种技术或产品在目前能够作为公司的主要支撑并保证实现稳定的收益,但是无法避免未来出现其他更加先进的技术或产品,从而带来全新的冲击甚至是颠覆性的变革。从这个角度来看,我们关注这个行业,首先关注的问题就是公司技术研发和储备的问题,包括公司的核心技术是否足够先进、是否持续更新、是否满足技术发展路线、是否容易被替代、是否有成熟的产业化方式、是否保持足够的差异化竞争等。

此外,新能源行业普遍存在税收优惠,除了我们最常见的高新技术企业的税收优惠问题,新能源行业因为研发投入以及软件开发的业务,可能还会存在加计扣除、增值税出口退税等税收优惠的情形。如果税收优惠占比较高,则投资中应当关注融资方经营业绩对税收优惠的依赖程度问题,包括其高新企业资质认定是否符合规定条件,融资方享受的税收优惠是否合法合规,是否存在被追缴的风险,以及在税收政策变动引发融资方成本结构变化时,融资方持续经营能力及经营业绩所受到的影响问题。

5. 金融科技行业

金融科技是对于近几年来基于金融数字化、互联网金融等新产业蓬勃发展的上下游企业的统称。它既包括区别于传统金融机构的新金融平台(支付清算、网络借贷融资、财富管理等),也包括运用大数据、云计算、人工智能、区块链等来提高金融机构数字化水平的科技企业。

目前,这一相对新兴领域,其需关注的比较典型的问题包括行业发展和政策变化、经营牌照与资质、大客户依赖、业务季节性波动、毛利率异常、业务与财务核算真实性、关联交易与资金拆借、现金流与利润指标差异等。除此之外,鉴于金融科技服务模式也在不断从硬件转向软件,从传统 IT 转向利用大数据、人工智能、云计算等综合解决方案的趋势演变,数据成为融资方拥有或处理能力的重要武器,因此数据安全也需要列入关注重点。

以季节性波动为例,由于金融机构所具有的预算、采购、验收及付款的特点,对于以银行、证券、基金等金融机构为主要客户的金融科技公司而言,其收入则会在下半年度尤其是第四季度引来确认的高峰期,业绩存在季节性波动。因此,投资方需要关注融资方的收入是否存在波动以及波动趋势是否与行业平均水平趋于一致。

而在业绩是否完成的审查方面,关于收入波动性除行业独有的经营风险之外,还涉及一个非常典型的财务问题,那就是收入的截止性测试问题。截止性测试主要就是核查企业是否存在跨期调节收入和利润,以及是否存在突击确认收入从而增加业绩的情形。如果被投资方第四季度的收入甚至就是 12 月的收入占全年收入的比例非常高,那么投资方则要对这样的特殊情形进行重点的详细核查。

## 第二节　不同主体视角下的特殊注意事项及风险防范

### 一、投资方视角

1. 投资方的优势、劣势及面临的主要风险

对赌协议中投资方的优势是拥有资金和对赌知识技能优势，占有买方市场地位，主导对赌条款的制定，而对目标公司信息的了解处于劣势地位，而且不掌握目标公司的控制权。因此，一方面，要对目标公司加强尽调，作出比较充分、全面、客观的评估，尽量减小估值偏差，不盲目轻信融资方的对赌承诺，对目标公司的真实增长潜力要有个有效评估，并充分了解博弈对手的经营管理能力；另一方面，要预设好回购、补偿方案的路径、程序和手续，以防范对赌协议的履行障碍，做好对赌担保、执行风险防范工作，否则投资方写在合同里的权益，可能最终变成竹篮打水一场空。

鉴于投资方的优势和劣势，在股权融资对赌中，投资方常见的问题和风险主要有：对赌协议的效力问题，估值偏差过大问题，对赌主体的选择问题，对赌方案的设计问题，现金补偿、股权回购的履行障碍问题，可转债的转换路径预设问题，担保条款的效力与履行障碍问题，对赌纠纷胜诉后的执行风险问题等。

因本书第十二章、第十三章第一节大部分内容均站在投资方视角进行分析，对赌协议相关的设计及履行问题本节不再赘述，下面仅补充目标公司商誉减值的相关内容。

2. 应对目标公司商誉减值

所谓商誉，是指在企业合并中购买企业支付的买价超过被购买企业净资产公允价值的部分。

对于部分前期并购形成大额商誉的公司而言，一旦标的公司业绩下滑或未达到预期，投资方就很可能需计提大额商誉减值。而会计处

理上对商誉计提减值需计入"资产减值损失",因此会影响当期损益,即会减少当期净利润,同时资产负债表上会减少非流动资产、总资产、净资产。可见,若目标公司商誉减值,对投资方而言会造成严重不利影响,甚至可能导致大额亏损。对于上市公司而言,这种不利影响反映在股价波动上无疑是更为巨大的损失。

当然,投资方也不可能将投资风险完全转嫁给融资方,因此建议的做法是在投资协议或类似协议中约定:双方于对赌期满后对目标公司进行资产减值测试,若减值超过已补偿金额,则业绩承诺方应当另行补偿。一般总的补偿金额不超过交易对价的总额。至于具体的赔偿方式、目标公司是否连带等问题,与业绩补偿中的问题相同,详见本书第十二章相关阐述,本处不再赘述。

## 二、融资方视角

创业者是否该引入风险投资?引入什么样的风险投资?是否该签订对赌协议?如何签订对赌协议?融资方需要注意什么?需要如何做?这些是打算股权融资的创业者必须要面对和思考的问题。其中部分内容在前面的章节有详细介绍,本节仅就相关问题作概括性、补充性、综合性的提示,以便融资方有个宏观的整体认识。

1. 融资方的优势、劣势及面临的主要风险

对赌协议中融资方的优势是对目标公司的信息优势和控制权优势。需要注意的是,融资方不要利用自己的优势过分夸张美化目标公司状况,欺诈投资人,以期目标公司获得高估值,此种行为非常危险,很可能变成作茧自缚。

融资方在融资对赌中也有其明显的劣势,因资金饥渴容易贪图眼前利益,因股权融资对赌知识技能匮乏,容易麻痹妥协。创业者自信本是好事,但常常容易高估自己的能力,低估未来的风险。针对融资方的劣势,其应当注意的是,要善于借助外部专家力量,充分考虑经营风险,谨慎签约,不要只顾眼前利益,以防饮鸩止渴。要有信心和勇气

与投资方进行谈判,争取最大利益。

另外,由于对赌协议一般是由投资方主导拟定的,甚至是提供的格式条款,如果发生诉讼,在某些阶段尤其是初期融资方通常比较被动,容易失去信心,但是,融资方如果根据实情经过专业精心策划,借助外部专家力量以及巧妙利用程序权利,还是有很大机会扭转不利局面甚至是赢得利益的。

鉴于融资方的优势和劣势,在股权融资对赌中,融资方常见的问题和风险主要是:业绩目标不切实际、急于获得高估值、忽略控制权的对立性、对赌失败后的风险评估与把控等问题。下文针对融资方的常见法律问题给出一些提示,望能有所借鉴。

2. 补足短板,及时聘请外部专家顾问

目标公司对外融资是一个长期、复杂且专业性很强的工作,目标公司要将其作为专项工作来做,一定要有专门的人力、物力、财力、时间的投入。就股权融资对赌知识技能而言,一般情况下融资方与投资方不可相提并论。投资方一般是长期以股权投资对赌为业的专业投资机构,是职业对赌专业人士,而融资方的企业主要从事产品生产和服务提供等业务,对股权融资对赌并不熟悉,甚至是第一次接触对赌。在此种差距下,双方的沟通效率会比较低下,而且由于专业力量悬殊,融资方如果仅靠自己的能力与投资方博弈几乎无胜算,一旦对赌失败,极有可能倾家荡产。

鉴于此,对于专业性非常强的股权融资对赌来说,融资方若不具备此类专业人才,就非常有必要及时从外部聘请擅长对赌业务的法律、财务、投资专家顾问,补足短板,提升工作效率、防控风险,还能降低综合成本。

3. 业绩目标要理性,上市预期要合理,不盲目追求高估值

(1)过高的对赌目标及盲目追求高估值的弊端

融资方股权融资常见的问题之一就是盲目扩大规模,片面追求高估值,对上市预期过于理想,对未来风险严重估计不足。融资方一定

要清楚,高估值不是白拿的,都要体现在将来的业绩和对赌要求上,一旦未能实现对赌目标,是要加倍赔偿,甚至输掉公司控制权的。因此融资方定业绩目标、做上市计划时一定要客观、理性甚至是保守,对未来的风险要有充分的预估和处置预案。否则,今天吹过的牛就要为明天的巴掌买单。高估值对目标公司的不利影响详见本书第十二章第一节"一、融资估值"中的"3. 估值风险"。

（2）避免过高的对赌目标及非理性估值的措施

①设定合理的对赌评判标准

对赌协议不是零和博弈,其结果不是双赢就是双输,当融资方输得一塌糊涂的时候,意味着投资方的投资失败。因此,双赢才是投融资双方的共同理想。要想实现双赢,关键是要设定合理的对赌标准,否则若对赌标准设定得过高,利益明显偏向机构投资方,融资方很可能崩溃在过高的对赌业绩上,最终导致投融资双方对赌失败。

设定对赌评判标准时,融资方管理层除了要能够准确判断目标公司自身的发展状况外,还必须对整个行业的现实情况、发展趋势、竞争者情况、核心竞争力等方面有很好的把握,才可能在与投资机构的谈判中掌握主动,提出合理评判标准的方案。

②对赌当事人都要调低预期

要实现对赌双赢,须注意不要把目标公司逼得太紧,尽可能为目标公司多留足灵活进退、自主经营的缓冲空间,以便目标公司在遇到小风险或有小失误的时候有调整康复的余地。因此,在对赌协议中投融资双方都有必要主动降低预期,给对方和目标公司机会就是给自己机会。

4. 融资节奏及多轮融资的对赌问题

公司在不同发展阶段一般要经历多轮融资,这就涉及公司融资节奏及不同阶段融资的相互关系及衔接问题。这些对公司的发展和公司原股东的利益都至关重要,应引起融资方足够的重视。

（1）公司应根据发展阶段需要控制股权融资节奏

创业公司一般会经历初创期、成长期、扩张期和成熟期等发展阶段并面临多轮不同规模的融资需求，天使轮的融资规模是百万元级的，A 轮的融资规模是千万元级的，B 轮以后的融资规模是亿元级以上的。对于公司的融资节奏应根据发展需要来控制，既不宜超前也不宜迟缓。融资节奏超前，一方面会造成资金闲置浪费，增加公司经营成本；另一方面在公司估值较低的阶段超前融资会快速大幅度稀释公司股权，不仅影响了公司控制权的稳定性，还压缩了公司下一轮股权融资及股权激励的空间。如果公司融资节奏迟缓，则会因资金短缺影响公司的发展。因此，公司要根据发展阶段逐步增加融资，同时公司的估值也在逐步提高，公司可以用尽可能少的股权融更多的资金，同时会减小和延缓原股东股权的稀释程度，更好地维持公司原来的控制权，避免过早透支股权的价值。

（2）多轮融资涉及的对赌问题

公司因发展需要，常会进行多轮融资甚至与不同的投资机构签订对赌协议。对此，融资方一定要注意多个对赌协议的相互关系和衔接问题，避免产生意料之外的风险或损失。例如，A 轮融资的投资机构同意目标公司与其他投资机构签订对赌协议进行了 B 轮融资，结果因履行 B 轮的对赌协议，导致 A 轮对赌协议的对赌业绩目标没有实现，此时 A 轮的投资机构根据对赌协议要求目标公司进行现金补偿，其理由是 A 轮的投资机构虽然同意目标公司与其他机构签订了 B 轮的对赌协议，但这并不代表改变了 A 轮的对赌协议内容，更不是抗辩未实现对赌协议的理由。再如，投融资双方签订的对赌协议一般都会设有反稀释条款等保护投资方的特殊条款，后面签订对赌协议让渡的权利也可能会被前面投资机构同样享有。因此，在目标公司存在多轮股权融资的情况下，目标公司控股股东、实际控制人安排和协调好多个对赌协议的关系至关重要。

图书在版编目（CIP）数据

对赌实务操作手册：法律、监管与财税/崔琦著.
—北京：中国民主法制出版社，2023.9
ISBN 978-7-5162-3307-8

Ⅰ.①对… Ⅱ.①崔… Ⅲ.①项目-投资-中国-手
册②项目融资-中国-手册 Ⅳ.①F832.48-62
②F832.21-62

中国国家版本馆 CIP 数据核字（2023）第 201840 号


图书出品人：刘海涛
图书策划：麦 读
责任编辑：庞贺鑫 孙振宇

**书名/对赌实务操作手册：法律、监管与财税**
作者/崔 琦 著

出版·发行/中国民主法制出版社
地址/北京市丰台区右安门外玉林里 7 号（100069）
电话/（010）63055259（总编室） 63058068 63057714（营销中心）
传真/（010）63055259
http：//www.npcpub.com
E-mail：mzfz@ npcpub.com
经销/新华书店
开本/32 开 850 毫米×1168 毫米
印张/11 字数/298 千字
版本/2023 年 11 月第 1 版 2023 年 11 月第 1 次印刷
印刷/北京天宇万达印刷有限公司

书号/ISBN 978-7-5162-3307-8
定价/79.00 元
出版声明/版权所有，侵权必究